알고 보니
생명수

미생물학자이자 요료법 전문가인
강국희 박사의 오줌건강 이야기

알고 보니
생명수

강국희 지음

성균관대학교
출 판 부

전정판을 내면서

성균관대학교 출판부에서 이 책을 처음 출판한 것은 1998년 12월입니다. 저자는 그해 3월 감옥살이를 23년간 하고 출옥한 분의 오줌 마신 체험담을 듣고 오줌 마시기를 시작하였는데 너무나 놀라운 나 자신의 통증 치유 효과를 경험하면서 신뢰감이 생겨 본격적으로 연구한 결과를 책으로 펴낸 것입니다.

책 이름을 '알고 보니 생명수'라고 붙인 것은 반짝이는 아이디어를 잘 만들어내는 큰딸 민경이 덕분이었습니다. 책의 원고를 다 쓰고 나서 책의 제목을 어떻게 붙일까 한참 고민하고 있을 때, 원고 쓰는 내내 많은 대화를 나누어서 내용을 잘 알고 있는 민경이가 '아빠, 그것 알고 보니 생명수'자나요!'라고 했습니다.

그 소리를 듣는 순간에 '아~그래 그래, 바로 그거야!'

그렇게 해서 탄생한 책인데 지금에 와서 보아도 책명이 일품입니다.

벌써 20년째를 맞이했지만 꾸준히 국민들의 가슴속에 자리 잡아가고 있습니다..

2006년 제4회 세계요료대회를 개최하면서 이 책의 영문 요약문을 만들어서 책명을 Algoboni라고 표기해 외국 참가자들에게 배포했더니 책을 손에 들고 '알고보니, 알고보니~~'라고 하면서 재미있어하는 모습이 지금도 기억에 생생합니다.

오늘날 현대의학 및 의약이 많이 발전했지만 그래도 난치병의 치료는 많은 어려움을 겪고 있습니다. 병원을 전전하거나 다른 치료법으로 해보다가 여의치 않으면 오줌치료법을 찾는 환자들이 많아졌습니다. 오줌은 특정 질병의 약이 아니지만 신묘한 효능을 발휘합니다.

요료법은 돈과 약이 필요 없고 내 몸에서 항상 준비되어 있기 때문에 마음만 먹으면 언제 어디서든지 할 수 있어서 위급한 상황이나 어떤 사고를 당했을 때 응급조치로 가장 좋습니다. 어떤 다른 치료법과도 병행하면 시너지 효과를 냅니다.

이번 전정판에는 최근에 관심을 모우고 있는 오줌줄기세포 이야기, 자가면역완치사례, 체내독성물질 암모니아의 해독 과정(요료 사이클) 등을 추가해 오줌이 피보다 더 깨끗함을 설명했습니다. 또한 독자들이 좀 더 편하게 읽을 수 있도록 사진과 그림 등을 추가했습니다.

이 책이 각 가정뿐만 아니라 병원, 요양원, 전국의 도서관에 비치되기를 희망합니다. 끝으로 저자에게 지원을 아끼지 않은 성균관대학교 출판부에 고마운 마음을 전하여 인사를 갈음합니다.

2018년 새로운 봄을 앞두고 저자 강국희

차례

제4장

난치병
치유 사례

제5장

요료의
실시 요령

제1회 세계요료대회-인도, Goa 600명 참가
1996.2.23-25

1996년 제1회 세계요료대회-인도, 뉴델리
600명 참석

Morarji Desai 수상1977-1979. 인도 간디 수상의 다음
차례 수상. 7억 인구의 수상 1995년 99세 사망.
아침식사를 하지 않고 오줌 한컵으로 대신한다고
자기의 요료경험담을 서방기자들에게 인터뷰
소개하여 전세계에 화제가 된 인물

제2회 세계요료대회 독일(1999)
카르멘토머스 유명한 여성 아나운서 특강
요료법 저자 4년에 100만부 판매기록

제2회 세계요료대회 독일 1999

1999년 제2회 세계요료대회-독일

1999년 독일대회장
−오줌으로 만든 샴푸 제품−

1999년 독일
제2차 세계요료대회 참가자−한국,일본

제3회 세계요료대회 브라질 2003
의장 Fatima 의사

1999년 독일대회에서 소개된 남자
−오줌으로 피부병 치유사례

2003년 제3회 세계요료대회
−브라질, 700명 참석

2003 제3회 세계요료대회−브라질 Fatima 의장

2003 제3회 세계요료대회-브라질, 개회식 환호

2006년
제4회 세계요료대회-한국, 17개국,300명 참석

2006년 한국대회-환송회

2003 제3회 세계요료대회
-브라질 700명 참가-

2006년
제4회 세계요료대회-한국, 17개국 300명 참석

2009 제5회 세계요료대회
-멕시코, 20개국, 200명 참석

2013제6회 세계요료대회-미국Sonia 의장-

제5회 세계요료대회 멕시코 2009

2013제6회 세계요료대회-미국
다함께 생명수 건배

제6회 세계요료대회-미국, 샌디에고
10개국, 50명 참가 2013.11.14~16

제6회 세계요료대회 (미국, 샌디에고)기간 중에
USA TODAY 신문에 톱으로 소개된 오줌치료의
뜨거운 논쟁의 중심인물 브레진스키 박사
관련 보도 2013.11.15

제6회 세계요료대회
-미국, 샌디에고, 생명수 건배, 10개국, 50명 참석-

2003년 미국 오하이오주 콜럼버스시에서 교민들
필자의 특강 후 다 함께 생명수 건배

2004년 일본, 제1회 아시아요료동경대회
2004.5.20-21

2003년 미국 오하이오주 콜럼버스시
미국인들에게 특강 후 생명수 건배

2004년 요료법 아시아동경대회

2005년 콜럼비아 요료대회-친교시간

2006년 자연치유세미나 특강 후 생명수 건배

미국의 요료 책명 〈당신의 완벽한 약〉
www.amazon.com

2007년 중국 시안-[한.중.일] 요료세미나
강국희 박사 초청 강연

네이처셀, 세계최초로 소변 줄기세포은행 설립
"요실금·발기부전 등 비뇨기 질환 치료에 유용" 보관비용 첫 1년 98만8000원, 2년차 이후 연 27만 5000원

네이처셀-라정찬 사장

볼리비아 대통령-모필레스
2014. 7. 4 서울신문

강국희 박사가 펴낸 오줌건강책

김진아 교수 2012. 10. 30
TV조선/속설검증쇼 속사정 출연

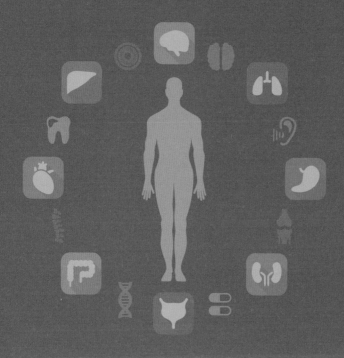

제1장

국민 건강 실태와 대책

01
국민 건강 실태

　　우리는 태어나서 건강하게 한세상 살다가 깨끗하게 죽기를 원한다. 여론조사를 보더라도 대부분 사람들의 가장 큰 관심이 건강 문제라는 것을 쉽게 알 수 있다.

　　그래서 그런지 요즘 자기 건강에 대해 걱정하는 사람들이 너무나 많다. 수많은 건강법이 새로 나타나 사람들에게 유혹의 손짓을 해댄다. 지나친 정보의 홍수, 사회생활에 필연적으로 수반되는 경쟁, 과로, 스트레스 등으로 인해 우리의 건강이 점점 악화되고 있다. 뿐만 아니라 급진적인 산업화로 인해 공기, 물, 땅 등의 오염이 심각해졌고, 물병을 가지고 다니는 사람들이 점차 많아지고 있으며, 어떤 나라에서는 맑은 공기를 팔기도 한다. 우리나라에서도 앞으로 공기를 사서 마셔야 하는 때가 오지 말라는 법이 없을 것 같아서 생활 환경이 더 악화되기 전에 무슨 수를 써야 하지 않을까 걱정된다.

　　다음의 그림은 정부에서 공식 발표한 자료인데, 우리 국민의 50퍼센트가 난치병으로 고생하고 있다는 내용이다.

　　나이별로 보면 어린아이들은 아토피, 충치, 비염, 감기가 많고,

30~40대에는 위염, 소화성궤양, 충치 등이 많으며, 50~60대에는 고혈압, 관절염, 당뇨, 정신질환 등이 많이 나타난다. 특히 요즘 문제 되는 질병군을 보면 천식 환자가 200만 명을 넘어섰는데 이것은 아마도 공기 오염으로 이물질을 혼입함에 따라 야기되는 면역 불안정 상태의 증상일 것으로 추정된다. 또한 조류 인플루엔자가 여러 차례 전 세계를 휩쓸고 닭, 오리의 집단 폐사가 발생하면서 사람에게로 확산 전파되는 사태가 일어나고 있어서 엄청난 재앙이 발생할지도 모른다는 우려를 낳고 있다. 유엔 세계보건기구는 최근 보고를 통해 20년마다 반복되는 인플루엔자의 대유행 사태가 발생하면 1억 명 이상이 사망할 것이라며 경고하고 나섰다.

이러한 위기에 대처하기 위해 제약회사에서는 백신 개발에 모든 힘을 쏟고 있지만 바이러스의 변종이 심해 성공 사례를 찾아보기가 매우 어려운 게 현실이다. 현대의학이 몰라보게 발전했다고는 하지만 바이러스와의 전쟁에서는 아직까지 뚜렷한 성과를 내지 못하고 있는 실정이다. 다행히도 우리 몸에서 생산되는 오줌이 바이러스에 대한 면역을 높이는 데 탁월한 효능을 가지고 있어서 매일 요료법을 실천하는 것이 무엇보다도 현명한 자가 처방이 될 것이라 확신한다.

국민들의 난치병 발병이 점점 증가하고 있는 실정이어서 여기에 투

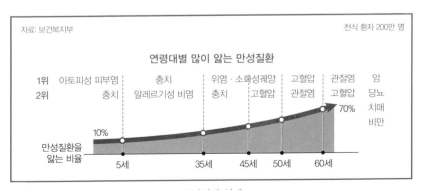

국민건강 실태

입되는 의료비는 각 가정뿐만 아니라 정부의 재정에도 큰 부담을 주고 있다. 의료기관이 경쟁적으로 고가의 첨단장비를 도입하면서 발생하는 비용은 고스란히 의료비 증가로 이어지고, 의료비를 내지 못하는 사람들의 의료비는 국민의 세금으로 충당되었다.

2006년의 보험료 실태를 보면 3개월 이상 체납자가 220만 명이고, 체납금이 무려 1조 3,500억 원에 이른다. 난치병은 점점 증가하는데 이것을 치료하는 의술은 따라가지 못하고, 병원의 치료비만 점점 증가하고 있는 것이 오늘의 의료제도다.

02
인체의 신비

　　건강 문제를 이해하고 해결하기 위해서는 인체의 구조를 이해할 필요가 있다. 학교에서 배우는 생물 교과서는 생명체의 탄생이 물질로부터 저절로 만들어진 것이라는 진화론에 근거해 기술되어 있다. 우주는 우연한 기회에 에너지 뭉치가 폭발하면서 생겨났고, 우주의 파편 하나가 오랜 세월이 지나면서 지구로 진화했다는 것이다. 생명의 기원에 관해서는 지구가 식으면서 미생물이 생겨났고, 이것이 다시 식물, 동물, 원숭이, 인간으로 진화했다고 설명한다. 그러나 이와 같은 진화론의 논리는 아직 입증된 바 없으며, 과학의 법칙에도 어긋나기 때문에 무리한 꿰맞추기식에 지나지 않는다.

　　내 생명의 출생 과정을 살펴보면 생명의 기원을 알 수 있다. 부모의 정자와 난자의 결합에 의해 내가 태어났으며, 부모의 출생은 다시 그 부모에게서 유래하고, 이렇게 거슬러 올라가면 모든 인류의 근본인 으뜸부모에 다다른다. 그 으뜸부모의 정자, 난자는 누가 만들었느냐, 이것을 만든 분을 창조주 혹은 조물주라고 부른다. 따라서 생명의 기원이 창조이든 진화이든 현재로서는 증명할 수 없지만 인체의 구조와 생명 현상은 신비롭기만 하다.

　　우리 몸은 음양조화, 면역체계, 마음과 몸의 조화를 통해 건강하게 살아가도록 되어 있다. 임신하면 태반이 만들어져 양수 속에서 10개월을 완벽한 보호를 받으며 자라고, 출산하면 모유가 나와서 먹고 자라는 데 부족함이 없다. 성인이 되면 노화되는 신체조직을 보호하기 위해 항산화물질을 듬뿍 함유하고 있는 오줌을 마시도록 되어 있다.

1) 바이오리듬과 건강의 원리

오늘날 암, 당뇨, 불면증, 만성피로, 면역력 감퇴로 인한 수많은 질병은 생활의 불규칙에서 오는 것이 대부분이다. 우리 몸의 바이오리듬(생체리듬)은 자연의 법칙에 순응하도록 되어 있는데, 이것을 거스르는 생활을 오랫동안 계속하면 신경이 뒤틀리고 면역력이 감퇴되어 호르몬 분비에 이상이 생기며, 결국에는 질병으로 이어진다. 아침 해가 뜨면 일어나서 일하러 나가고, 해가 지면 잠자리에 드는 것이 정상적인 생체의 리듬이다.

그러나 요즘 생활이 복잡해지고 밤늦게까지 일에 열중하거나 컴퓨터 게임에 여러 시간 몰두하는 경우, 주야간 교대로 근무하는 사람 등의 건강은 항상 위험한 상태에 있다. 움직이지 않는 생체의 기능은 퇴화하지만 무리하면 기능이 고장 나게 되어 있다. 그래서 적당한 노동은 신선한 것이며, 전신운동이고 건강의 조건이다.

인체는 스스로 건강을 유지하도록 모든 안전장치를 갖추고 있다. 그것을 면역체계라고 한다. 이것을 최상의 상태로 유지하려면 반드시 몇 가지 조건이 필요하다. 결코 실천이 쉽지 않으며 굳은 의지가 필요하므로 실천하는 사람만이 건강의 축복을 받을 수 있다. 가장 중요한 것은 깨끗한 '마음과 몸'의 수수작용이다. 깨끗한 몸은 깨끗한 마음에서 만들어진다. 마음은 몸을 키우는 토양이다. 깨끗한 마음은 참사랑, 정직, 봉사, 협동, 평화, 용서 등의 진선미애를 추구하는 생활에서 만들어진다. 우리 몸의 주성분은 '영양소'이고 마음의 주성분은 '사랑'이기 때문에 참사랑을 받으면 건강해지게 되어 있다. 이외에 적당한 노동과 운동을 곁들이면 좋은 건강 상태를 유지하게 된다. 이것이 '심소동' 건강법이다.

2) 인체의 조화 - 심소동 건강법

우리의 생명체는 건강을 유지하기 위해 심소동(心素動)의 세 가지 요인에 의해 좌우된다. 심(心)은 마음이고, 소(素)는 영양소이며, 동(動)은 운동을 의미한다. 이것들이 조화를 이루면 면역 기능이 최상의 상태를 유지할 수 있다. 최근에 마음수련, 명상수련이 붐을 이루는 것은 필연적인 현상이다. 여기에 오줌건강법을 병행하면 기계에 기름을 치는 효과를 내므로 질병이 예방되고 자연 치유되는 것이다.

심(心) 우리 몸은 '마음-신경-면역-대사'가 상호 연결되어 있어서 몸과 마음이 하나가 되면 건강하다. 마음이 아프면 신경이 고르지 못하고 따라서 면역과 신진대사에 이상이 생겨서 병이 나게 된다. 마음을 어떻게 다스리는 것이 건강에 좋으냐에 대한 답은 비교적 간단하다. 그러나 실천하는 것은 결코 쉽지 않다. 하루하루의 생활이 기쁘고 희망이 넘치도록 마음을 조절하면 몸의 세포와 오장육부의 조직이 신나게 움직인다. 모든 일에 감사하는 생활, 남의 허물을 용서하며 '위하여 사는 생활'을 하면 된다. 이기주의에서 벗어나야 한다.

소(素) 영양소를 어떻게 섭취하는 것이 이상적이냐에 대한 설은 수없이 많다. 고르게 먹어라, 체질에 맞는 음식을 먹어라, 무지개 식단을 차려라, 칼로리 권장량에 따라서 먹어라, 생식을 해라 등등.

생명은 환경과 일치하므로 매일매일 먹는 음식은 그 지방에서 언제나 구하기 쉬운 신선한 재료를 이용하는 것이 좋다. 신토불이의 정신에 따르면 된다. 외국의 특정 보건용 식품을 몸에 좋다고 일시적으로 사서 먹는 것은 오히려 몸의 영양 균형을 깨뜨릴 우려가 있다.

덴마크 코펜하겐 대학병원의 크리스티안 글루트 박사가 23만 2,606명을 대상으로 한 건강식품 관련 논문 68건을 분석한 결과 건강식품은 수명 연장 효과가 없는 것으로 나타났다. 47건의 논문 분석 결과 비타민 A, 베타카로틴, 비타민 E 보충제를 섭취한 사람은 그렇지 않은 사람에 비해 오히려 사망 위험이 각각 16퍼센트, 7.4퍼센트 높았다.

북미와 유럽에서는 8,000만 명~1억 6,000만 명이 항산화 비타민 보충제를 복용하고 있으며, 이에 따른 비용이 연간 23억 달러에 이른다고 AP통신이 전했다(〈조선일보〉 2007. 3. 2).

국내에도 기능성 식품이 범람하는 요즘 '바르게 먹는 음식(mac-ro-biotic)'이 중요하다는 것을 새삼스럽게 깨닫게 된다.

동(動) 특별한 운동을 하는 것보다 매일매일 생활 속에서 혼자 실천하기 쉽고 경제적이면서 손쉬운 생활 운동법을 몇 가지 선택해 반복하는 것이 중요하다. 사람은 운동하기 싫어하는 본성이 있다. 비만, 당뇨, 불

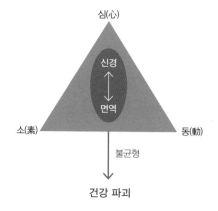

면증 등 수많은 난치병의 원인은 운동 부족이다. 끈기를 가지고 운동하는 것이 면역력을 최상의 조건으로 만드는 방법이다. 골프, 테니스, 배드민턴, 축구는 상대가 있어야 할 수 있고 비나 눈, 기타 여건에 따라서 제약을 받는다. 반면 걷기, 등산, 팔굽혀펴기, 요가, 단전호흡의 기본 동작, 바이오댄스(털기 운동)는 혼자서 언제, 어디서든 할 수 있어서 좋다. 하루 20~30분씩 집 안에서 몸 털기만 해도 기혈 순환이 좋아지고, 세포와 오장육부가 진동해 면역력이 증진된다.

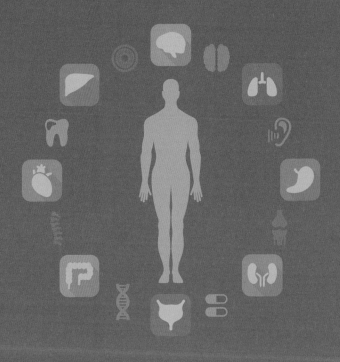

제2장

요료 건강법

01
요료

　오줌을 이용해 질병을 치료하는 방법을 요료(尿療) 혹은 요료법(尿療法)이라고 한다. 어떤 사람은 이것을 오줌과 요법의 합성어로 '요-요법'이라고 표기하기도 하는데, 최근에는 여러 가지 표기법의 혼란을 피하기 위해 차라리 순수한 우리말 표기법으로 알기 쉽게 '오줌요법', '오줌건강법'이라고 말하기도 한다. 필자의 생각에는 오줌과 치료법의 합성어로 생각한다면 '요-요법'도 맞고 오줌요법, 오줌건강법도 좋은 표현이라고 본다. 그러나 오줌건강법은 이미 하나의 치료법으로 개념이 확립된 상태이므로 합성어가 아닌 하나의 치료법이라는 뜻에서 '요료'가 좋다고 생각한다. 또한 '법'이라는 글자가 들어가니 무슨 법률로 오해하는 사람도 있어서 필자는 최근에 '요료'라고 쓰기를 좋아한다. 요료책, 요료병원, 요료학자, 요료건강법, 요료인구, 요료대회…….

　우리 몸은 이상이 생겼을 때 스스로 치유할 수 있는 자동조절 기능을 갖추고 있는데 오줌은 그것을 도와주는 기능을 한다. 오줌건강법은 돈과 약이 필요 없는 건강법으로서 언제 어디서든 마음만 먹으면 할 수 있는 편리한 자가 치료법이다. 이것은 조물주의 특별한 선물이다. 대부분의 사람들이 오줌을 더럽다고 생각하지만 오줌이 더럽다는 과학적인 근거는 전혀 없다. 서양으로부터 들어온 의료 상업주의가 만들어낸 잘못된 교육 때문이다.

　　오줌은 알고 보면 피보다 더 깨끗하다. 혈액이 여과되어 나온 것이므로 혈청이나 마찬가지다. 혈액의 암모니아도 간에서 요소로 만들어진 다음에 해독되어 오줌으로 배설되며, 이것은 귀중한 생리활성물질이다. 처음에는 선입관 때문에 받아들이기 어렵고 비록 실천하더라도 남이 뭐라고 할까 부끄럽기도 하고 창피해 몰래 숨기기도 하지만, 그 진실을 알고 체험하고 나면 남의 눈치를 볼 필요도 없이 공격적인 마인드로 전환된다. 엄마의 자궁 속에서 태아를 키울 것이냐, 아니면 병원의 인큐베이터에 넣을 것이냐, 출산 후에 모유를 먹일 것이냐 분유를 먹일 것이냐, 성인이 되어 오줌을 먹을 것이냐 약을 먹을 것이냐……. 이것은 선택의 문제지만 정답은 분명하다. 아래의 그림에서 보면 오줌이 의학의 중심이고 현대의학이 대체의학에 속한다는 것을 알 수 있다.

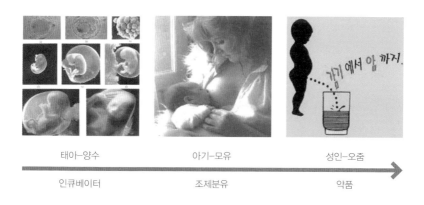

태아–양수	아기–모유	성인–오줌
인큐베이터	조제분유	약품

3대 생명수(Bioplasma)

02
오줌은 생명수

오줌에 생명수라고 이름 붙여 책을 펴낸 사람은 영국의 내과의사 암스트롱이 처음이다. 암스트롱은 자기 아들이 백혈병으로 죽어가는 것을 바라보면서 현대의학을 공부한 의사로서 아무런 도움을 주지 못한 것이 너무나 가슴 아파 새로운 치료법을 찾던 중 오줌에 눈을 뜨게 되었다. 현대의학으로 치료할 수 없는 수많은 난치병을 오줌으로 간단히 치료할 수 있다는 것을 체험하고 1945년에 『생명수(The water of life)』라는 책을 출간하였는데, 지금도 전 세계 서점에서 팔리고 있다. 그래서 암스트롱을 요료의 아버지로 부른다. 암스트롱이 오줌에 생명수라고 이름 붙인 것은 성경의 "「잠언」 5장 15절 너는 네 샘에서 흐르는 물을 마셔라, 「요한계시록」 22장 17절 원하는 자는 값없이 생명수(The water of life)를 받으라"는 구절에서 영감을 받았고 성경 구절 그대로 책의 이름을 지은 것이다. 그래서 오줌은 더러운 노폐물이 아니라 깨끗한 신비의 생명수이고 하나님의 '건강복음'이다.

뿐만 아니라 나카오 료이치 일본의학협회 회장은 『기적을 일으키는 요료법』이라는 책을 펴냈고, 1995년 3월 12일 일본의 야마나시 현 의사회관 강연회에서 '감기에서 암까지' 오줌으로 치료되지 않는 것이 없다고 강연했다. 이것만이 아니다. 지금으로부터 400여 년 전에 씌어진 우리나라의 『동의보감』은 오줌에 대해 "젊음을 유지하는 윤회주"로 표기하고 있으며 성경, 힌두교 경전, 불교 경전에도 오줌을 마시면 건강해진다고 기록되어 있는 것으로 보아 오줌이 더럽다는 것은 분명히 잘못된 교육으로 인한 것임을 알 수 있다.

이러한 역사적인 기록만을 가지고 오줌이 생명수라고 판단할 수는 없다. 필자는 연구하는 과학자이므로 이것이 사실인지 아닌지 검증해야 할 책임이 있음을 느끼고 있다. 검증하는 방법에는 연역적인 방법과 귀납적인 방법이 있다. 귀납적인 방법은 어떤 가설을 정해놓고 그것이 사실인지 아닌지 실험을 통해 증명하는 것이며, 연역적인 방법은 어떤 전제를 제시해놓고 그것을 논리적으로 검증해 나가는 방법이다.

연역적이든 귀납적이든 오줌이 감기에서 암까지 모든 질병을 치료한다는 것은 오랜 역사를 통해 수많은 사람들에게 신뢰감을 주었으며, 실제로 의사들에 의해 난치병을 고쳤다는 임상보고서가 출판되어 있고, 개인의 체험 사례도 많이 쌓여 있다.

이러한 사실을 통해 필자는 오줌이 생명수라는 것을 확신하게 되었다. 그런데 생명체의 창조 공식으로 볼 때 생명수가 되려면 세 가지가 있어야 한다는 것을 철학적으로 알 수 있다. 여기에서 생각해낸 것이 태아의 양수, 아기의 모유, 그리고 성인의 오줌이었다. 즉 '양수, 모유, 오줌이 인체의 3대 생명수라는 것이다. 태아는 양수를 마시면서 자라다가 태어난 후에는 모유를 마시고, 성인이 되면 오줌을 마시면서 건강하게 살아가도록 조물주가 만들어놓았다는 것을 깨달았다. 양수는 생명의 싹을 틔우고, 모유는 태어난 아기를 키우며, 오줌은 건강 유지를 위해 기계의 윤활유와 같은 역할을 하는 것이다. 오줌을 3대 생명수의 개념으로 정리한 것은 필자가 처음으로, 이것은 매우 중요한 철학적 개념이다.

인체의 3대 생명수 - 양수, 모유, 오줌

양수와 모유를 생명수라고 하면 누구나 수긍하겠지만, 오줌을 생명수라고 하면 선뜻 수긍하는 사람이 많지 않다. 지금까지의 교육이 잘못되었기 때문이다. 사실 인체는 3의 수에 의해 운행되는 소우주이므로 생명수도 세 가지가 있어야 한다. 세포의 유전자도 3개씩 짝을 지어 활동하며, 인체도 3신(身) 구조(肉身, 氣身, 智身), 텔레비전도 3신 구조(모니터, 전기, 프로그램)를 가지고 있다. 또한 불교의 3신불(神佛), 기독교의 3위일체처럼 단군교도 환인·환웅·환검의 3위일체로 되어 있다. 생명의 근본이 3의 수에 의해 운행되고 있으니 생명수도 세 가지가 있어야 하는데, 내과의사 암스트롱은 여기까지는 생각하지 못하고 오줌의 치료 효과가 탁월해 단순히 생명수라고 이름 붙인 것뿐이다. 그러나 필자는 이것을 철학적으로 생각해보니 의미 깊은 3대 생명수의 하나라는 것을 알게 되었다.

이제 우리는 그동안 잃어버렸던 생명수 하나를 다시 찾았으니 소

2006. 3. 6 KBS-2TV 요료 방송 장면

중하게 활용해야 할 것이다. 3대 생명수라는 철학적 개념은 필자가 오줌건강법을 보급하는 데 중요한 이념적 지표이며, 큰 사명감을 가지게 된 이유이기도 하다.

생명수는 생명에서 나오는 것이므로 돈으로 구할 수 있는 것이 아니다. 양수가 그렇고 모유가 그렇다. 무엇을 첨가하거나 가공할 필요도 없고 그대로 마시기만 하면 된다. 완벽한 약이 오줌이다. 미국에서 가장 잘 팔리는 요료책은 『Your Own Perfect Medicine(당신의 완벽한 약)』이다. 이러한 여러 가지 근거에서 이 책의 제목을 '알고 보니 생명수'로 붙인 것이다.

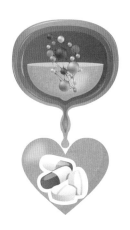

03
바이오나노 생약으로서의 오줌

오줌을 단순히 건강에 좋다는 정도로 이해하는 것은 인체의 깊은 묘미를 모르기 때문이다. 필자는 오줌을 연구하고 공부하면 할수록 경이로운 생명수의 매력에 푹 빠져들고, 생명 창조의 깊은 묘미를 깨닫게 된다. 최근에 나노테크놀로지(나노=10억분의 1)라는 말이 유행하면서 나노과학연구소, 나노학과, 나노식품연구회도 설립되어 있다. 오줌을 생각해보니 이것이야말로 가장 이상적인 나노음료 혹은 나노생약이라는 사실에 눈뜨게 되었다. 먹은 음식물이 혈액에 들어가 나노 사이즈의 콩팥에서 여과되어 나온 것이 오줌이기 때문이다.

이렇게 볼 때 오줌은 완벽하게 처리된 생약임을 이해할 수 있다. 음식을 먹고 입에서 잘게 씹어 침과 섞어서 위장에 내려보내면 위액이 분비되어 산 처리해 살균과 소화효소의 작용으로 더 작은 물질입자로 부수어진다. 그리고 위액으로 혼합된 음식물이 소장으로 내려가면서 췌장에서 분비되는 알칼리성 담즙산과 접촉하여 다시 분해된 후 영양소가 장세포를 통해 혈액으로 흡수된다. 그다음 대장으로 내려가면서 수분이 흡수되고 압착 여과된 찌꺼기는 대변으로 배출된다. 혈액이 전신의 혈관을 돌면서 각종

영양소를 세포 조직에 공급하거나 2개의 콩팥에 밀집해 있는 200만~400
만 개의 미세한 사구체(3~4나노미터)를 통과해 여과된 후 방광에 모였다가
배출되는 것이 오줌이다. 따라서 오줌은 혈액이 콩팥이라는 나노 사이즈
의 정교한 필터를 거쳐서 나온 혈청, 즉 바이오나노 생약임을 알 수 있다.

우리의 몸은 일정 온도를 유지하면서 먹은 음식을 입에서 분쇄, 위

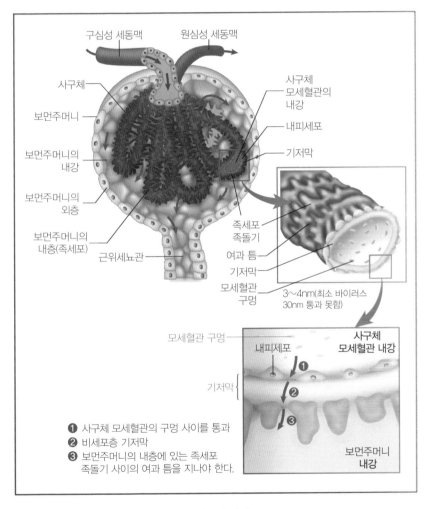

콩팥의 사구체 미세구조

액으로 산 처리, 담즙으로 알칼리 처리한 후 장에서 소화효소 처리, 발효, 여과, 배설의 과정을 거치는 자동화 발효 공장이라고 보면 된다. 즉 음식물을 나노 사이즈로 분해해 세포 조직에 영양소로서 공급하고, 혈액의 암모니아를 간의 해독 과정을 통해 요소로 중화시켜 오줌으로 배설하는 자동화 바이오나노 생약의 제조 시스템을 우리의 몸이라고 보면 된다.

사람의 이러한 기능은 젖소에게도 그대로 적용된다. 젖소는 풀을 먹고 우유를 생산하는 동시에 오줌이라는 바이오나노 생약도 생산하는 바이오 자동화 발효 시스템이다. 소의 소화기관을 보면, 입에서 풀을 분쇄해 침과 섞어서 제1위 반추위에 보내면 미생물이 발효해 소화시킨 다음에 제2위, 창자를 거치는 동안 영양소는 혈액으로 흡수되고 발효 찌꺼기는 대변으로 배설된다. 혈액이 콩팥을 돌면서 나노 사이즈의 수백만 개로 구성된 사구체에서 여과되어 방광에 모였다가 배출되는 것이 오줌이다. 따라서 소의 오줌은 훌륭한 바이오나노 생약이라고 볼 수 있다.

소의 사양관리 기술을 잘 기획하고 오줌을 위생적으로 처리하는 기술이 개발되면 콘크리트와 굴뚝이 필요 없는 청결한 바이오나노 생약을 소를 통해 생산할 수 있다. 인도에서는 오줌을 전통적으로 귀하게 이용했고, 생일날에는 소의 오줌을 마시는 관습이 있다.

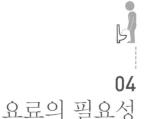

04
요료의 필요성

현대 문명사회에서 웬 오줌 타령인가. 아무리 오줌의 효능이 좋다고 해도 노폐물을 받아 마시는 것은 좀 엽기적인 것이 아닌가라고 말하는 사람이 있다. 사실 약 한 봉지 먹고 병이 낫는다면 왜 구태여 오줌을 마시겠는가? 약국과 병원이 전국에 셀 수 없이 많지만 병이 잘 낫지도 않고 잘 고쳐지지도 않으니까 오줌이라도 마셔서 병을 고치려고 하는 것이다.

필자가 요료를 처음으로 소개하던 1998년 당시에는 보통 10명 중에서 8, 9명은 거부반응을 나타냈지만 최근에는 대부분 이해하는 분위기로 바뀌었다. 요즘은 여기에 대하여 특별히 거부반응을 보이는 사람은 거의 찾아보기 어렵다. 젊은 사람들은 몸의 불편을 경험하지 못했기 때문에 당장 오줌을 마실 필요성을 느끼지 못하고 있을 뿐이다. 30세가 지나 노년으로 접어들면 몸의 이곳저곳에 이상 현상이 나타나기 시작한다.

병은 우리 몸에 꼭 필요한 것이 없거나, 있어서는 안 되는 물질이 남아 있을 때 생긴다. 병은 한번 발생하면 쉽게 치료되지 않는 경우가 많다. 병원에 가서 주사 한 대 맞고 약을 먹으면 쉽게 치료되는 것도 있지만 한두 달 혹은 서너 달씩 치료를 받아야 하는 경우도 있고, 장기간 치료를 받아도 낫지 않는 난치병도 많으며, 필요하면 수술을 받아야 할 경우도 있다. 수술을 받는다고 해서 반드시 치료된다는 보장도 없지만 대안이 없어 절박한 심정으로 의사의 권유에 따를 수밖에 없는 것이 오늘의 현실이다.

본래 몸에 칼을 대는 것을 좋아할 사람은 없지만 최근의 젊은이들은 칼을 무서워하지 않는다. 눈꺼풀을 잘라내고 다시 꿰매는 수술은 젊은 여성들의 필수 과정처럼 되었고 코 수술, 키 크게 하는 수술, 체중을 줄이는 수술, 얼굴의 피부 교체 수술, 낙태 수술 등등에서 부작용도 많이 생겨 고생하는 사람도 많다. 그 외에 불가피하게 수술을 해야 하는 경우, 즉 언청이 수술, 6손가락의 절단 수술, 제왕절개 수술, 암의 조기 수술, 맹장염, 기타 외과적으로 필요한 경우 등등은 이해하고 받아들여야 한다.

그러나 현대 의료계의 상업주의적 타락으로 인해 꼭 필요하지 않은 수술을 영리 목적으로 권장하거나, 환자의 약점을 이용한 과잉 진료 및 과잉 투약의 폐해가 너무 많다. 또 의학적 기술 측면에서 수술로 인한 확실한 치료를 보장하지 못함에도 불구하고 책임질 수 없는 수술을 강행해 생명을 잃게 하거나 환자의 경제적 부담을 가중시키는 경우도 흔히 있기 때문에, 환자와 의료계 간의 소송이나 오진과 과잉 진료로 의료계에 대한 불신이 증가하고 있다. 또 현대의학이 극도로 발전되었다고는 하지만 아직도 각종 새로운 질병이 나타나고 있으며 암, 당뇨, 치매, 에이즈, 나병, 고혈압, 피부병, 기타 난치병도 아직 많이 남아 있다.

현대의학이 책임지지 못하는 데 대한 불신으로 인해 최근에는 자연요법(단식, 식이요법, 요료 등)에 대한 국민적 관심이 무척 높아지고 있다. 식이요법에는 매실요법, 식초요법, 녹즙요법, 마늘요법, 포도요법, 감자요법, 산야초요법, 당근요법, 숯가루요법, 현미요법, 식초콩요법, 버섯요법 등 수많은 방법들이 전해지고 있으나, 요료는 이들과 전혀 다른 특징을 가지고 있다. 앞에서 설명한 것들은 모두 식물성 소재를 활용하는 것이지만, 요료는 인체가 생성한 라이브한 상태의 미세한 생리활성물질을 섭취하는 것이므로 흡수가 빠르고 효과도 탁월하다. 요료가 자연요법 중에서는 가장 효과적이고 오랜 역사를 가지고 있으며, 의사들이 직접 실천하면서 처방을 냈다는 것도 다른 식이요법과는 다른 점이다.

요료의 권장 운동은 물건을 팔아서 돈을 벌자는 영리 목적이 없으므로 순수한 인간애의 운동이다. 현대의학으로도 해결하지 못하는 여러 가지 난치병으로 고통받는 수많은 환자들을 위해 '마지막 생명수' 요료의 가치를 알리고 싶은 것이다. 요료는 제도권 밖의 비통상적인 치료법이지만 이것을 권하는 의사가 있고, 많은 사람들의 임상경험이 소개되어 있으므로 개인이 선택하는 데 별로 어려움이 없다.

요료는 다른 약물을 사용하지 않고 우리 신체의 자체 치유 능력을 강화시켜 스스로 모든 질병을 씻어내게 하는 자가 치료법이다. 국민들의 의학 상식과 과학 지식은 매우 높아져서 아주 전문적인 문제가 아니면 자기 스스로 건강 관리를 해나갈 수 있기 때문에 심신일체의 조화 관리를 통한 문제 해결 능력이 상당히 높아졌다. 현대의학이 해결하지 못하는 각종 암, 피부병, 관절염, 당뇨, 소화기 장애, 치매, 통증 등이 있는 한 요료뿐만 아니라 기타 수많은 자연요법들은 사라지지 않을 것이다. 중국의 개방화를 성공적으로 주도했던 등소평의 이야기가 기억난다. "검은 고양이건 흰 고양이건 쥐 많이 잡는 놈이 최고다." 마찬가지로 생각할 때, 양방이건 한방이건 민간요법이건 병 낫게 하는 사람을 명의(名醫)라고 해도 좋을 것이다.

05
요료의 역사와 선구자들

　　오줌을 이용해 질병을 치료하는 역사는 인류의 역사와 함께해온 것으로 보인다. 어머니가 아기에게 젖을 먹이는 것이 자연스러운 현상이듯 건강을 위해 오줌을 마시는 습관도 자연스럽게 시작되었다. 이것은 과학이 싹트기 전부터 각 종교 경전에 기록되어 있는 사실이다. 인도의 힌두교 경전과 부처님의 말씀으로 부란약(오줌)을 먹으면 건강해진다고 한 불교대사전이 그 예이다. 또한 기독교 성경의 「잠언」 5장 15~17절, 「요한계시록」 22장 17절의 '생명수'를 오줌으로 해석하는 것이 옳다. 이와 같이 대부분의 종교 경전에 오줌을 마시면 건강해진다고 기록되어 있다.

　　역사적으로 오줌을 생활에 널리 활용한 예는 비누 대신 세척제로 사용이 가능했기 때문이다. 로마, 영국, 프랑스, 한국, 기타 지역에서 손을 씻거나 빨래하는 데 오줌을 사용했다. 알래스카 원주민들은 몸을 씻을 때 자신의 오줌으로 먼저 씻은 다음에 물로 씻는다. 손에 냄새가 배어 잘 씻어지지 않을 경우에 오줌으로 한 번만 씻으면 깨끗이 지워진다. 돼지 키우는 사람들 이야기에 따르면 수퇘지의 정액 냄새가 지독해 좀처럼 지워지지 않는데 돼지 오줌으로 세척하면 한 번에 지워진다고 한다. 이처럼 오줌의 세척력은 대단히 강하다.

모리스 윌슨(Maurice Wilson) 경은 히말라야 꼭대기 에베레스트 산을 탐험할 때 티베트의 라마승들로부터 요료를 배워서 이용했다고 한다. 등산하면서 오줌을 받아 마시고 몸을 마사지하면서 혹한에도 건강을 지킬 수 있었다는 것이다. 사막을 여행하거나 바다를 항해하는 사람들도 요료를 적극 활용했다. 배가 폭풍을 만나서 마실 물과 식량이 없어졌을 때, 오줌을 받아 마시면서 구조대가 도착할 때까지 생명을 유지할 수 있었다. 2008년 4월 8일 러시아의 우주 로켓 소유즈가 우주정거장에 갔을 때 우주인들은 물이 부족하여 오줌으로 식사를 했다고 한다. 18세기 초 프랑스 파리의 치과의사들은 구강질환을 치료하는 데 오줌을 활용했다. 오줌은 강력한 침투력이 있어서 치약 대용으로 사용되었다. 치주염에 오줌은 최고의 약이다. 잇몸에 피고름이 나오고 치아가 흔들리는 경우에도 오줌을 머금고 있으면 잇몸이 단단해지고 통증이 사라진다.

의학이 최고로 발전한 오늘날에도 요료가 관심을 끄는 것은 첫째로 이것의 효험을 사람들이 직접 경험하고 있기 때문이다. 그리고 요료를 능가할 만큼 현대의학이 발전하지 못했다는 점도 지적할 수 있으나, 무엇보다도 중요한 것은 요료를 포기해도 좋을 만큼 일반 국민들에게 의료제도가 충분하지 못하다는 사실이다.

각 나라별로 요료의 역사와 배경을 살펴본다.

인도

요료의 역사에서 인도는 종주국이라고 할 수 있는 뚜렷한 기록을 가지고 있다. 5,000년 전의 산스크리트 말로 기록된 힌두교 경전(『다마루 탄트라』) 중 107군데에 음뇨의 효과에 대해 기록되어 있다. 음뇨 시작 1개월에 체내가 청결해지고, 2개월째 감정이 활발해지고, 3개월째 불쾌한 증상

오줌을 마시는 인도의 미인

이 모두 없어지고 불쾌감에서 해방되며, 다음은 시력이 좋아지고 머리가 맑아지며, 7년간 음뇨하면 자아 조절이 가능해지고, 10년이 되면 몸이 공기처럼 가벼워진다고 기록하고 있다.

인도의 총리(1977~1979)를 지낸 모라르지 데사이(Morarji Desai) 씨는 1977년 10월 24일 자신의 요료에 대한 경험을 『타임』지 기자와 인터뷰해 전 세계에 알렸다. 그는 간디와 함께한 독립운동가로서 30년간 요료 덕분에 건강을 과시했다. 만약 한국 대통령이나 일본 총리가 요료를 실천해 효험을 보았다고 할 때, 과연 언론에 공개하겠는가. 체면치레, 명분, 사회적 신분 등을 고려해 비밀에 부쳤을 것이다.

데사이 총리의 당당함이 존경스럽고 그러한 국민적 기질이 인도 사람들의 저변에 깔려 있다고 생각된다. 데사이 총리의 건강 비법은 전 세계 수많은 사람들에게 감동을 주었고, 요료의 보급에 크게 기여했다.

이러한 사회적 환경을 배경으로 제1회 세계요료학술대회(World

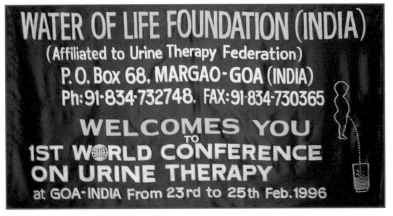
제1회 세계요료학술대회, 1996년 인도

Conference on Urine Theraphy)가 1996년 인도의 고아에서 2월 23일부터 25일까지 3일간 개최되었다. 그 후 3년마다 세계대회가 개최되고 있다.

영국

현대의학을 공부한 의사가 오줌에 관심을 가지게 된 것은 1940년대 영국의 내과의사 암스트롱(Armstrong)이 처음이다. 그는 스스로 요료를 실천하면서 수천 명의 난치병 환자를 요단식과 요습포로 치료하고, 그 체험을 기록해 『생명수(The Water of Life)』라는 책을 출간했다. 이 책은 '생명의 물'이라는 제목으로 1994년 국내에 번역 출판되었다. 암, 피부병, 습진, 마른버짐, 백선, 당뇨, 황달, 감기, 알레르기 비염, 전립선염, 관절염, 류머티즘, 편두통, 발작증, 심장병, 신장병, 간질, 현기증, 중풍, 뇌, 신경, 자궁병, 요로결석, 탈모, 백내장, 비만, 치주염, 점액성 대장염, 눈의 상처, 화상, 탈저, 성병, 말라리아, 발의 티눈, 유방의 종양 등에 대한 치료 기록이 소개되어 있다.

특히 그는 단식하면서 오줌을 마시는 요단식법을 개발해 수많은 난치병 환자들을 치료했으며, 비만을 걱정하는 사람에게 요단식법을 적극 권장했다. 비만은 식탁에서 마구잡이로 먹기 때문에 생기는 것이 아니라, 체내에 잠재된 독소와 자연식품에서 섭취해야 하는 필수 영양분의 부족에서 생기는 내분비 호르몬 기능의 불균형에서 오는 것이라고 암스트롱은 주장했다. 또한 단식은 피를 깨끗이 하고, 오줌은 분비선의 기능을 정상적으로 되잡아주는 역할을 한다고 주장했다.

또 약사 겸 의사였던 윌슨(Wilson)은 다음과 같이 말하고 있다. 신체적 조건에 따라서 각 환자의 오줌 성분은 달라지며, 오줌은 구조적 결함이나 외상을 제외한 모든 질병을 치료하는 데 가장 좋은 약으로, 오줌에 함유된 약리 물질의 종류는 3,000가지 이상이다. 오줌의 성분이야말로 적절한 약을 선택할 때 의사가 범하게 되는 실수를 면하게 해준다. 실제로 내부의 치유력으로 고칠 수 없는 병은 외부의 힘으로도 치료될 수 없다. 카르타고의 한니발 장군은 알프스 산을 넘어 적진을 공격해 들어갈 때 힘든 고비를 넘기기 위해 오줌을 마셨다고 전해진다.

독일

독일은 요료 연구에 매우 열성적이며 의사 6명이 6권의 요료에 관한 책을 출간했다. 제2회 세계요료학술대회는 1999년 5월 13일부터 16일까지 독일 게르스펠트(Gersfeld, 프랑크푸르트 근교)에서 개최되었는데, 400여 명이 참가했고 그 중 의료인은 40여 명이나 되었다. 필자도 이 대회에 참가해 논문을 발표했다. 이 대회에서 요료가 의학적인 공인을 받게 되었다고 일본 의사협회 회장 나카오 선생은 말하고 있다.

독일에는 요료하는 사람이 약 500만 명이나 되며, 여자 아나운서 카르멘 토마스가 저술한 요료 책은 100만 부의 판매 기록을 세웠다. 의사가 오줌으로 환자를 치료하면 보험 혜택을 받을 수 있도록 제도화되어 있기도 하다.

제2회 세계요료학술대회, 1999년 독일

일본

　　내과의사 나카오(中尾良一)는 1912년생으로 2002년 별세할 때까지 평생 요료를 보급하면서 살았다. 운명할 때에는 2~3일 정도만 고생하다가 아주 편안하게 죽음을 맞이했다. 그는 1943년 제2차 세계대전 때 징집되어 군의관으로 근무하면서 약이 부족한 현실에서 병사들이 말라리아, 설사, 부상 등에 시달리고 있을 때 자기 오줌을 마시게 해본 결과, 전염성 질환은 물론 다른 여러 가지 질병에도 부작용이 나타나지 않고 치료 효과가 월등하다는 사실을 임상적으로 확인했다. 이러한 실험은 군대였기 때문에 가능했다.

　　또한 많은 병사들이 성병에 걸려 고생했는데, 어떤 병사는 너무 괴로워서 성기를 절단해달라고 애원했다. 그러한 상황에서 마지막 수단으로 수천 명의 병사들을 한 줄로 세워놓고 임질균이 득실득실한 오줌을 마시도록 했다. 그 처방이 적중해 성병이 치료되었으며, 죽을 수밖에 없었던 많은 군인들을 살려냈다.

　　요료는 '오줌건강법'이다. 건강이 지속될 때 요료의 효과가 있는 것이지 생명이 다 된 후에는 아무런 소용이 없는 것이다. 우리의 생명을 촛불에 비유해도 좋을 것이다. 촛불의 수명은 정해져 있다. 이 촛불을 들고 바람이 부는 곳으로 나가면 촛불은 꺼진다. 그 대신 바람이 불기 전에 바람막이 등피를 씌우면 꺼지지 않고 촛불의 수명을 다할 수 있다. 건강할 때 요료를 실천하면 촛불에 등피를 씌운 것과 같아서 질병으로부터 보호받을 수 있다.

　　나카오 선생은 군에서 제대한 후 1937년에 내과병원을 개업하고 오줌으로 많은 환자를 치료했다. 임질로 고생하던 환자가 배뇨통을 호소하기에 요료를 시켜보았더니 오줌 한 잔으로 호전되었으며, 그 후 1주일 정도 음뇨를 계속해 완치되었다고 했다. 그는 후일 평생의 의료 경험에서 요료를 능가하는 치료법을 아직 경험하지 못했다고 술회했다. 1965년에는 일본의학협회도 설립했으며, 1990년 3월에 펴낸 『기적을 일으키는 요료법』이라는 책은 베스트셀러가 되었다.

나카오 선생은 항암제 인터페론을 제조하고 있는 하야시바라 생물화학 연구소(林原生物化學研究所)와 함께 오줌의 난치병 치유 메커니즘을 여러 해에 걸쳐서 연구했다. 이 연구소 하야시바라 회장의 모친은 오랫동안 관절염으로 고생하고 있었는데, 나카오 선생의 권유로 오줌을 마시고 기적같이 치유되었다는 것이다. 그때부터 나카오 선생은 오줌의 치유 메커니즘에 깊은 관심을 가지고 연구하기 시작했다. 그때까지는 민간요법의 하나로서 전해오던 요료법을 과학적으로 연구하기 시작한 것이다. 나카오 선생은 그동안 임상적으로 경험했던 여러 가지 난치병, 즉 빈혈 개선 연구, 노화 억제, 면역질환 개선, 항암 효과 등의 4개 분야에서 집중적으로 연구를 추진했다.

우선 위장에 카테터로 구멍을 뚫어서 오줌을 직접 주입하니 면역반응이 나타나지 않고 입을 통해 마실 때에만 면역반응이 나타난다는 사실을 실험적으로 확인했다. 이 연구 결과에 의하면, 자기 오줌을 마시면 목이나 창자에 존재하는 수용체에 오줌의 생체 정보가 감지되어 그것에 의해 면역기구(병원균에 저항하는 체계)가 반응하는 것으로 이해되고 있다. 이 수용체의 작용으로 호르몬, 효소, 인터페론 등의 생리활성물질이 혈액 중에 나타나는 것이 아닌가 생각된다.

나카오 선생은 이러한 연구를 통해 감기에서 암까지 치료할 수 있는 메커니즘으로서의 오줌에 관한 '빌리어드 이론'을 확립했다. 즉 당구 이론인데 오줌을 섭취하면 목구멍 안쪽에 있는 B-spot(편도선)에 생체 정보가 전달되고 이것이 면역계를 자극해 병이 치유된다는 것이다. 생체 정보를 감지하는 편도선에는 센스 세포가 있어서 오줌의 정보를 감지한다. 센스 세포는 목구멍뿐만 아니라 창자에도 있고 몸 전체에도 존재한다. 그러므로 마시면서 마사지를 병행하면 더욱 효과적이다.

나카오 선생은 1995년 3월 12일 일본의 야마나시 현 의사회관에서 열린 제21회 야마나시 현 총합의학회 강연에서 '감기에서 암까지' 요료로 치료되지 않는 것이 없다고 발표했다. 그는 오줌은 더러운 배설물이 아니라 혈액에서 분리되어 나온 혈청이므로 혈액보다 더 깨끗하다는 것을 강조하고 있다.

지금까지 요료로 임상적인 효과를 본 질병은 다음과 같다고 나카오 선생은 자신의 저서에서 밝히고 있다.

구 분	나카오 선생이 오줌으로 치료한 질병 종류
소화기 계통	암, 궤양, 폴립, 위장염, 십이지장염, 기타
호흡기 계통	천식, 기관지염, 기타
순환기 계통	부정맥, 협심증, 심근경색, 기타
비뇨기 계통	성병, 방광염, 전립선 비대, 결석, 기타
내분비 계통	갑상선, 기타 호르몬의 분비 이상, 기타
기타	신경계 질병, 정신계 질병, 류머티즘, 통풍, 교원병, 각종 암, 림프종, 골수성 백혈병, 백내장, 화분증, 무좀, 노인성 소양증, 냉증, 갱년기 장애, 치조농루, 치주염, 질염, 불임증, 구내염, 알코올 중독증, 두통, 요통, 신경통, 당뇨병, 간염(A형, B형, C형, 선천성), 뇌졸중 후유증의 반신마비, 헬프스, 빈뇨, 간경변 등

일본은 나카오 선생을 비롯한 여러 의사들의 활동으로 인해 요료가 가장 활발한 곳이며, 요료 실천자가 1,000만 명에 이르는 것으로 알려져 있다. 요료를 하는 사람들은 약을 먹지 않으므로 일본 전체의 의료비 절감 효과가 나타난다고 한다.

요료를 권장하는 일본의 의사들은 다음과 같다.

의사 이름	소 속	비 고
中尾良一 (1912년생)	中尾내과의원 원장	일본 요료의 개척자 『기적을 일으키는 요료법』 저자
佐野鎌太郎 (1936년생)	佐野외과의원 원장 (1998년 현재)	자기 병원에서 요료로 환자 치료 『의사가 권하는 요료』 저자

加藤恭正 (1950년생)	新요코하마 Clinic 원장 (1993년 현재)	오줌의 부작용은 없다. 만성설사 때문에 시작하여 효험을 봄
東原隼一 (1914년생)	日立町蘭松의원 원장 (1998년 현재)	좌골신경통 치유 경험. 난치병일수록 요료를 시도해보라. 오줌에는 항생물질 이 들어 있으며, 혈류를 좋아지게 하고 통증을 덜어주고 호르몬 분비를 촉진 한다. 의사는 환자 치유가 우선이므로 이론 규명이 안 된 상태에서도 경험적 처방 가능
織畑秀夫 (1922년생)	일본의학협회 회장 (1998년 현재) 東京여자의과대학 명예교수	요료는 부작용이 없는 약이다. 당뇨병 치유
河合明子 (1946년생)	산부인과 의사	요통이 심해 요료 시행. 저혈압 치유. 피부가 좋아졌다.
中川和光 (1918년생)	阿兒의원 원장 (1998년 현재)	30년간의 류머티즘이 15일간의 요료로 완치. 아내는 요료로 변비와 축농증 치유
小林敏雄 (1912년생)	小林 Clinic 원장 (1993년 현재)	부부가 함께 요료 실천. 피부병과 천식 치유

　2005년에는 도쿄에서 제1회 아시아요료학술대회가 개최되어 400
여 명이 참가했다. 이 대회에서는 필자가 항상 주장하는 바와 같이 오줌을
양수, 모유와 함께 3대 생명수로 인정하는 표어를 내걸었다.

제1회 아시아요료학술대회, 2005년 일본 도쿄

미국

미국인 의사 오퀸(O'Quinn) 박사는 요료를 평생 실천하면서 암, 감기, 코 알레르기, 당뇨병, 치질, 피부병, 백혈병 등 수많은 난치병을 치료했다. 오퀸 박사는 조직화된 종교적 시설과 현대의학의 시설로부터 적대시당하고 부당하게 무시당해온 신비의학을 연구한 의사다. 뿐만 아니라 의학과 신학을 상호 연결한 새로운 분야를 개척하는 책도 출간했다. 이영미 내과 전문의가 이 책을 번역했는데, 책의 이름은 『의사가 권하는 요료법』이다.

또 베아트리체 바넷(Beatrice Bartnett) 박사도 최근에 나온 자료를 모아서 요료책을 출간했는데 다음과 같은 내용을 담고 있다.

① 요료는 현재의 유사요법 중에서 가장 원시적이고 근본적이며 단순한 형태의 치료법이다.

② 인도에서 요료는 약초 치료법의 원조로 불리고 있다.

③ 로마 시대에는 가죽을 무두질(부드럽게 다루는 일)할 때 오줌을 사용했다.

④ 중국에서는 오줌을 약물로 사용했다.

⑤ 인도에서는 오줌을 나병 환자 치료에 활용했다. 매일 아침 자신의 오줌을 마시고 발랐더니 완치되었다.

⑥ 오줌은 화학약품, 중독성 물질, 뱀의 독을 해독해준다.

⑦ 18세기 프랑스, 독일에서는 소의 오줌을 이용해 황달, 류머티즘, 통풍, 수종, 좌골신경통, 천식을 치료했다.

⑧ 1940년대 독일 의사들은 홍역과 수두에 걸린 아이들에게 오줌을 사용해 관장함으로써 약하게 병을 앓게 했다.

⑨ 1960년대 비타민 C를 발견한 기올기 씨는 오줌에서 3-메틸글리옥살(methylglyoxal)이라는 암세포 파괴 물질을 분리했다.

⑩ 의사 버진스키는 사람의 오줌에서 정상 세포의 성장을 방해하

지 않으면서 암세포를 선택적으로 손상시키는 안티네오플라스톤(antineoplaston)이라는 펩티드 성분을 분리했다.

⑪ 1965년 독일인 의사 에담은 요료가 임산부의 입덧 치료에 상당히 효과적이라고 했다.

⑫ 태아를 자궁 속에서 수술하면 양수가 있어서 상처가 남지 않는다. 양수는 태아의 오줌이다.

⑬ 오늘날 임신을 가능하게 하는 호르몬제 페르고날(pergonal)은 이탈리아 수녀들의 오줌에서 분리한 것이다.

⑭ 외부용으로 사용하는 오줌은 세균의 발효 과정을 거쳐서 세정력이 한층 강화된 후에 사용하면 더 좋다.

⑮ 오줌에 많이 들어 있는 고농도의 염분은 신체에 좋은 표면활성제로 작용하며 체내 점막을 덮고 있는 오래된 점액을 깨끗이 씻어낸다. 처음에는 오줌 맛이 안 좋더라도 다른 음료수를 마시지 않고 자신의 오줌을 계속해 마시면 단시간 내에 맑고 맛 좋은 오줌이 만들어지며 신장이 깨끗이 청소되어 혈액을 정화시킬 것이다.

미국 구글에 들어가서 'Urine Therapy(요료)'를 치고 검색해보면 엄청나게 많은 사이트가 나타난다. 미국의 현대의학이 발전했다고 해도 국민 전체의 보건제도는 열악하다. 미국 국민의 30퍼센트는 의료보험이 없는 상태다. 미국에서 가장 잘 팔리는 요료책은 『Your Own Perfect Medicine(당신의 완벽한 약)』이다.

대만

대만의 요료 실천자는 약 10만~20만 명으로 추산된다. 이 중에 실천자 500명에 대한 설문조사를 의학박사 라이기밍이 수행했다. 라이기밍 박사는 대만국립위생보건원에 소속되어 있는 암 임상연구부 책임자이며, 미국에서도 3년 동안 암 연구에 종사했다. 오줌에서 분리한 항암물질 CDA-II의 개발자 요명징(廖明徵) 박사와 함께 중국요료협회를 조직해 요료 보급에 매진하고 있다. 요명징 박사는 30년간의 미국 연구 생활 중에 16년간을 오줌 성분 중의 항암물질 연구에 전념하다가 CDA-II를 찾아내 상품화하는 데 성공했다. 이것은 독성이 없어서 기대되는 항암약이다.

요명징 박사는 대만대학교 약학대학을 1958년에 졸업하고, 1966년 미국에 건너가서 텍사스 주 베리 약학대학, 펜실베이니아 주 필라델피아의 암 연구소에서 연구를 계속했으며, 1997년에는 텍사스 대학 대학병원 교수이면서 텍사스 주 버진스키 연구소의 생화학 부문 주임으로 활약했다. 버진스키 연구소와의 공동 연구 결과로 오줌 성분 중에서 암세포 증식에 필요한 효소를 억제하는, 분자량이 아주 적은 물질(2차 대사산물)을 발견해 그 화학구조 식을 규명했는데 그것이 CDA-II이다. 1973년에 버진스키(Burzynski) 박사는 뇌암에 매우 효과적인 화학물질 페닐아세테이트(phenylacetate)를 오줌에서 발견해 미국 FDA의 허가를 얻었는데 이것이 CDA-II의 발견을 가능하게 한 동기가 되었다.

말기 암 환자(흉선암, 방광암, 폐암, 신장암, 결장암, 간암 등) 중에서 남은 수명이 6개월뿐이라는 진단을 받은 환자 15명을 선발해 CDA-II를 혈액에 52일간 혹은 358일간 투여한 결과, 가장 빨리 효과가 나타난 것은 7주째로서 이때 벌써 암의 진행이 멈추었고, 종양의 축소 혹은 암세포의 증식 억제 현상이 나타났다. 부수적으로 혈소판과 백혈구의 증가, 콜레스테롤 수치의 개선, 피부 형성력 증가 등 신진대사가 좋아졌으며 일부 부작용으로 발열, 오한, 근육통을 호소하는 환자가 있었다. 6개월밖에 살지 못한다는 말기 암 환자 15명 중에서 5년 생존율은 20퍼센트, 3년 생존율은 40퍼센트, 2년 생존율은 60퍼센트였다. 현재의 암 치료에 대한 현대의학 기술은 50퍼센트 수준에 있지만, CDA-II를 도입한 일본 사노(佐野鎌太郎) 박사의 병원에서는 80~90퍼센트의 치료율을 보이고 있다.

암세포의 문제는 사멸하지 않고 계속 분열한다는 점이다. 암세포와 정상 세포의 핵산메틸화효소는 완전히 다르다. 정상 세포의 핵산메틸화효소는 성장인자에 의존해 활성을 나타낸다. 즉 성장인자가 있으면 핵산메틸화효소의 활성이 높아져서 세포가 증식을 계속하지만, 성장인자가 소실되어 효소의 활성이 약해지면 메틸기가 없는 DNA를 합성하게 된다. 암세포의 경우에는 메틸화효소가 매우 활발해 유전자에 메틸기전이효소가 계속해 부착되기 때문에 암세포가 사멸하지 않는다. 자기 스스로 메틸기가 없는 DNA를 합성하지 않으며 따라서 계속해 증식하게 된다. CDA-II는 암세포 DNA의 메틸화효소 활성을 억제해 최종 분화로 유도하므로 암이 치유된다. 특히 독성이 없다는 점에서 매우 획기적이다.

중국

중국의 요료 역사도 매우 오래되었다. 양귀비가 오줌으로 목욕하며 몸매를 가꾸었고, 현재도 시안(西安) 근처에 요료 마을이 전해져오고 있으며, 요료 단체도 활발하게 활동하고 있다. 어떤 의과대학에는 요료학과가 설치되어 있기도 하다. 그러나 아직까지 국제대회에 참가하는 중국 사람은 극히 적은 편이다. 1999년 독일 세계요료대회에 참가했던 주진부 씨(당시 71세)는 자칭 요료 가문 20대손으로 58년간 오줌을 마시고 있다고 설명하였다.

중국의 지린(吉林)성은 조선족 자치주로 오랜 전통을 유지하고 있는

연변 과학기술대학 간호학부 강당, 2007년

데 2007년 7월 2일부터 9일까지 필자는 이곳을 방문할 기회가 있었다. 지린성 연변시에 있는 과학기술대학에서 국제 심포지엄을 개최했는데, 필자는 유산균에 대한 논문을 발표하고 또 요료법에 대해 강연하기 위해 참가한 것이다. 한국에서 80여 명의 교수와 각 연구소의 전문가들이 참석했으며, 미국을 비롯한 대만, 중국의 여러 곳에서 200여 명이 참가했다. 심포지엄이 종료되고 주민들을 위한 요료법 강의를 간호학부 강당에서 개최했는데 원근 각지에서 100여 명이 참석했다. 헤이룽장(黑龍江)성에서 밤새 기차를 타고 오신 분도 있었다. 이 지역에서는 여러 해 전부터 요료법에 대한 관심이 많아서 난치병을 치료한 사례가 많았다. 연변 지부가 결성되어 있고 이해복 초대 회장의 뒤를 이어서 김정옥 회장이 활동 영역을 확대해 나가고 있으며 매우 열성적인 분들이 요료의 보급을 위해 힘을 합쳐 활동하고 있다.

2007년 10월 18일부터 21일까지 시안에서 한·중·일 3개국이 참석한 가운데 요료 세미나가 개최되었다. 한국에서는 필자 한 사람이 참가했고, 일본에서는 우류 료스케와 미야자키, 홍콩에서는 사이토 여사, 중국에서는 9개 성에서 대표자 60여 명이 참가했다. 2일간 3개국 대표의 강의와 중국 사람들의 체험 사례 발표가 이어졌는데 매우 열성적이었다.

상하이 대학 총장 안사건(顔思健) 박사는 3회에 걸쳐서 요료대회를 개최했다.

78세 손약괴 교수와 72세 모리타 씨의 시안-상하이 보행 코스

중국의 요료 보급은 매우 활발하게 추진되고 있으며, 특히 1994년 손약괴(孫若槐, 당시 78세) 교수와 일본의 모리타(森田, 당시 72세) 씨는 요료법에 대한 언론의 무관심을 일깨우기 위해 중국과 일본 열도를 걸어서 각지역을 방문하면서 홍보 활동을 펴기로 했다. 두 노인은 배낭과 침구, 요료 보급 현수막을 어깨에 메고 중국에서 가장 추운 1월 8일 시안을 출발해 상하이로 향했다. 그리고 자그마치 1,700킬로미터를 75일 동안 걸어서

상하이에 도착했다. 일본 입국 비자를 받고 배를 타기 위해 두 달을 상하이에서 머물렀다. 고베 항에 도착한 것은 그해 8월 15일 가장 무더운 여름철이었다. 두 분의 특이한 소식이 일본 매스컴에 소개되자 많은 사람들이 이들의 요료 행보에 동참했고, 지방자치단체 시장이 축하 잔치를 베풀어주기도 했다. 교토, 오사카를 순회하면서 요료 좌담회, 강연회에도 참석했으며, 드디어 도쿄에 도착한 것은 그해 9월 20일이었다.

이번 중국 방문길에 손 교수를 만나게 된 것은 참으로 행운이었다. 그는 시안 건축대학교의 낡은 관사에서 부인과 생활하고 있었는데 매우 건강한 모습이었다.

브라질

브라질의 요료 인구는 상당히 많다. 2003년에 제3회 세계요료대회가 브라질에서 개최되어 700여 명이 참가했다. 그 대회 의장을 맡았던 파티마(Fatima) 씨는 미모의 여의사로서 요료 보급에 앞장서고 있다. 또 다른 여의사 한 분은 텔레비전에서 요료를 강의하고 홍보했다는 것이 문제가 되어 의사협회로부터 소송을 당했으나 싸워 승소한 일도 있었다. 브라질이 중심이 되어 남미 전체에 요료 보급이 크게 확산되고 있다.

멕시코

멕시코는 대체의학에 대해 매우 개방적이다. 미국 정부가 인정하지 않는 여러 가지 대체의학 병원이 멕시코에서는 허용되고 있다. 요료에 대한 관심도 매우 높다. 소냐(Sonia) 박사가 이끌고 있는 요료 단체의 활동이 매우 활발해 2009년 제5회 세계요료대회도 유치하였다.

제3회 세계요료학술대회, 2003년 브라질, 벨로리존치

2009년 멕시코 대회 결정 환영 인사

2006년 한국 대회 참석 – 소냐

한국

한국 요료도 오랜 역사를 가지고 있다. 400여 년 전에 씌어진『동의보감』에 오줌을 마시면 정력이 좋아지고 노화를 예방한다고 하여 조선시대에는 국민들 사이에 널리 활용되던 건강법이었다.

조선 시대 위대한 유학자 중 한 사람인 우암 송시열 선생은 노론파로서 평생 요료를 실천한 분으로 유명하다. 그 당시 남인파에 속하던 대유학자이면서 한방에 조예가 깊었던 허목(許穆, 호는 眉叟) 선생과의 일화가 있다. 우암 선생이 병이 나서 자기 아들을 허목 선생에게 보내 약을 지어달라고 했는데, 우암 선생과 정치적으로 적대 관계였던 허목 선생이 한약에 비상(부자)을 넣어 약을 지어주자 우암 선생의 아들은 아버지에게 "허목 선생이 아버지를 죽이려고 약에 비상을 넣었습니다"라고 말했다. 그러나 우암 선생은 그렇지 않다고 아들을 달랜 후 그 약을 달여 먹고 회복되었다고 한다. 자신이 평소에 요료를 하고 있다는 것을 허목 선생이 알고 있었기 때문에 보통 약보다 더 강한 부자(독성이 강한 약재)를 첨가해 처방한 것을 우암 선생이 올바르게 평가했다는 이야기다(이항녕 박사와 최근덕 교수의 말씀).

성균관대학교 유학대학장을 지내고 성균관장을 역임한 최근덕 박사의 말에 의하면 옛날 우리 조상들은 표주박을 허리에 차고 다니면서 아이들의 오줌을 받아서 먹었다고 한다. 최 박사가 어린 시절에 서당에서 공부할 때 "서당 선생님이 아이들의 오줌을 받아서 한 사발씩 마시고 아이들도 따라서 마셨다"고 한다.

1500년대의 요료 이야기는 임진왜란 때 의병으로 출전해 싸운 이전·이준 형제가 오줌을 먹고 살아남은 〈형제급난도〉에 상세히 소개되어 있다. 경북문화재로 등록되어 있는 이 그림에 얽힌 이야기는 이러하다. 1558년과 1560년에 경북 상주에서 이전·이준 형제가 태어나서 살았는데, 1592년 조선을 침략한 왜군에 의해 부모님이 살해당하자 이에 격분한 형제가 의병을 모집, 경북 상주의 백화산에서 치열한 전투를 벌였다. 이때 동생(이준)이 갑자기 몸을 가누지 못할 정도로 토사곽란을 일으키자 형(이전)에게 말하기를, 나는 여기서 죽을 테니 형은 왜적을 피해 집에 돌아가서 조상을 모시고 가문을 이어달라고 했다. 그러나 형이 나 혼자 살 수 없다고 하면서 사경을 헤매는 동생에게 오줌을 먹이니 설사와 통증이 멎고 정신을 차리게 되었다고 한다. 이에 동생을 등에 업고 백화산 꼭대기로 피해 함께 생존한 이야기다. 그 후에 동생이 명나라에 사신으로 가게 되었는데 그곳 화공에

〈형제급난도〉, 경북문화재 4537호, 1604년

게 이런 사실을 이야기하니 형제의 우애에 감복해 그림을 그려준 것이 〈형제급난도〉이다(兄弟急亂圖 − 흥양 이씨 대종회 회보 창간호 pp. 177〜178, 1986). 그림을 보면 형이 병든 동생을 업고 산길을 오르는 생생한 모습이 그려져 있다(경북문화재 4537호).

1900년대에 들어와서는 한국전쟁과 절대 빈곤의 상태에서 질병에 대처할 만큼 의료제도가 구비되어 있지 않았다. 그래서 민간요법에 의지할 수밖에 없었던 탓도 있지만 요료가 오래전부터 널리 이용되었다는 것을 임명호(1934년생, 수원시 장안구 정자동 백설마을) 씨의 체험을 통해 알아본다.

나의 고향은 충청북도 진천군 백곡면 갈월리 서수부락이다. 마을에 들어서면 하늘만 보이고 일조량도 하루 4시간에 불과하다. 나의 요료를 이야기하기 전에 돌아가신 아버님(1900~1988)이 요료 하시던 것을 먼저 소개하겠다.

아버님은 어느 날 동네 근처에서 불량배에게 심한 구타를 당해 정신을 잃었고, 온몸에 피멍이 드는 심한 타박상을 입었다. 마을 사람들이 아버님을 등에 업고 집으로 돌아왔는데 병원도 없고 오직 민간요법으로 치료를 했다. 그 방법이라는 것이 환부에 오줌을 바르고, 숙성된 오줌을 마시는 것이었다. 아버님은 빠르게 완치되었다. 그 후에도 매일 오줌을 드시면서 병원 한번 가시지 않고 88세까지 건강하게 장수하셨다.

이러한 아버님의 치유 과정을 돌이켜보면 나는 오줌이 대단한

치유 효험을 가지고 있다는 것을 이미 오래전부터 알고 있었던 것 같다. 그러던 어느 날 성균관대 강국희 교수로부터 요료 이야기를 듣다가 문득 그때 생각이 되살아났다. 내 나이도 벌써 70이 넘었는데 죽을 때 죽더라도 죽는 날까지 건강하게 살기 위해서는 오줌을 마시는 것이 좋겠다는 생각에 2006년 1월부터 마시기 시작했다. 매일 한 잔씩 마시는데 몸 상태가 매우 좋아지는 것을 느끼면서 음뇨를 즐기고 있다.

우리 할머니들은 아이들의 몸이 퉁퉁 부어 그 원인을 알 수 없을 때 오줌을 몰래 달여서 먹였고, 그렇게 하면 부종이 빠졌다. 또한 손발이 트면 오줌에 담그라고 했다.

〈조선일보〉 논설고문 이규태 씨의 저서 『한국인의 성과 미신』(1995)에 보면 오줌의 이용에 대한 이야기가 9페이지에 걸쳐 소개되어 있다. 옛날부터 우리 조상들은 손발이 트면 오줌으로 씻었고 정력제로 오줌을 마셨으며 설사, 폐병, 천식, 장티푸스, 위장병 등의 각종 질병에 영약으로 활용했다는 것이다.

일본에서 요료 붐이 일어나자 한국에서도 요료에 대해 관심이 높아지기 시작했는데, 나카오 선생의 책을 김정희(한국 MCL연구회) 선생이 1990년에 번역 출간하면서 대중적 관심을 끌기 시작했다. 그 후에 외국의 요료 책들이 여러 권 번역 출간되면서 난치병 환자들과 의사들도 큰 관심을 가지게 되었다.

이영미 선생은 자신의 요료 체험담을 책으로 출간했고, 성동윤(수동요양병원 원장, 가정의학 전문) 선생은 매일 아침 오줌 한 잔으로 식사를 대신하며 건강 관리를 하고 있다는 내용의 건강법을 〈중앙일보〉에 소개해 큰 반향을 불러일으켰으며, 입원 환자들에게도 오줌을 마시라고 권하고 있다. 성동윤 원장은 현대의학으로 해결할 수 없는 수많은 원인 불명의 난치병을 오줌으로 기적같이 치료한 경험을 소개했다. 뿐만 아니라 오줌이 더럽다는 것은 말이 안 된다고 주장하면서 몸속에 있을 때는 더럽지 않다가 배설된 후에는 왜 갑자기 더러워지는지 설명이 되지 않는다며 마음이 병이라고 하였다.

현재 한국에서 요료를 하는 사람들은 적어도 200만 명 이상일 것으로 추측된다. 2006년 9월 경기도 가평군 설악면 송산리 국제청소년수련원 청아 캠프에서 제4회 세계요료학술대회를 개최했는데, 19개국에서 300여 명이 참가했고 의료인들도 20여 명 동참했다.

언론에서도 많은 관심을 가지고 요료에 대해 보도하고 있다.

제4회 세계요료학술대회, 2006년 9월 19개국 318명(외국인 196명, 의료인 22명) 참가.
한국, 청아 캠프

요료법에 대한 언론보도

1991. 3. 18	〈한국일보〉 오줌 마시기 번진다
1991. 4. 7	〈일요신문〉 요료, 효과 크다
1991. 4	KBS 〈여성백과〉 만병통치 민간요법의 특효약 – 오줌
1991. 5. 8	〈동아일보〉 오줌 마시기 신드롬
1991. 5. 6	〈스포츠조선〉 오줌은 단순한 배설물이 아닙니다
1991. 7. 13	〈조선일보〉 소변 마시는 日人 최소 100만 명
1991. 8	〈건강 다이제스트〉 고질적 만성질환을 오줌으로 치료한다
1991. 5	〈여성동아〉 자신의 소변 마시는 요료
1991. 1. 15	〈조선일보〉 생존 경북호 선원 7명, 오줌을 마시면서 생존

1992. 9. 21	주간 〈세이브〉 기적의 건강요법 요료. 오줌 한 잔으로 성인병 고친다
1992. 3	〈우먼센스〉 요료를 실천하여 기적적으로 병을 고친 사람들
1993. 10. 21	〈동아일보〉 요료, 기적의 건강법
1993. 8. 18	〈조선일보〉, 〈한국일보〉, 〈동아일보〉 한보탄광 광원 1명. 91시간 소변으로 생존
1995. 4. 23	〈일요신문〉 오줌, 거의 모든 질병에 효과
1995. 3. 8	〈서울신문〉 소변은 만병통치
1995. 3. 9	〈부산매일신문〉 자기 소변요법 '만병통치'
1995. 7. 2	〈동아일보〉 백화점 붕괴 생환자 윤성희(62세) 52시간 오줌으로 생존
1996. 2. 25	〈동아일보〉 오줌으로 병 고칠 수 있다.
1996. 2. 25	〈한국일보〉 자기 오줌 복용으로 질병 치료
1996. 2. 25	〈국민일보〉 사람 소변에 암 치료 특효 물질 안티네오플라스톤 단백질 함유
1996. 3. 26	〈국민일보〉 자기 오줌 요법 선풍. 만병통치 : 마시기, 양치질. 수백만 명이 애용. 의사 등 600여 명이 인도의 세계요료학술대회에서 임상치료 발표.
1996. 5. 15	KBS 2TV 아침방송 〈무엇이든 물어보세요〉
1996. 6. 10	〈조선일보〉 암, 소변으로 쉽게 진단
1996. 12. 23	MBC 〈10시 임성훈입니다〉 요료 소개
1998. 4. 1	〈조선일보〉 임산부 오줌에서 에이즈, 암 치료 물질 발견. 미국 대학 교수
1998. 10	SBS 〈세상에 이런 일이〉 26세 때부터 오줌 먹는 정용관 씨 소개(서울 종로구 동숭동)
1998. 11. 27	KBS 2TV 〈금요 미스테리〉 요료 집중 소개
1998. 12. 25	〈동아일보〉 오줌 요법 본격 연구를
1999. 4. 19	EBS 〈환경과 오줌의 이용〉
1999. 4. 20	SBS 〈밀레니엄 특급〉 마릴린 먼로의 맥주 목욕, 양귀비의 오줌 목욕 이야기
1999. 8. 19	SBS 라디오방송. 아침 5~6시, 유영미 아나운서
1999. 10. 18	MBC 〈화제집중〉
2000. 1. 28	MBC TV 요료 소개
2000. 2	KBS 월간 〈건강 365〉 황금의 생명수 요료 소개
2000. 3. 24	주간 〈건강조선〉 강국희 교수의 요료 특집
2001. 11	MBC TV 대만의 요료 노인 소개
2002. 4. 6	〈동아일보〉 오줌 요법 공방. 한형희 한의사와 이윤수 비뇨기과 의사 논쟁
2002. 4. 9	MBC TV 〈특별한 아침〉 한의사와 비뇨기과 전문의 40분간 요료 논쟁

2003. 7. 7	SBS TV 〈생방송 투데이〉『동의보감』의 요료 소개
2003. 10. 14	〈대한매일신문〉 오줌은 버릴 게 없는 건강의 보고
2004. 8. 20	〈중앙일보〉 성동윤 내과의사, 14년째 오줌 마시는 건강법 소개
2006. 3. 6	KBS 2TV 30분간 강국희 교수의 웰빙 건강법 특집
2013. 2. 4	TV조선 연예인초청 김진아 교수의 유방암 완치 소개

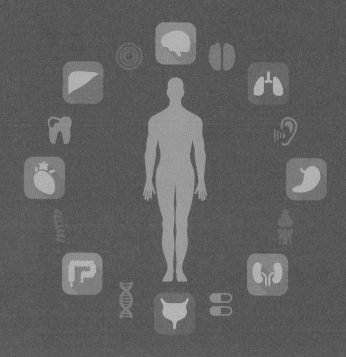

제3장

나의 오줌 연구

나는 1969년 일본의 동경(도쿄)대학 대학원에 유학하면서 유산균에 대한 연구로 석사, 박사학위를 취득한 연후에 귀국해 한국야쿠르트 연구소를 설립하고 유산균 연구를 시작했다. 그후 대학에도 출강하면서 한국에서는 처음으로 유산균 박사의 칭호를 얻는 등 승승장구했으며, 발효유업계의 후광으로 많은 연구 활동을 병행할 수 있었다. 기업체에서 3년간의 연구생활을 하다가 1979년에 성균관대학교로 옮겨 재직했고 2006년 8월 정년퇴임했다. 평생을 유산균과 발효유 연구로 보낸 나에게 주위 사람들은 유산균 박사, 야쿠르트 박사라는 별명을 붙여주었다.

그런데 우연히도 1998년 3월 오줌건강법에 대한 정보를 입수하고 여기에 빠져들기 시작하면서 노년에 평생의 연구 사업으로 또 하나의 일거리가 생긴 것이다. 현대의학의 한계와 부작용으로 너무나 많은 사람들이 고통받고 있는 상황에서 오줌 치료법이야말로 돈과 약이 필요 없는 건강법이므로 국민들에게 알려야겠다는 사명감을 느끼게 되었다. 이것은 돈이 되는 것이 아니므로 기업체의 호응을 얻을 리 없고, 정부기관에서도 의사 중심 의료제도의 틀을 유지해야 하므로 관심을 보일 리가 없었다. 나는 다행히 교수이므로 이 일을 하는 데 가장 적임자라는 생각이 들었다.

오줌에 대해 연구하면서 새삼스럽게 느끼는 것은 내가 전공한 유산균과 발효유도 따지고 보면 유산균이 자라면서 배설한 오줌이라는 점이었다. 세포생리학적으로 보면 그렇다는 것이다. 우리의 몸은 항상 체온이 일정하고, 음식을 먹으면 몸 안에서 소화 발효되어 영양소를 흡수하며, 그것이 혈액으로 들어와서 오장육부를 돌다가 오줌으로 배설된다. 마찬가지로 맥주도 효모가 자라면서 배설한 오줌이며, 식초는 식초균이 자라면서 배설한 오줌이고, 꽃의 향기는 식물이 자라면서 배설하는 식물오줌(Plant Urine)이다. 이렇게 생각할 때 나는 처음부터 오줌 연구의 팔자를 타고난 학자라는 생각이 든다.

이러한 문제를 생각하고 있던 중에 1998년 4월 1일 〈조선일보〉에 소개된 임산부 오줌으로부터 에이즈, 암 등에 탁월한 효과를 나타내는 물질을 분리하는 데 성공했다는 미국 메릴랜드 대학 교수의 연구 보고는 나의 호기심을 사로잡기에 충분했다. 생리적으로 임산부는 최고의 면역체계를 갖추고 있을 것이며, 우리의 생체는 자신의 면역체계에 의존해 건강을 지탱하고 있기 때문에 이것이 활성화되면 에이즈, 암, 세균성 질환 등 모든 질병을 스스로 예방할 수 있게 되는 것이다.

01
나의 건강 상태

　　나는 하루 종일 교수 연구실에서 컴퓨터로 원고를 정리하거나 연구 계획을 세우거나 하면서 생활하기 때문에 운동 부족과 만성 피로에 시달리고 있었다. 소화력이 약해 식사 시간이 되어도 배고픔을 느끼지 못하고 조금만 과식해도 배탈이 나는 체질이었다. 뿐만 아니라 1989년 교통사고로 오른쪽 어깨뼈가 골절되어 항상 오후가 되면 어깨가 뻐근해지고, 오후에 운동을 해야 뻐근함이 풀어지곤 했다. 퇴근길 버스나 지하철에 탔을 때 좌석이 있어도 앉지 않고 시시 손잡이를 잡고 흔들리는 진동에 팔과 어깨를 마사지하면서 집까지 가면 어깨가 풀리기도 했다.

　　필자는 식품미생물학을 가르치고 연구하는 학자이기 때문에 사람의 질병을 진단하고 치료하는 의료 행위를 할 수 있는 자격은 없다. 그러나 현재 70대인 필자는 점차 나이가 들수록 건강과 생명에 대한 관심이 높아지고 있으며, 지금까지 공부하고 연구해온 모든 지식과 경험이 생명체라는 하나의 목표로 수렴되어가고 있음을 느낀다. 어떻게 하면 건강하게 살아갈 수 있는지에 대한 경험과 지식은 풍부하므로 이것을 보급하는 데 보람을 느끼고 있다.

02
요료의 동기와 체험

 필자가 요료에 관심을 가지게 된 동기는 1998년 3월 대학 친구 류정식 씨를 만나게 되면서부터다. 그때까지만 해도 필자도 보통 사람들과 마찬가지로 소변을 보다가 오줌이 한 방울이라도 손에 묻으면 더럽다고 비누로 깨끗이 씻었다. 그런데 이 친구가 여러 가지 사정으로 건강이 대단히 나빠졌을 때 요료로 건강을 완전히 회복했다는 체험담을 나에게 들려주면서 연구할 가치가 있다고 했다.

 그는 건국대 축산대학을 졸업하고, 1967년 일본 대학에서 축산가공 기술 연수 및 동경대학 대학원에서 농업경제를 공부하다가 불의의 사고를 당해 건강이 나빠져서 귀국한 후 오랜 투병 생활을 했는데 건강이 극도로 악화되어 한때는 환청, 이명(耳鳴), 난청, 신경통, 심신 불안정, 불면증, 부정맥, 시력 약화, 실어증, 정신쇠약 및 정신분열증, 관절통, 요통, 보행 불능, 입맛 상실, 식욕부진, 후각 마비 등등의 상태 악화로 주변 사람들은 그가 도저히 소생할 가능성이 없다고 걱정했다. 그러나 음뇨 시작 6개월 후 관절통, 요통이 해소되고 2년 후에는 건강이 완전히 정상으로 회복되었으며, 젊은 사람들과 테니스를 쳐도 지지 않을 정도로 체력이 회복되었다.

 필자가 요료에 관심을 가지고 연구하게 된 동기는 이 친구 때문이다.

그가 일본어판 요료책을 나에게 주면서 연구할 가치가 있다고 간곡히 요청했기 때문에 관심을 가지게 된 것이다. 처음에는 마음이 움직여지지 않았다. 오줌을 어떻게 먹을 수 있을까, 나 스스로 자신이 없었다. 그러나 책을 읽어보니 모든 것이 사실로 느껴지면서 연구하기로 마음을 먹고 1998년 3월 초순부터 자료 수집, 나 스스로의 실천, 동물 실험, 환자에게 권유해 치유 경과와 임상정보 수집, 실험실 분석 등에 열중하게 되었다.

요료의 신비한 효능에 대해 확신에 찬 그의 경험담이 없었다면 나는 그러한 원시적인 요료에 관심을 기울이지 않았을 것이다. 그리고 나카오 내과의사가 집필한 『기적을 일으키는 요료법』을 읽으면서 충분히 요료의 원리를 이해하게 되었다. 그러나 더러운 것이라고 생각하던 오줌을 몸에 좋은 보약이라고 갑자기 생각을 바꾸는 것은 쉽지 않았다. 나 스스로의 의식적인 문제도 있었지만 대부분의 사람들, 특히 사회적 지위가 높은 사람들은 '오줌은 노폐물이고 더러운 것'이라고 생각하고 있는데 그것을 먹는다는 것을 다른 사람이 알게 되면 여러 가지 구설수에 오르내릴 것이 분명해 보여서 꼭 먹어야 할 이유가 있을까 하는 편견을 가지고 있었다. 뿐만 아니라 내 가족들이 과연 이해해줄 것인가, 내가 봉직하는 성균관대 학생들이나 동료 교수들도 강국희 박사는 이상한 사람이라고 비아냥거리지 않을까 하는 것도 마음에 걸렸고, 이런 일을 일일이 따라다니면서 해명할 수도 없는 노릇이었다. 또한 약국을 하는 친구의 입장, 서울대 의과대학을 졸업하고 종합병원에서 근무하는 조카의 입장 등등 여러 가지 잡다한 사정들이 머리를 복잡하게 만들었다.

그러나 한 가지 문제점에 집착하면 포기하지 못하는 나의 본성적인 끈기가 이러한 잡다한 생각들을 떨쳐버리게 해주었다. 식품학자인 나보다도 입장이 훨씬 더 어려웠던 요료의 개척자들(일본의 나카오, 미국의 오퀸, 영국의 **암스트롱**, 한국의 이영미 선생 등)을 생각하면 그런 잡다한 사정들은 별것 아니라는 생각이 들었다. 이들은 의사라는 보장된 신분으로 영리사업을 할 수 있었는데도 불구하고 약과 칼을 사용하지 않는 자연요법, 특히 요료에 관심이 높았던 사람들이다. 그래서 병원에서도 못 고치는 병을 오줌으로 고칠 수만 있다면 그것을 먹는 것쯤이야 얼마든지 할 수 있다는 의지가 생겼다.

나는 본래 성격적으로 남이 좋다고 하는 것이면 적극적으로 해보고 싶은 마음이 생기는 편이다. 매사에 관심이 많다고나 할까. 1969년 일본 유학 시절 옆자리에서 함께 연구하던 일본인 조교수가 일과 후에 생맥주 한잔하자고 하면 학교 근처 우에노 공원 쪽으로 가서 자주 맥주를 마시곤 했다. 그 친구는 술 먹기 전에 반드시 야마이모(산감자)를 갈아서 만든 도로로를 한 사발 시켜 후룩후룩하면서 먹는데 나는 미끌거리며 기분이 나쁘고 구역질이 날 지경이라 도저히 먹을 수 없었다. 그러나 그 친구의 식욕에 호기심이 발동하기 시작했다. 저 친구는 맛있게 먹으며 행복해하는데 나는 왜 먹지 못하고 구역질이 날까. 이것은 나의 마음먹기에 달렸으니 시도해볼 일이라고 생각해 눈을 딱 감고 한 사발 먹어치웠다. 처음에는 입 언저리가 가렵고 이상했으나 두 번째, 세 번째 먹을수록 고소하고 진미를 느낄 수 있어서 완전히 극복한 경험이 있다. 요료에 대한 선입관 문제도 마찬가지다. 일단 먹어보겠다는 노력과 첫 시도가 중요한 것이다.

1) 통증 해소의 첫 경험

나는 옳다고 생각하면 즉시 행동하는 편이다. 옳다는 판단을 할 때까지는 상당히 신중하고 많은 사람들의 이야기를 들으며 자료를 철저히 분석하고 검토한다. 의심도 많이 한다. 그러나 요료를 이해하고 그 가치에 대해 충분히 인식하고 실천을 결심하는 데에는 오랜 시간이 필요하지 않았다. 투병 생활에서 경험한 대학 동창생의 진지한 경험담과 그 경험담을 일본인 의사 나카오 박사의 책(『기적을 일으키는 요료법』)으로 확인하는 것만으로 충분했다.

집에서 아내와 아이들에게 이야기하지 않고 혼자서 몰래 오줌을 유리컵에 받아 입에 대보았다. 특이한 지린내가 코와 입을 거북하게 했지만 호기심에 견딜 수 있었다. 요료 3일 만에 아프던 어깨의 통증이 완전히 해소되는 맑은 기분을 느낄 수 있었다. 이 기분은 20년이 지난 지금도 생생하게 기억되고 있다. 마치 가을 아침에 안개가 자욱이 끼었다가 햇살이 비치면서 안개가 깨끗이 사라지는 듯한 기분이었다. 이것이 요료에 대한 나의 첫 번째 경험이었다. 그 후 3일이 지나서는 평소에 아무렇지도 않던 왼쪽 어깨가 아프면서 3일 동안 어깨를 마음대로 움직일 수 없었다. '이것이 호전반응이구나' 생각하면서 음뇨를 계속했다. 그 후 3일이 지나니까 자연스레 통증이 없어졌다. 음뇨 3개월째에는 가벼운 복통과 묽은 변이 2~3일간 계속되더니 저절로 없어졌다. 이후에는 전혀 다른 증상은 나타나지 않았고 소화력이 향상되어 입맛이 돌고 대변 색이 황색으로 바뀌어 장내 세균의 변화도 예측할 수 있었다. 체중도 3개월 사이에 2킬로그램이 늘었다. 술을 먹은 다음 날도 피곤함을 느끼지 않게 되었다. 점차 요료의 효험이 나타나는 것을 느끼면서 체력이 강해졌고, 만성적인 피로감도 전혀 느끼지 않게 되었다.

2) 감기 특효

감기에 걸려서 콧물이 나오고 머리와 목이 아프고 몸의 컨디션이 좋지 않을 때 오줌을 컵에 받아서 코로 빨아들이면 목구멍을 통해 입으로 나오는데, 이렇게 두세 번 씻으면 감기가 떨어진다. 이와 같이 해서 감기를 치료한 것은 4월에 한 번, 그리고 8월에도 한 번 경험했다. 그전까지는 감기에 걸리면 감기약을 먹어도 금방 치료가 되지 않고 콧물과 두통이 몇 주일 계속되고 독한 감기약 때문에 상당히 심한 부작용에 시달렸다. 그런데 요료로 한두 번 코를 씻으면 감기가 더 이상 진행되지 않고 정상 회복되니 정말로 놀랍고 신기할 정도다.

돈 한 푼 들이지 않고 감기를 스스로 재미있게 치료하는 나에 비해 동료 교수들이 감기에 걸려 오랫동안 고통스러워하는 것을 보면서 요료를 어떻게 쉽게 소개할 방법이 없을까 생각했다.

3) 피로 해소

1998년 8월 13일부터 20일까지 미국의 테네시 주에서 식품위생학회가 있어서 논문을 발표하기 위해 다녀왔는데 오고 가는 과정에서 시차를 느끼지 못할 정도로 기분이 좋았다. 그전에는 미국에 도착하면 며칠 동안 시차 피로 현상이 매우 심했는데 이번에는 비행기 화장실에 있는 종이컵으로 오줌을 한 잔 마시니까 그러한 시차 피로를 전혀 느낄 수 없었다. 이처럼 전반적인 체력이 향상되니 성 능력도 종래보다 훨씬 증강된 것을 느낀다. 부작용 있는 비아그라(viagra)에 현혹될 것이 아니라 부작용이 전혀 없는 자신의 생명수를 마시는 것이 백배 낫다는 것을 체험하고 있다.

함께 갔던 동료 교수도 나의 요료에 대한 이야기를 듣고 내가 정리한 자료를 읽은 다음에는 자기도 해보겠다는 결심을 보였다. 이분도 허리가 아프고 치아가 아파서 여행이 즐겁지 못한 상태였다. 호텔에 들어가서 첫 시도를 해보았다. 코를 한쪽 손으로 눌러서 막고 한 모금 입에 빨아들이는 순간 "욱" 하면서 토하고 말았다. 냄새에 매우 민감한 분이라 역겨워서 못 먹겠다고 했다. 그래도 몸에 좋다고 하는데 먹어봐야겠다며 다시 컵을 입에 대고 조금씩 조금씩 마셔보더니 이대로는 도저히 못 먹겠다는 것이다. 오줌이 더럽다는 지금까지의 잠재의식을 한순간에 바꾼다는 것은 쉬운 문제가 아니다. 나는 그분의 테이블 위에 남아 있는 커피를 오줌 컵에 조금 부었다. 마치 콜라와 같은 빛깔이 나면서 냄새가 없어졌다. 그분은 커피 오줌을 단숨에 들이켰다. 냄새 때문에 마시기 어려운 사람은 커피를 타서 마시는 것도 좋은 방법이 될 수 있다는 것을 처음으로 경험한 밤이었다.

먹고 못 먹고는 의식의 문제다. 원효 대사가 유학길에 날이 어두워 노숙을 하던 중 목이 말라 바가지에 고인 물을 달빛에 맛있게 마시고 다음 날 아침에 일어나보니 그 바가지는 사람의 해골이었다. 그 순간 원효 대사는 어젯밤에 마신 물은 맛이 그렇게 좋았는데 아침에 해골이라는 생각을 하면서 입맛이 완전히 가신 것을 깨달았다. 이를 통해 세상만사 모든 것이 마음먹기에 달렸다는 것을 깨닫고 득도한 것이다. 그날 이후 원효 대사는 유학을 포기하고 돌아와서 백성들을 가르치는 데 심혈을 기울였다고 한다.

오줌이 더럽다는 지금까지의 의식을 바꾸려면 먼저 마음을 바꾸어야 한다. 사람은 갑자기 무슨 일을 당할지 모른다. 삼풍백화점 붕괴, 대형 사고, 산중 고립 등 위급한 상황에서 오줌이 더러운 것이 아니라 침보다 더 깨끗하고 몸에 좋은 것임을 알고 있다면 위기를 극복하는 데 생명수를 지혜롭게 활용할 수 있을 것이다.

4) 소화력 증진

요료를 시작하면 가장 먼저 나타나는 현상이 소화력 증진이다. 그 전까지 나는 식사 때가 되어도 식욕이 나지 않아서 아내에게 미안한 마음을 갖고 있었다. 아내가 "당신이 밥을 먹고 있는 모습을 보면 먹기 싫은데 억지로 먹고 있는 것처럼 보인다"는 말을 자주 할 정도였다. 그러나 오줌을 마시기 시작하면서 소화가 잘되고 식욕이 좋아져 밥때가 절로 기다려지는 것이 너무나 기쁘기만 하다. 하루하루가 다르게 몸에 살이 붙고, 피부가 매끄러워지면서 체중이 2개월에 2킬로그램이나 늘었다.

사실 오줌 한 잔에는 밥 한 그릇의 영양가가 있으므로 요료를 시작하면 식사량을 줄여야 한다. 이제는 체중을 조절하기 위해 절식에 신경을 쓰고 있다. 만나는 사람마다 얼굴이 깨끗해 보인다는 인사를 한다. 요료는 피부 재생력을 강화시키는 힘이 있으므로 소화기관 창자벽의 세포 재생을 도와주는 것으로 생각된다. 이러한 현상은 요료 하는 사람들의 공통적인 경험담이다.

5) 음주 후가 깨끗하다

뻐근하던 몸이 요료로 가벼워지니 운동으로 몸을 풀어야겠다는 생각이 없어졌다. 그래도 적당한 운동은 반드시 해야겠다는 각오를 다졌다. 요료를 하기 전에는 술을 먹은 다음 날 몸이 나른하고 피로가 쌓여 일할 의욕이 나지 않았으나 요료를 실천하면서 술 먹은 다음에 오는 피로감이 완전히 없어졌고 주량도 늘었다. 술을 많이 먹는 것은 좋지 않으므로 의식적으로 조심하고 있다. 사업관계로 불가피하게 술을 자주 먹는 사람들은 꼭 요료 건강법을 활용하기를 권한다.

6) 변이 황금색으로

필자는 평소에 대변의 페하(pH)가 약간 높은 편이어서 약알칼리를 띠고 있었는데 요료를 계속하니 변의 색이 황금색으로 변하면서 산성으로 바뀌었다. 장내 세균의 변화를 검사해본 결과 유산균과 비피더스균이 종전보다 훨씬 많아졌고, 페하 시험지(pH paper)를 변에 갖다 대면 예전에는 금방 보라색으로 알칼리 현상이 나타났으나 요즘은 노란색이 그대로 유지되며 산성을 나타내고 있다. 오줌에 함유된 요소가 암모니아를 생성하는 것이 아니라 오히려 유산균과 비피더스균의 생육을 촉진하고 병원성 세균의 증식을 억제하는 것으로 확인되어 결국 요료의 과학성이 장내 세균을 통해서도 입증된 셈이다. 이것을 증명하기 위해 계속 연구하고 있다.

7) 요통 해소

필자는 20여 년 전에 신장결석으로 3일간 입원한 경험이 있다. 뒤쪽의 허리가 뻐근하게 아파오더니 점점 통증이 심해지면서 20~30분 간격으로 진통이 오는데 도저히 참을 수 없어서 고려대학교 부속병원에 입원했다. 엑스레이 사진을 찍어본 담당의사가 신장에 아주 작은 결석이 있는데 작은 것이 더 통증을 유발한다고 일러주면서 약물을 투여해 치료해보겠다고 했다. 입원하던 날 밤에 엄청난 허리 통증으로 진땀을 흘렸다. 진통제 주사를 계속 맞아도 멈추지 않더니 새벽녘이 되니까 겨우 가라앉았다. 밤에 그토록 아팠던 것은 돌이 빠져나가느라 그랬던 것이다.

다음 날 의사에게 퇴원하고 싶다고 간청하니 며칠 더 있으라고 했지만 학교 일도 바쁘고 해서 다시 아프면 입원하기로 하고 간신히 허락을 받아 퇴원했다. 그 후 또 1996년 여름에 남미 지역을 여행하면서 브라질 고속도로 휴게소에서 먹은 점심 때문에 식중독에 걸려 심한 설사를 했고, 그 후유증으로 신장결석의 요통이 시작되어 항생제를 먹으면서 급히 귀국했다. 국내 최고의 종합병원에서 비싼 돈을 내고 종합검진을 받으면서 신장에 결석이 있으니 CT로 찾아달라고 부탁했으나 결석은 없다는 결론이 나왔다. 그러나 종합검진 후 약 1주일 만에 콩알 크기의 결석이 오줌 눌 때 빠져나왔다. 콩팥에 있는 돌도 찾아내지 못하는 종합병원의 검사 기술을 믿고 전 국민은 정기검사라는 의료제도에 아까운 시간과 돈을 낭비하고 있는 실정이다.

이러한 과정을 경험하다가 우연히 1998년 요료법을 알게 되면서부터 허리 통증이 완전히 사라졌다. 요료를 하기 전에는 평상시에도 허리가 항상 뻐근하다는 느낌과 함께 허리 운동에 늘 신경을 썼는데 요즈음에는 몸이 아주 편안해졌다. 요료 경험자들의 이야기를 들어보면 신장결석을 녹여서 씻어낸다는 것이다. 요료를 권장하는 의사들의 주장도 그렇다.

8) 무좀 퇴치

필자는 오른쪽 발에 무좀이 있어서 심해지면 식초요법으로 치료를 했는데 요료를 하면서 무좀이 없어지기 시작했고 현재는 발이 아주 깨끗해졌다. 요료로 무좀이 완치된 사람은 많다. 무좀약의 종류가 수없이 많지만 발라도 그때뿐이고 대부분의 경우 재발되며, 약의 부작용도 매우 심하다. 요료를 하면 재발도 되지 않고 돈도 들지 않는다.

이상으로 나의 요료 체험담을 소개했다. 만약 이러한 여러 가지 질병을 치료하기 위해 신약을 먹는다면 무좀약, 감기약, 소화약, 진통제, 치주염 가글링 등 여러 가지를 먹어야 하며, 그것으로 부작용이 생겨 몸이 상하면 또 다른 질병으로 이어질 것이다. 아무런 부작용 없이 나의 몸에서 나오는 오줌으로 이러한 여러 가지 질병을 치료할 수 있으니 얼마나 다행스러운 일인가.

의학 상식 … 플라시보 효과

위약 효과 혹은 가짜 약에 의한 심리적 현상을 말한다. 가짜 약을 먹었기 때문에 약물의 고유 기능과는 아무런 관련이 없는데도 불구하고 어느 정도 치료 효과가 나타나는 현상이다. 이것은 신약을 개발해 효과 시험을 할 경우에 검사 약과 병행해 비슷한 형태, 맛, 냄새를 가진 가짜 약(placebo)을 만들어 의사 자신도 어느 것이 진짜 약이고 가짜 약인지 구별할 수 없게 해 실시한다. 이때 가짜 약을 먹은 사람도 진짜 약을 먹은 사람들처럼 어느 정도 효과를 나타내는데 이것이 심리적 원인인지 혹은 신체적 원인인지는 평가하기 어렵다. 결국 약물의 최종 효과는 약물의 약리 효과와 환자 스스로의 치료하려는 노력에 의한 플라시보 효과를 통합한 결과다. 요료의 효과를 이러한 플라시보 효과에 지나지 않는다고 평가절하해버리는 사람들은 요료의 진실을 잘못 이해하고 있다고 보아야 한다.

03
국내의 보급 활동

오줌이 암, 당뇨, 관절염, 소화기 질병, 치주염, 만성피로, 무좀, 여드름, 갱년기 증세 등 난치병에 탁월한 효과를 나타내는 것을 직접 확인하면서 이것을 보급하기 위해 다음과 같은 활동을 하고 있다.

1) 생명수 클럽 정기 세미나

요료를 보급하기 위해 1998년 생명수 클럽을 설립하고 매월 정기 세미나를 개최했으며, 2006년 8월 정년퇴임까지 계속했다. 성균관대학교 생명공학부 3층 세미나실에서 개최했는데 많이 모일 때는 100여 명, 적게 모일 때는 20~30명이 나의 강의를 듣고 각자 체험담을 서로 나누고 토론하면서 유익한 시간을 가졌다.

2) 국제 심포지엄 개최

2005년 5월 15일 한국, 일본, 호주, 미국 4개국이 참가하는 국제 심포지엄을 성균관대 생명공학연구소(소장 황헌)가 주최하고, 한국요료협회(회장 강국희)가 주관해 개최했으며, 2006년 세계대회의 성공을 위한 행사로 기획해 치렀다. 참가자는 모두 70여 명이었으며, 미국에서는 마가렛 김, 호

생명수 클럽 정기 세미나, 성균관대 생명공학부 세미나실

2005년 국제 심포지엄, 성균관대 생명공학연구소 주최

주에서는 해럴드 티체(Harald W. Tietze), 일본에서는 고미야마 세스코(의사), 고미야마 가요코, 우류 료스케, 한국에서는 김정희(MCL 회장), 성동윤(수동 요양병원 원장, 가정의학 전문), 황종국(울산지방법원 부장판사, 민중의술), 기타 자연의술 치료사가 강연에 참여했다.

3) 요단식

난치병 치료에 요단식은 매우 빠르게 효과를 나타낸다. 그래서 요단식을 '요료의 꽃'이라고 부른다. 직장인, 학생들을 대상으로 주말이나 여름방학, 겨울방학을 이용해 2박 3일, 3박 4일, 5박 6일까지 요단식을 하고 있다. 요단식은 오줌만을 마시면서 마사지도 하고 건강의 원리에 대한 깊은 체험과 실습을 병행해 자기 스스로 병을 고칠 수 있게 훈련하는 것이 목적이다. 명상, 호흡법, 카우트 운동법, 식사요법, 자율신경면역요법 등을 일과표에 따라서 진행한다. 모두 아홉 차례의 요단식을 진행해 구체적인 콘텐츠를 구성하였고 수련 과정에서 놀라운 치유의 경험자들을 볼 수 있었다.

반월에서 진행한 요단식

4) 국내 순회강연

요료의 탁월한 효능이 점차 알려지면서 각계각층으로부터 강의 요청이 들어오고 있다. 지금까지 강의 대상은 다음과 같다.

의료기관_연세대학교 의과대학

2000년 3월 25일의 강연은 연세대 의과대학 전세일 교수의 초청으로 세브란스 병원과 이화여대 부속병원 의사 150명에게 두 시간 동안 요료법의 역사, 난치병 치유 메커니즘, 체험 사례 등에 대해 강의하고, 질의응답 형식으로 진행되었다. 전세일 교수는 대체의학에 깊은 관심을 가지고 현대의학과 전통의학을 조화롭게 연구하면서 환자를 치료하고 있다. 강의를 끝내고 질의응답 시간에 요료를 하고 있는 분을 확인해본 결과 5명이었다. 의사들도 자기 건강을 위해 요료를 실시하고 있음을 확인했다.

의료기관_조선대학교 의과대학

2004년 10월 7일 조선대 의과대학 의성관에서 암 전문의, 신장 전문의, 약대 교수, 대학원생 등 150명을 대상으로 요료법에 대한 원리, 메커니즘, 난치병의 치유 사례 등을 한 시간에 걸쳐서 소개했다. 강의 후 질의응답 시간에는 대표 질문자 교수 두 분이 여러 가지 질의를 해주었고, 그에 대한 대답으로 마무리했다. 이번에 나온 질문들은 요료법 실천자들로부터 항상 받게 되는 중요한 내용들이라 여기에 정리해 소개한다. 질의하신 모든 분들이 의학 전문가들이고 학문적인 질의 내용이 많았기 때문에 매우 중요한 것들이다.

대표 질문자 – 조병욱 교수(조선대 부총장, 공과대학 화공학과 교수)

❶ 과학적 마인드로 길들여진 현대인으로서 소변요법의 타당성을 이해하기에는 어려움이 많습니다. 요소(urea)를 많이 먹으면 암모니아가 생성되어 간성혼수가 될 텐데 오줌을 많이 마실수록 좋다고 하니 과학적인 해명을 해주시기 바랍니다.

강국희 : 이 책에서 보면 스웨덴의 외과의사가 방광절제 수술 후에 대장을 이용해 인공방광을 만들고, 그것의 기능과 염증 생성 여부를 7년간 관찰했는데 결론은 아무런 염증이 없었다는 것입니다. 이것으로서 간접적인 해명이 될 것으로 봅니다.

또 하나의 사례는 오늘 강의 내용에서 소개한 바와 같이 인도의 그

레고리 박사가 건강한 사람 45명을 선발해 매일 자기 오줌을 200밀리리터씩 혈관에 주사하고 3개월 후 혈액을 분석해본 결과 오줌을 주입하기 전과 아무런 변화가 없음을 확인했으며, 이는 결국 오줌을 많이 마셔도 해로운 것이 없다는 증거입니다.

오줌 성분 중에서 가장 많은 것이 요소(urea)인데 이것을 많이 섭취할 때 암모니아 생성이 문제 될 것인가에 대해 우려하는 사람이 전문가들 중에 많습니다. 저 자신도 처음에 요료법을 시작할 때 이 문제를 가장 우려하고 영양학자들과 여러 차례 심층 토의를 했으며 그 결과 아무런 부작용이 없다는 결론에 이르렀습니다. 우선 오줌의 요소가 체내로 들어가면 상피세포로 흡수되어버리기도 하지만 장내 세균 중에 암모니아를 이용해 세포단백질로 합성해버리는 대사 메커니즘을 가지고 있는 것도 있어서 해독됩니다. 암모니아가 혈액에 녹아서 간으로 들어가더라도 요소회로에 의해 무독화되기 때문에 걱정할 필요가 없습니다. 오줌을 얼굴이나 손에 바르고 2~3분 있으면 피부로 깨끗이 흡수되는 것만 보아도 오줌을 마신 후에 위, 장으로 들어가 금방 흡수되어버린다는 것을 알 수 있을 것입니다.

❷ 강국희 교수님의 홈페이지를 보면 B-spot이라는 곳에서 오줌의 파동 정보가 작용한다고 했는데 요료법의 효과가 오줌 성분의 효과인지, 아니면 정보의 효과인지, 자신의 오줌만을 마셔야 하는지, 타인의 오줌을 마셔도 좋은지 설명해주십시오.

강국희 : 요료법의 효과는 오줌 성분의 영양 효과, 생리활성물질의 효과, 생체 정보에 의한 면역증진 효과, 이 세 가지 기능이 복합적으로 작용합니다. 일본에서 실험한 것인데 오줌을 위에 직접 주입할 경우 입

으로 마시는 것에 비해 면역증진 효과가 나타나지 않는 사실을 발견했고, 그래서 '당구 이론(Billiard theory)'이라는 학술을 나카오 박사가 주장했습니다. 즉 오줌을 마시게 되면 오줌에 기억되어 있는 생체 정보가 목구멍의 B-spot에 감지되어 뇌하수체로 올려져서 전신의 면역체계를 자극 증진해 병을 치유한다는 이론입니다. 남의 오줌을 마셔도 되느냐의 문제에 대한 많은 사례가 있습니다. 인디언 신랑 신부는 첫날밤에 서로 오줌을 바꾸어 마시는 풍습이 있으며, 아내가 유방암에 걸렸을 때 남편의 오줌으로 회복한 사례도 있습니다.

대표 질문자 - 김칠성 교수(조선대 의과대학 교수, 비뇨기과장)

❶ 오줌이 만병통치술이라고 하는데 술이나 약물 복용 환자의 오줌을 먹어도 되는지요?

강국희 : 약과 술을 먹은 사람의 오줌 맛은 역겨워서 먹기 어렵습니다. 요료법을 하면서 여러 가지 오줌 맛을 알게 되면 저절로 술을 멀리하게 됩니다. 약은 몸의 재생력을 억제하므로 가능한 빨리 끊는 것이 좋습니다. 술이나 약을 먹은 후의 오줌을 먹어도 아무런 문제는 없습니다. 부득이한 사정으로 술자리에 참석할 경우에는 물에 오줌을 10분의 1 정도 첨가해 마시면서 술을 마시면 해독이 잘되니 이 방법을 사용하는 게 좋습니다.

❷ 방광암은 항상 오줌에 접촉하고 있는데 왜 효과가 없는지요?

강국희 : 오줌은 약이 아니기 때문입니다. 오줌에 항암물질이 여러 가지 섞여서 나오지만 그것이 암을 직접 억제하지는 못하고 다시 마시는 과정

에서 면역을 활성화시켜 암을 퇴출시키는 것으로 이해하고 있습니다.

❸ 오줌은 노폐물이라는 인식을 바꾸는 방법이 무엇이라고 생각하십니까? 어떻게 하면 대중의 인식을 바꿀 수 있을까요?

강국희 : 오줌에 대한 잘못된 인식은 교육을 통해 축적된 것이므로 이것을 바르게 고치는 방법도 역시 교육을 통해 이루어져야 합니다. 책을 읽게 하는 것이 가장 빠른 길이며, 매스컴의 역할도 크다고 봅니다. 〈생로병사〉에서 한 번만 다루어주면 큰 효과가 있을 것입니다. 그동안 신문, 라디오, 방송에 수십 번 소개되었지만 사람들의 선입관을 바꾸기에는 아직도 멀었다고 봅니다. 초등학교와 중학교 교과서에 오줌은 몸에 좋은 것이라는 점을 기술해야 합니다.

서면 질의 – 최명숙 박사(서남대 의과대학 교수 역임, 현대병원 유방암 전문)

❶ 요료법이 오래전부터 알려져왔으나 아직까지 우리나라에서 널리 이용되지 못하는 이유는 첫째, 소변은 인체에 해로운 노폐물이라는 인식이 널리 퍼져 있으며 둘째, 작용기전을 서양의 과학적인 방법으로 증명할 수 없고 셋째, 소변에 대한 혐오감이 크기 때문으로 생각됩니다. 요료법의 치료기전을 현대의학의 관점에서 이해하기 쉽게 설명해주시기 바랍니다.

강국희 : 요료법은 과학이 싹트기 전부터 종교 지도자들이 이용해왔으며, 이것은 인간이 만들어낸 과학적 산물이 아니라 생명을 창조한 신의 섭리에 의한 것이므로 과학적 눈으로 판단하기에는 무리가 따른다고 봅니다. 마셔보면 알게 되는데 잘못 교육된 선입관 때문에 못 먹겠다고 하는 것은 교육을 통해 잘못 알고 있는 의식을 변화시

켜야 합니다. 현재 자기가 가지고 있는 의식은 태어난 후에 얻어진 것이며, 이것은 교육과 생활 환경에서 축적된 것입니다. 일단 뇌에 축적된 의식 정보는 그 내용이 옳은 것이거나 옳지 않은 것이거나 그 개인의 행동을 통제합니다. 이러한 의식은 식습관에도 그대로 적용되기 때문에 먹을 수 없다는 부정적인 정보가 축적된 경우에는 받아들이지 못해 못 먹게 됩니다. 오줌의 경우에도 오랫동안 교육과 생활 환경을 통해 노폐물, 더러운 것이라는 정보를 받았기 때문에 그 잠재된 의식을 깨뜨리지 않고서는 먹을 수 없는 것입니다. 그러나 이제는 오줌이 더럽다거나 노폐물이라는 잘못된 인식을 바르게 교육하기 위한 책이 여러 사람들에 의해 출간되었으므로 이러한 책을 통해 새로운 지식을 축적해 나가는 것이 가장 빠른 길이라고 봅니다. 오줌이 감기에서 암까지 모든 질병을 치료한다는 수많은 체험 사례는 그 속에 어떤 작용 메커니즘이 분명히 들어 있기 때문에 가능한 것입니다. 여기에 대해 일본의 나카오 선생은 당구 이론을 주장했는데, 오줌을 입으로 마실 때 오줌의 생체 정보가 목의 임파선 B-spot에 감지되어 면역체계를 활성화시켜줌으로써 몸의 전체 기능이 강화되어 질병이 저절로 치유된다는 논리입니다. 물론 이것 외에도 오줌의 여러 가지 영양분과 생리 성분들이 복합적으로 작용한다고 보아야 할 것입니다.

❷ 요료법이 여러 가지 암 치료에 효과가 있다고 알려져 있는데 비뇨기계 종양 중 대표적인 방광암은 소변과 장시간 접촉하고 있지만 재발과 진행이 잘 됩니다. 소변에 가장 많은 영향을 받고 있는 방광암에는 오줌이 전혀 치료 효과가 없다고 생각되는데 어떻게 다른 암에 효과가 있을 수 있는지요?

강국희 : 오줌은 분명히 약이 아닙니다. 그래서 방광암도 걸리고 감기에도 걸립니다. 여기에 대한 답변 내용은 조금 전 강의에 들어 있습니다. 오줌을 재섭취함으로써 자기 언급의 효과(self reference)가 나타납니다. 재섭취는 자연의 원리입니다. 우리 몸속에서도 늙은 세포는 죽어서 떨어져 나오는데 이것을 면역세포가 집어 먹고 소화해서 없애버립니다. 재흡수는 몸속에서 끊임없이 일어나고 있습니다.

❸ 몸의 상태와 섭취하는 음식에 따라서 소변의 맛과 성분이 다르다고 하는데 약물을 복용하고 있거나 술과 담배를 상용하는 사람의 경우, 음뇨가 오히려 건강에 해롭지 않을까요?

강국희 : 체험해보신 분들은 아시겠지만 술을 마신 다음 날의 오줌 맛은 아주 좋지 않아서 마시기 어렵습니다. 마시기 어려울 정도로 맛이 나쁘다면 마시지 않는 것이 좋습니다. 술과 오줌 맛은 매우 밀접합니다. 그래서 요료법을 계속하게 되면 자연스럽게 술은 마시지 않게 됩니다. 담배도 마찬가지입니다. 그래서 매일 마시는 오줌 맛을 보면서 자신이 먹는 음식을 체크해보고 오줌 맛이 좋아지는 쪽으로 음식을 바꾸어 나가면 좋습니다.

술을 마신 다음의 오줌 맛이 비록 좋지 않아도 그것을 마시면 술의 해독이 빨리 됩니다. 약물을 복용했더라도 약이 몸을 한 바퀴 돌아서 배설되는 것이므로 약으로서의 효력은 거의 없어진 상태이고, 그것을 마셔도 문제는 없습니다. 다만 오줌 맛이 쓰고 좋지 않아서 자연히 약을 피하게 됩니다.

❹ 요료법을 만병통치약으로 오해할 수 있는데 요료법의 금기증이나 부작

용은 없는지요? 또한 요료법 시행 시 기존 치료를 병행해야 하나요? 아니면 단독으로 치료해야 하나요?

강국희 : 요료법은 특정 약이 아니라 몸의 면역체계를 증진시켜 자연스럽게 질병이 없어지도록 하는 것이므로 만병통치라고 보아도 됩니다. 오줌은 혈액이 흘러넘치는 여혈이고 부작용은 없습니다. 일시적으로 호전반응이 일어나서 마치 부작용으로 오해할 수도 있으나 병이 좋아지는 과정에서 일시적으로 일어나는 현상이므로 인내심을 가지고 그것을 극복해야 진정한 요료법 치유의 맛을 즐기게 됩니다. 약을 먹고 있는 경우에는 될 수 있으면 약을 끊는 것이 좋고, 약을 끊었을 때 견디기 어려우면 요료법과 약을 병행하다가 차츰차츰 약을 줄여나가는 방법도 좋습니다. 약을 계속해 먹고 있으면 몸의 재생력이 살아나지 않으므로 약을 끊는 것이 질병으로부터 빠르게 회복하는 길입니다.

❺ 요료법을 시행할 때 호전반응이 나타난다고 하는데 사람마다 발현 양상이 다르겠지만 일반적으로 나타나는 시기, 지속 시간, 증상 정도, 발생 빈도, 대처 방법에 대해 말씀해주시기 바랍니다.

강국희 : 요료법을 시작하면 예기치 않던 호전반응 때문에 당황하는 사람들이 많습니다. 그래서 여기에 대한 지식을 미리 알고 있어야 합니다. 호전반응은 사람의 건강 상태와 질병의 상황에 따라서 나타나는 양상이나 시기가 다르고 빈도를 달리합니다. 가장 많은 현상은 설사이고 이외에도 감기 증세, 몸살기 등이 있습니다. 건강한 사람은 호전반응을 거의 볼 수 없고, 질병이 오래되었거나 심한 사람일수

록 호전반응이 심하게 나타납니다. 나타나는 시기도 하루 이틀 만에 나타나는 사람도 있고, 걷지도 못하던 관절염 환자가 2~3주 만에 완전히 치유된 다음 호전반응은 8개월 후에 나타나서 2개월 지속된 경우도 있었습니다. 또 호전반응이 두세 차례 반복되는 경우도 있습니다. 『철학이 있는 요료법』 책에 상세히 기록되어 있습니다.

❻ 요료법의 실제 사례에서 보면 복용 방법이 다양합니다. 질병 치료 목적과 건강 증진 목적에 따라 복용 용량, 복용 횟수, 복용 방법이 다를 텐데 일반적으로 권하고 싶은 표준적인 복용 방법에 대해 말씀해주시기 바랍니다.

강국희 : 오줌은 약이 아니라 정제된 혈액이므로 특정한 복용 방법이 정해져 있는 것은 아닙니다. 노인이 노화 방지를 위해 실시할 때에는 사춘기 어린이 오줌이 좋습니다. 왜냐하면 FGF라는 세포 성장 호르몬이 많이 들어 있어서 피부 재생력이 좋아지고, 호르몬 함량이 많아서 체력 보전에 좋기 때문입니다. 그리고 암 환자나 당뇨, 관절염, 파킨슨병 등 심각한 질병에 걸린 사람은 자기 오줌을 최대한 많이 마시는 것이 좋습니다. 구할 수 있으면 임산부의 오줌을 병행해 마시는 것이 더 좋습니다. 요마사지, 요단식 등을 병행해 의지를 가지고 꾸준히 하는 것이 중요합니다.

❼ 현재 병원에서 유방암 환자의 치료 방법으로 수술, 항암제, 방사선 치료를 하면서 항암제 치료와 함께 야채수프와 오줌을 섞어서 먹게 하고 있는데 오줌을 어느 정도 섞어야 하는지요? 저의 경우는 오전 오줌을 두세 스푼 섞어서 많이 흔들어서 먹도록 하고 있습니다. 왜냐하면 동종

요법의 원리를 이용한다면 반드시 많은 양을 먹지 않아도 정보가 전해 진다고 생각하기 때문입니다. 먹는 양과 치료 효과가 관계가 있는지요? 야채수프에 오줌을 두세 스푼 첨가해 마시라는 것이 일본의 책에도 기록되어 있는데 더 많이 첨가해 먹어도 되는지요? 첨가량과 효과의 상관성이 있는지도 설명해주시기 바랍니다.

강국희 : 일본 사람들은 이용할 만한 소재를 발견하면 그것을 철저하게 공부해 자기 것으로 만들어내고 상품화하는 데 천재적인 소질을 가지고 있습니다. 그러나 야채수프에 오줌을 몇 스푼 넣어야 하는지 또는 많이 넣을수록 좋은지 하는 문제에 관해서는 남의 이야기는 참고만 하고 꼭 그대로 따라 할 필요는 없습니다. 오줌의 가치를 깨닫고 자기 나름대로 경험하면서 새로운 방법을 얼마든지 개발할 수 있습니다. 야채수프에 오줌을 몇 스푼 첨가하는 것이 좋은지 첨가량에 따른 효과를 과학적인 실험으로 검증하기란 쉽지 않습니다. 동일한 환자를 몇 개의 그룹으로 나누어 첨가량별로 수십 명씩 실험해야 하는데 여간 어려운 일이 아니지요. 일본 사람이 기록한 것은 그 사람이 그렇게 해본 것이고 별다른 의미를 부여할 필요는 없습니다. 2004년 5월 브라질 세계대회에 보고된 내용 중 눈에 띄는 것이 있었습니다. 병원에 근무하는 어떤 여성인데 자기는 임신 중에도 요료법을 계속했고, 출산 후에 모유를 먹이면서 틈틈이 엄마의 오줌을 아기에게 먹였다는 것입니다. 남자아이 둘을 낳았는데 너무나 튼튼하고 총명한 아이라고 하면서 예방주사를 맞을 필요가 없다고 했습니다. 지금까지 많은 요료법 사례 중에서 이러한 경우는 처음이라 많은 관심을 끌었습니다. 한국에서도 임산부의 요료 체험담은 인터넷 카페 〈강박사 건강교실 cafe.daum.net/KAUT〉에 소

개되어 있습니다.

이와 같이 요료법은 어떤 정해진 방법만 있는 것이 아니라 각자 자기 나름대로의 독특한 체험을 통해 그것을 정리해 타인에게 알리면 새로운 실시 요령이 되는 것입니다. 오줌은 약이 아니고 생명수이므로 어떤 방식으로 이용하더라도 아무런 문제가 없습니다.

대표 질문자 - 김은경 박사(조선대 진단방사선과 교수, 유전자센터 암유전자 검사 담당, 대체요법도 병행)

❶ 2002년 10월 10일 생물산업/전자 신문에서 문철소 교수의 보고에 의하면 미국 식품의약국(FDA) 임상 3상 시험에 들어간 방광암 진단 기술(유전자 분석기법)에서 혈액, 소변, 대변, 객담, 침 등의 인체 분비물 1밀리리터 중에는 암 조직에서 떨어져나온 세포를 추출해 특정 암에만 있는 기형 DNA를 찾아내 인체 내의 암을 진단할 수 있다고 했습니다. 따라서 오줌에는 화학물질이나 유신 찡보기 들이 있어서 이것은 다시 마시면 몸의 유전자가 공명해 어떤 효과를 나타낼 것이라는 데 동의합니다. 면역이 파괴된 말기 암 환자는 건강한 다른 사람의 오줌을 마시면서 항암제 치료를 하는 것이 좋지 않을까요?

강국희 : 일본에서 출간된 의과대학 면역학 교수 아보 도오루 박사의 책『면역혁명』에 보면 암 치료의 네 가지 원칙을 말하고 있는데 생활 패턴을 바꾸고, 암의 공포에서 벗어나야 하며, 면역 억제 치료를 받지 말고, 부교감신경을 적극 활성화시키라는 것입니다. 말기 암 환자도 자기 오줌을 마시는 것이 좋다고 봅니다. 왜냐하면 자기 오줌에는 자기 건강 정보가 들어 있으므로 이것을 재섭취해 몸의 면역 기능을 부활시킬 수 있기 때문입니다.

대표 질문자 - 유재원 교수(조선대 의과대학장 정형외과 교수)

❶ 제 아들이 근무력증으로 고생하고 있습니다. 난치병 환자 그룹에 대해 교육한 경험이 있는지요? 좋은 확산 방법이 있는지요?

강국희 : 안양에 있는 나환자촌을 방문해 이것을 소개하자고 했더니 원장의 입장에서는 공무원이므로 정해진 방법 외에 사용하지 못한다고 거절했습니다. 정보를 알려주면 본인들이 알아서 할 텐데 소개하는 것도 못하느냐고 물었지만 안 된다고 했습니다. 마산의 결핵요양원에도 시도해보았지만 거절당했습니다.

아폴로눈병으로 전국의 100여 개 학교가 휴교했을 때에도 교육감에게 요료법을 소개하자고 했지만 들은 척도 하지 않았습니다. 공무원의 경직된 입장 때문에 보급이 어렵다고 생각합니다.

청중 질문자

❶ 좋은 오줌을 만들려면 어떤 식품이 특별히 좋은지 혹은 먹지 말아야 할 음식이나 식품 종류가 있으면 설명해주세요.

강국희 : 좋은 음식을 먹으면 좋은 오줌이 되고, 나쁜 음식을 먹으면 오줌이 나빠집니다. 신선하고 깨끗한 것이 좋고 토마토, 오이, 당근, 과일, 기타 채소를 먹으면 오줌의 맛이 부드럽고 냄새도 없어서 마시기에 좋습니다.

❷ 본인의 오줌 외에 가족 것을 먹어도 되는지요?

강국희 : 건강 증진을 목적으로 한다면 젊은 아이의 것이 좋고, 질병 치료 목적이라면 본인의 것이 좋습니다. 자기 것이 모자라면 부부간에,

또는 가족 것을 먹어도 아무런 문제가 없습니다.

❸ 요료법을 이야기하면서 운동을 해라, 음식을 가려서 먹으라고 하는데 결국은 운동과 음식의 효과를 기대하는 것이지 오줌의 효과는 없는 것 아닌지요?

강국희 : 그렇게 생각한다면 약을 먹을 때 왜 운동을 하라고 권하고, 음식을 가려서 먹으라고 하겠습니까. 오줌을 먹으면서 운동과 음식, 마음의 중요성을 이야기하는 것은 하나밖에 없는 생명체를 빨리 좋아지게 하려는 것이지 요료법의 효과가 없어서 그렇게 강조하는 것이 아닙니다. 마음(심), 영양 섭취(소), 운동(동)은 건강을 지탱하는 기본 수칙 심·소·동의 공식입니다.

❹ 요료법으로 간암 환자를 몇 명이나 치료했으며, 성공률은 몇 퍼센트였습니까?

강국희 : 저는 의사가 아니고, 환자를 진료 목적으로 보지 않아서 정확한 통계 자료를 가지고 있지 못합니다. 저에게 오는 사람들은 온갖 치료를 다 해보고 마지막으로 이것이나 해보자고 옵니다. 이들에게 요료법에 대한 정보를 알려주고 본인이 알아서 실천하도록 도와줄 뿐입니다.

❺ 혈액형과 어떤 상관이 있는지요?

강국희 : 혈액형에 따라서 오줌의 성분이 어떻게 다른지 아직 자료를 보지 못했습니다. 제 생각으로는 혈액형보다는 음식이나 그날의 몸의 피

로, 컨디션에 따라서 달라질 것으로 봅니다.

❻ 바르거나 화장품 대용으로 사용하면 냄새가 심할 텐데 어떻게 극복하는지요?

강국희 : 실제로 한번 해보시고 체험을 해보면 알게 됩니다. 얼굴이나 손, 머리에 바르고 잠시 있으면 증발해버리고 냄새를 느끼지 못합니다. 오늘도 강의하러 오기 전에 머리에 오줌을 바르고 손질을 했는데 광택이 나고 전혀 흐트러지지 않으며 까실까실해 참 좋습니다. 오줌을 머리에 바르면 손질하기 쉽게 변해 헤어스프레이를 뿌리지 않아도 됩니다.

화장품에는 방부제가 듬뿍 들어 있어서 많이 바르면 피부가 상합니다. 오줌을 피부에 바르면 아무런 부작용이 없고, 피부 미백 효과, 피부 재생력, 자외선 차단 효과 등이 있으므로 최고의 바이오 나노 화장품입니다.

기타 질의 내용은 다음과 같다.

❶ 치료약을 먹으면서 오줌을 마셔도 되는가?
상관없지만 약을 가능한 줄인다.

❷ 병이 있는 사람이 자기 오줌을 마셔도 되는가?
자기 오줌을 마시면 병이 빨리 낫는다.

❸ 생리 중인 사람이 피 섞인 오줌을 마셔도 되는가?

상관없다. 가축의 피, 생선의 피도 먹으면서 왜 자기 피를 못 먹는가? 산후 초유에는 피가 섞여 나온다. 그것을 먹어야 아기의 면역이 좋아진다.

❹ 오줌을 마시면 암모니아가 증가해 간 혼수상태를 발생시키지 않는가?

무해하다는 것을 이 책의 뒷부분에서 상세히 설명했다.

❺ 요독증과 호전반응은 어떻게 다른가?

호전반응은 좋아지는 과정이고, 요독증은 회복하기 어렵다.

❻ 호전반응을 쉽게 해결하는 방안이 있는가?

여러 가지 요령이 책에 나와 있다.

❼ 오줌을 마시면 설사를 계속하는데 어떻게 하면 되는가?

체험담을 참고하면 된다.

❽ 임신 중에도 오줌을 마시는 것이 좋은가?

건강하고 총명한 아기 출산을 위해 임산부가 요료법을 하는 것이 좋다. 오늘날 같은 경쟁사회에서서 훌륭한 아기를 출산하는 것은 무엇보다도 중요한 일이다.

의료기관_수원 권선구 보건소

보건소(소장 김혜경)에서 운영하는 노인대학에서 강의 요청이 있어 한 시간에 걸쳐 요료법 강의를 했는데 100여 명이 참석했다. 이미 요료법에 대한 정보를 알고 실천하는 분들도 상당수 있었으며, 요료법의 과학성을 이해하고 실천해보겠다는 사람들 또한 많았다. 김혜경 소장은 공중보건을 담당하고 있는 의사 입장에서 돈이 들지 않고 자기 스스로 치료할 수 있는 요료법에 적극 찬성한다고 말하면서 보급 운동에 협조적이었고, 2006년 세계대회를 수원에서 개최하려고 준비 중이었을 때 김용서 수원시장에게 건의해 행사비 일부를 지원받는 데 앞장서주신 분이다.

의료기관_수동요양병원

경기도 남양주시 수동면의 수동요양병원 원장 성동윤 의학박사는 요료법에 깊은 관심과 이해를 가지고 보급 운동에 적극적으로 참여하고 있으며, 입원 환자들에게도 오줌을 마시라고 권하고 있다. 성동윤 원장을 통해 환자들에게 요료법 강의를 해달라는 요청을 받고 두세 차례 출장 강의를 했으며, 오줌으로 치유된 기적 같은 사례도 많이 있다. 가장 기억할 만한 사건은 원인 불명의 혈소판 환자(32세 남자)인데 영남대학교 병원에서 2~3개월밖에 살지 못할 것이라는 말을 듣고 수동요양병원으로 이송해 오줌을 먹이면서 치료한 결과 20일 만에 정상화된 기적 같은 일이 있었다.

종교단체_부산 신중앙침례교회(부산시 북구)

이 교회의 이응준 담임목사님으로부터 2003년 3월 8일 밤 11시에 반가운 전화를 받고 한 시간 동안 통화를 했다. 잠을 자다가 깨었으므로 평소 같으면 기분이 별로 안 좋았을 텐데, 이날은 전혀 그렇지 않고 너무 평안한 마음으로 요료법에 대한 이야기를 나누었다. 너무나 뜨겁게 이야기가 진행되어 그다음 날 목사님이 운영한다는 김해 무척산 기도원으로 내려갔다. 난치병 환자 10여 명이 목사님의 정성 어린 보살핌을 받고 있었다. 침, 뜸, 요료법, 명상을 통해 환자들이 도움을 받고 있었으나 목사님 입장에서는 교인들의 상황을 생각하면 너무 안타까워서 하나님께 40일 기도를 하면서 뭔가 손쉬운 치료법을 간구했다고 한다. 그러던 어느 날 내가 쓴 책『알고 보니 생명수』를 읽고서 너무 감동받아 그날 밤에 실례를 무릅쓰고 전화를 했다는 것이다.

이응준 목사님의 요청을 받고 2003년 3월 9일 교회에서 요료법을 강의했다. 이 교회 거의 모든 신도들은 목사님의 권유로 요료법을 열심히 실천하고 있었으며, 서로 만나면 얼굴이 예뻐졌다며 요료 시행 며칠째인지 묻는 것이 인사였고, 학생들도 요료법을 열심히 하고 있는데 피로하지 않고 머리가 맑아져서 공부가 잘된다고 했다.

이응준 목사님의 체험기를 직접 소개한다.

저는 독실한 유교와 불교 가정에서 1957년에 태어나 20세에 예수를 믿고 현재 목회자로 시무하고 있습니다. 목회 활동을 하면서 많은 성도님들의 치유를 위해서 기도하고, 처음에는 신유의 은사를 통해서 성도님들을 치유했습니다.

그 이후에 장침, 오행침, 약침, 뜸, 한약(탕제) 등등 많은 치료 기

부산 신중앙침례교회

법을 통해서 치유 사역을 해왔습니다. 좋은 치유 결과들도 많았습니다. 그러나 4년 정도 이런 치유 사역을 해온 결과 나의 몸이 감당하기 어려웠을 뿐 아니라 영적 상승이 없었습니다. 그래서 좀 더 좋은 치유 방법이 없을까 열심히 기도하던 중 2003년 2월 15일 새벽 요료법에 대해 강한 하나님의 응답을 받았습니다.

하루에 세 번씩 오줌 200밀리리터에 곡주를 타서 마시라는 하나님의 지시였습니다. 기도원에서 자던 중에 응답을 받았기 때문에 술을 구할 수 없어 아침에 일어나서 술을 타지 않고 그냥 오줌만 5회를 마셨습니다. 5회를 실시한 결과 몸이 가벼워지고, 눈이 밝아지고, 그동안 환자 치료 때문에 지쳤던 피로가 풀리기 시작했습니다. 6회째부터는 술을 타서 요료법을 실시했습니다. 아주 놀라운 반응이 온몸에서 일어나기 시작했습니다.

그렇게 곡주를 탄 요료법을 하루 3회씩 실시한 이후부터 온몸에 열이 돌고, 옛날에 다쳤던 손가락이 다시 아프고, 디스크 수술한 자리가 다시 아프면서 호전반응이 나타나기 시작했습니다. 그 후 3일 만에 모든 호전반응들이 없어지면서 온몸이 너무나 가볍고 상쾌했습니다. 그때부터 치료를 하던 성도님들과 다른 성도님들에게 요료법을 권유하기 시작해 현재 100여 명이 요료법을 실시하고 있습니다.

요료법을 하는 모든 사람들에게 놀라운 반응이 나타나고 있습니다. 이런 놀라운 치료 방법을 알려주신 하나님께 감사를 드리며, 앞으로 병든 많은 사람에게 하나님의 복음과 함께 요료법을 전할 것입니다.

종교단체_진주교회

진주시 평안동에서 목회하는 최임경 목사님은 암 수술을 받고 요료법으로 열심히 건강 관리를 하고 있다. 교인들에게도 요료법을 적극 권장하고 있으며, 필자에게 강의를 요청해 2004년 10월 6일 교회를 방문했다. 최 목사님은 체구도 건장하고, 특히 함석헌 선생을 존경하며 진취적이면서 소신이 분명하고 개혁적인 교회를 운영하는 분이다. 2006년 제4회 세계요료학술대회의 어려운 사정을 듣고 후원금을 지원해주셨다.

종교단체_새벽교회(서울시 송파구)

담임목사님의 초청으로 2003년 11월 11일 요료법 강의를 위해 서울 송파구에 있는 새벽교회를 방문했다. 새벽교회는 규모도 매우 크고 유명한 교회로 알려져 있는데 과연 몇 명이나 모일까 궁금한 마음으로 아내와 함께 요료법 책도 50여 권 자동차에 싣고 갔다. 목사님이 반갑게 맞이하며 어려운 일을 한다고 칭찬해주셨다. 큰 예배당에 스크린과 빔 프로젝트가 설치되어 있어서 강의하기에 매우 편했다. 참석자 수는 150여 명 정도로 강의가 끝나고 많은 질문이 있었지만 항상 받아보는 그런 내용이라 좀 더 쉽게 이해되도록 설명했다. 가지고 갔던 책도 목사님의 배려로 몽땅 팔 수 있었고, 강의료도 두둑하게 주시면서 참으로 어려운 일을 하는데 활동비에 보태 쓰라고 격려해주셔서 목사님의 따뜻한 마음을 느낄 수 있었다.

이외에도 화양 감리교회, 정릉교회, 정동교회, 수원 가정교회, 춘천 가정교회, 교수교회, 대한예수교장로회 함해노회, 인천 용화사 등에서 요료 강의를 했으며, 한결같이 깊은 관심과 감명을 받는 분위기였다.

사회단체

서울 파고다 로타리클럽, 한국건강연대, 한국정신과학회, 평화대사 중앙회, 미래포럼, 바르게살기협의회, 캠퍼스 평화대사협의회, 세계요료학술대회, 나노식품연구회에서 강의를 했으며, 항상 청중들의 깊은 관심을 끌 수 있었다.

학교_성균관대학교 생명공학부

대학교수로 있으면서 학생들에게 요료법을 강의한다는 것은 여간 어려운 일이 아닐 수 없다. 대부분의 사람들이 요료법에 혐오감을 가지고 있고, 병자가 아니면 관심을 갖지 않으며, 오줌을 재료로 연구하려면 우선 연구비를 받을 수 없고, 또 연구한다고 하더라도 학생들의 취업이 불가능하기 때문이다. 필자가 처음에 고민했던 것이 바로 학생들의 취업 문제였다. 필자가 전공하는 유산균이나 발효유의 경우에는 관련 기업체도 많고 연구기관이나 대학교수의 길도 열려 있지만 오줌 연구로는 먹고살 수 없는 것이 현실이다. 그런 입장에서 아무리 오줌이 질병 치료에 탁월한 효과가 있다고 해도 학생들에게 권하기는 어렵다.

교육과 연구는 교수가 알아서 주제를 선정하고 내용을 짜는 것이라고 하지만 학생들의 관심을 끌 수 있고, 또 인기가 좋은 것을 하는 것이 학생들의 장래를 위해 좋기 때문에 오줌을 연구하고 가르친다는 것이 여간 부담스럽지 않았다.

그러나 이것은 사업적으로 연구하거나 돈을 벌 수 있는 소재는 아니지만 자기 건강, 가족 건강을 위해 이보다 더 좋은 방법은 없다는 생각에서 학생들에게 가르쳐야겠다고 마음을 정리했다. 한 번만 가르쳐주면 평생토록 써먹을 수 있는 것이 요료법이다. 어려운 것이 아니고 생각만 바꾸면 언제든지 할 수 있는 것이므로 오줌건강법의 역사, 이론과 효능, 실시 방법, 세계적인 동향 등을 가르치기로 하고 한 학기 강의 중에 두 시간을 요료 강의에 할애하기로 했다.

그런데 학생들에게 가르쳐보니 의외로 반응이 좋았다. 수강 학생 중에서 10퍼센트는 즉시 실행했고, 부모님께 말씀드려 어깨결림, 당뇨, 관절, 만성피로, 허리결림 등이 나았다고 말해준 학생들도 있었다. 학생들이 적극 이해하고 행사 때에는 솔선해 도와줘서 국제 심포지엄을 비롯한 많은 세미나와 행사를 성공적으로 치를 수 있었다.

이외에도 우석대학교 체육대학, 사이버대학, 중국 화이하이 대학과 연변 과학기술대학 등에서 강의했고, 한결같이 뜨거운 반응을 보이면서 관심을 표명했다.

군부대

대전 계룡대 육군교육사령부의 사령관으로부터 2004년 4월 19일 장교단 150명에게 요료법 강의를 해달라는 요청을 받았다. 뜻밖이어서 어찌 된 일이냐고 물었더니 사령관을 비롯해 많은 분들이 요료법으로 효과를 보고 있어서 교수님으로부터 전문적인 내용에 대한 강의를 듣고 싶다는 것이었다. 서울 약학대학 출신인 부인이 사령관의 건강을 위해 책 『알고 보니 생명수』를 권하면서 요료법을 하라고 해서 시작했는데 벌써 3개월이 되었고, 확실한 신뢰감이 생겨서 이것을 군부대원들에게도 교육시킬 필요가 있어 초청했다는 것이다.

사실 군부대에 이것을 보급시킬 방법이 없어서 고민하고 있었는데 이제는 때가 되었나 싶어 희망을 가지고 강의하러 내려갔다. 최고 사령관이 이미 요료법을 스스로 실천해 검증했으므로 내가 할 일은 이론적인 뒷받침 뿐이었다. 사령관과 장군들을 비롯해 장교들 모두가 모였는데 150명쯤 되었다. 한 시간 강의, 30분 질의응답을 받았는데 수강자들이 매우 진지한 질문을 던지며 깊은 관심을 보여서 매우 성공적인 강의였다는 느낌이 들었다.

이번 강의가 꽤 성공적으로 평가되어 그다음에는 성균관대 ROTC 학군단, 건국대 ROTC 학군단, 재향군인회, 예비역 ROTC 등에서도 출장 강의를 해달라는 요청이 잇따랐다.

5) 국제대회 강연

1999년 독일 제2회 세계요료대회

2003년 네팔 요료 국제 심포지엄

2003년 브라질 제3회 세계요료대회

2004년 일본 제1회 아시아요료대회 발기인대회

2004년 일본 제1회 아시아요료대회

2004년 중국 화이하이(Huaihai) 대학 학생 및 교수

2005년 미국 오하이오(Ohio), 콜럼버스(Columbus) 한인회, 미국인,
일본인

2005년 콜롬비아 산타마르타 제2회 바이오살루드(Biosalud) 라틴
아메리카 대회

2006년 한국 제4회 세계요료대회

2007년 중국 연변 과학기술대학 간호학부

2009년 멕시코 제5회 세계요료대회

2013년 미국 제6회 세계요료대회

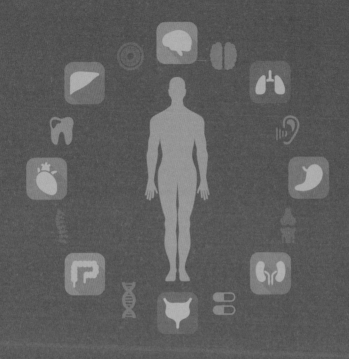

제4장

난치병 치유 사례

사람의 오줌에는 질병을 치유할 수 있는 어떤 물질이 함유되어 있거나 또는 정보의 전달에 의해 신체의 면역 기능이 활성화되어 질병이 자연 치유된다는 것을 앞에서 공부했다. 특히 환자 자신의 오줌이 다른 사람의 오줌에 비해 치료 효과가 훨씬 좋다는 것은 질병과 오줌에 함유된 미세 물질과의 사이에 상호 연관이 있음을 입증하는 것이다. 요료는 현대의학이 치료할 수 없는 난치병—암, 당뇨병, 심장병, 저혈압, 고혈압, 류머티즘, 여드름, 비만, 치주염, 성병, 결핵, 나병(한센병), 무좀, 치질, 냉증, 편두통, 변비 등 다양한 질병에 효과가 있다. 대표적인 사례를 소개하면 다음과 같다.

01
가려움증

윤인숙(광주)

    항문과 생식기 주변이 몹시 가려워서 불편했다. 충남 홍성군 홍동면에 있는 풀무학교 동창들이 강국희 교수의 강의를 듣고 요료법을 열심히 해서 여러 가지 효과를 보고 있으니 꼭 해보라고 권해 이것이야말로 돈도 필요 없고, 내가 마음만 먹으면 되는 것인데 못할 것이 없다고 생각해 즉시 시작했다. 가려운 부분에 오줌을 바르고 세척했는데 몇 차례 반복하는 사이에 가려움증이 사라지고 기분도 아주 개운하고 좋아졌다. 오줌요법의 신기한 효력에 매료되어 성균관대학교에서 하는 41회 세미나에 참석했으며, 너무도 감동적인 체험 사례를 듣고 놀라지 않을 수 없었다. 이렇게 귀한 건강 정보를 알려주신 교수님께 깊은 감사를 드린다.

02
간염

어떤 분은 건강 정기검사에서 만성간염 B형이라는 진단을 받고 놀랐다. 자각증상이 전혀 없었으며, 혈액검사 당시의 수치는 GOT 125, GPT 138이었다. 정상치는 20~30이다. 친구의 소개로 요료를 알게 되었는데 매일 한두 잔씩 마시자 3개월 후 GOT 36, GPT 32로 내려갔다.

하병한(1962년생 : 미국 텍사스 주 휴스턴, 부인은 간호사)

간염으로 20여 년간 고생하나가 몇 해 전부터 몸이 더 처지고 힘도 없어지고, 하루에 15시간을 자도 또 피로해지는 것을 느끼면서 낙심하고 있었다. 뿐만 아니라 이명으로 잠을 제대로 자지 못했다. 미국의 병원에서도 더 이상 별다른 처방이 없다고 하면서 피로해지면 잘 먹으면서 쉬어야한다고 하지만 먹어도 소화가 잘되지 않으니 먹을 수조차 없고 그렇다 보니 삶의 의욕을 점차 상실하고 있었다. 그러던 중에 한국에서 교회 장로님이 『오줌을 마시자』라는 책을 보내주어 처음에는 이상하게 생각하다가 워낙 몸이 나빠진 터여서 지푸라기라도 잡는 심정으로 책을 여러 번 읽어보았다. 종교계 지도자, 교수, 의사들의 경험담, 그리고 일반 사람들의 솔직한 경험담과 주소가 적혀 있어서 신뢰감이 들었다. 당장 실천하자는 생각에 매일 1리터의 오줌을 마셨다. 90일째 되자 몸이 놀라울 정도로 회복되었다. 그동안의 경험으로 보면 좋아졌다가 나빠지는 듯하다가 차츰차츰 좋아져서 지금은 식사도 제대로 하고, 잠자는 시간도 8시간으로 줄고, 피로하지 않아 거의 정상적으로 생활하고 있다. 눈에도 오줌을 넣고 있는데 눈이 피로하지 않고 너무나 좋다. 현미와 채소도 많이 먹고 있다. 고혈압도 있었는데 이제는 80~120으로 정상화되었다.

아내도 치주염으로 오랫동안 고생했는데 내 간염이 치유되는 것을 옆에서 지켜보다가 마침내 자기도 요료를 시작해 1주일 만에 치주염이 완치되었다. 너무도 고맙고 놀라운 일이라 강국희 교수님께 국제전화로 이러한 경험담을 말씀드렸다. 주위에 몸이 좋지 않은 사람들이 너무 많은데도 이런 이야기를 하면 얼른 받아들이지 않으니 안타까울 뿐이다.

내 친구는 30대 중반인데 눈의 망막이 점차 죽어가는 병에 걸려 시력을 잃어가고 있다. 요료가 효과가 있는지 궁금해하며 문의해서 오줌은 모든 질병에 효과를 나타내는 것이라고 답해주었다.

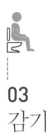

03
감기

감기는 매우 흔한 질병으로서 보통은 질병으로 생각하지 않고 몸살의 후유증 정도로 생각한다. 그러나 감기를 치료하지 않고 오래 방치하면 폐렴으로 발전할 수도 있고, 기타 복합적인 후유증으로 연결될 수도 있으며, 만병의 근원이므로 즉각적인 치료가 필요하다. 감기에 걸려 목이 아프고, 코 안쪽에 따끔따끔 통증이 생겨나기 시작할 때 오줌으로 목을 가글링하거나 코를 세척하면 아프지 않고 금방 낫는다.

감기의 원인은 여러 가시 요인이 작용해 정확하게 이것이다, 라고 말하기는 어렵다. 가장 중요한 것은 자체 면역 기능의 활성화이며, 이 기능이 약화되었을 경우 감기에 걸리게 된다. 감기 바이러스는 우리가 호흡하는 공기 중에 항상 존재하지만 평상시 우리의 건강 상태가 양호할 때는 면역력이 강하기 때문에 감기 바이러스에 저항력이 있다. 그러나 스트레스나 영양적 결손으로 면역력이 약화되면 감염(세포가 감기 바이러스에 의해 파괴되는 현상)되는 것이다. 의사 암스트롱은 감기의 원인이 식사의 불균형에 있다고 했다. 필수 무기산염의 흡수가 부족하고 전분의 섭취가 많아지면 감기에 걸린다는 것이다. 암스트롱은 감기의 가장 좋은 치료법은 단식하면서 냉수와 자기 자신의 오줌만을 먹는 것이라며 요료를 권유하고 있다. 이렇게 하면 건강에 다른 이상이 없을 경우 12시간 이내에 감기가 치유된다는 것이다.

우리가 흔히 알고 있는 "감기에는 많이 먹어야 한다"는 속담에 어긋나는 처방이므로 동양인의 체질과 서양인의 체질이 다른지 실험해볼 필요가 있다. 단식하면서 냉수만 먹어도 24시간이나 48시간이면 어떠한 감기라도 완치되지만 자신의 오줌을 마시는 것보다는 효과가 적다고 한다. 요단식을 하면 카타르성 증세가 빨리 없어지면서 모든 건강 상태가 양호해진다. 인플루엔자, 폐렴, 기관지염, 이와 유사한 질병들은 전분을 과다 섭취해 생기는 것이며, 유해 물질의 해독 과정에서 일어나는 자연 치유력을 억제시킴으로써 나타나는 결과다. 단식 중에 오줌을 전부 마시는 것은 어떠한 조치보다도 부작용 없이 유익하다는 것을 암스트롱은 강조한다.

또 감기에는 코의 오줌 세척법이 효과적이다. 감기에 걸리면 우선 코의 점막세포나 목 점막의 세포가 바이러스에 의해 파괴된다. 여기에 대항해 마크로파지가 동원되고 항체가 생성되어 바이러스를 공격한다. 감기 바이러스와 싸우던 항체는 오줌으로 흘러나온다. 따라서 바이러스 항체가 함유된 오줌을 코에 흡입해 세척하고 마시면 오줌의 항체가 바이러스를 잡아 죽이므로 감기가 낫는다고 추측할 수 있다. 또 바이러스를 죽이는 감기약은 없으며, 단지 증세를 약화시킬 뿐이다. 그러니 부작용이 있는 감기약을 쓰지 않고 요료라는 자연 치료법으로 치료하는 것이 좋다. 감기에 걸렸을 때는 물을 자주 마시고 호흡기를 통해 손실되는 수분을 보충해주어 기관지 점막의 건조를 막아야 한다. 또한 감기는 환자의 기침을 통해 공기 중에 배출된 바이러스에 의해 감염되기도 하지만 주로 오염된 손을 통해 감염되므로 손을 깨끗하게 자주 씻어야 한다.

감기와 독감의 바이러스 종류는 매우 많으므로 독감 예방 백신을 맞아도 얼마든지 다른 바이러스에 의해 감기에 걸릴 수 있다. 어린이의 경우 아스피린은 뇌와 간을 손상시키고 라이증후군을 유발할 수 있기 때문에 피하는 것이 좋다. 대여섯 종류의 혼합 감기약이나 주사제의 남용은 증상 개선에는 도움이 되지만 감기를 오래 끌 수 있으므로 감기 예방의 기본 수칙을 잘 지키고 요료를 활용하는 것이 매우 바람직하다.

소비자 시민 모임에서 감기약을 여러 약국에서 조제해 비교한 결과 다섯 가지 정도의 혼합약을 조제하고 있었다(강강팔 이사, 1998). 즉 항생제, 소화제, 부신피질 호르몬제, 항히스타민제, 진통제 등을 복합적으로 혼합해 조제한다는 것이다. 감기를 빨리 낫게 한다고 강하게 약을 지어 먹으면 부작용으로 고생하게 된다.

강도희(58세, 경기도)

감기에 걸려서 콧물이 나오고 머리가 아프며 목에 통증을 느꼈다. 요료 책에 기록된 대로 시도해보았다. 오줌을 맥주 유리컵에 가득 담아서 콧구멍 밑에 갖다 대고 코로 쭉 빨아들였다. 콧구멍이 상당히 크다는 것을 느낄 정도로 많은 양이 흡입되어 들어갔다가 목구멍으로 넘어 나왔다. 이렇게 두세 번 콧구멍을 헹구어내니 기분이 상쾌하고 편안해졌다. 아무런 불편한 느낌이 없고 편안하게 코를 세척했는데 목과 코 아픈 것이 금방 없어지고 기분이 좋았다. 감기 증세가 더 이상 진행되지 않았고 다음 날 또 한 번 콧구멍 요료를 실천했더니 감기가 완전히 떨어졌다. 너무나 신기하고 기분이 좋았다.

그 전에는 감기에 걸리면 약국이나 병원에 가서 약을 지어 먹어도 금방 떨어지지 않고 후유증이 오래 지속되었다. 내 몸의 생명수로서 돈도 들지 않고 부작용도 전혀 없는 가장 안전하고 품질 좋은 감기약이 요료다. 이것을 하겠다는 결심과 실천 의지만 있으면 감기는 단방에 떨어진다. 나는 두 번씩이나 감기에 걸렸으나 요료로 간단히 감기를 퇴치했다. 수영할 때는 콧구멍에 물 한 방울만 들어가도 아프고 자극적이어서 못 견딜 정도였는데 오줌은 전혀 이물질이라는 느낌이 없다. 아마도 체액의 일부이고 온도가 체온과 같아서 그런 것으로 생각된다.

04
갑상선 질병

사노(84세, 일본)

84세이며 바제도병(내분비기관인 갑상선의 기능 이상)에 걸렸다. 몸이 항상 피곤하고 갑상선이 부어서 목 부위가 커지고 녹차 색깔의 담이 나온다. 목이 굵어서 세수하고 거울을 보기가 싫어진다. 현대의학의 치료법은 약물 치료, 방사성 요오드를 투여하는 방법이 있으나 확실한 치료법은 없다. 이 병이 10년 전에 재발했는데 1년 전부터 요료를 실천해 매일 아침과 저녁에 두 차례씩 오줌을 마시고 있다. 효과가 매우 빨리 나타나서 시작한 지 10일째부터 목이 아프지 않고 가래도 나오지 않게 되었으며, 요료 2개월 후에는 갑상선 부종이 가라앉고 굵어진 목도 정상적으로 가늘어져서 세수하고 거울 보기가 재미있다. 몸도 더 이상 피곤하지 않다.

05
갱년기 증세

조복임(45세, 경남 거제시)

37세에 일찍 폐경이 되어 호르몬제(에스트로겐)를 5년간 먹었더니 부작용이 있어서 지금은 안 먹는다. 피부도 거칠어지고 땀이 나고 기미가 많이 생기고 붉어지고 얼굴이 화끈화끈하며 견디기 힘들다. 좋다는 건강보조 식품도 많이 먹고 화장품도 암웨이, 외국제 모두 써봤으나 소용이 없었다. 오줌이 좋다는 말에 시도해보니 얼굴이 깨끗해지고 본래의 피부색으로 돌아왔다. 보는 사람마다 피부가 고와졌다고 칭찬하니 듣기만 해도 기분이 좋다.

06
건선

전춘자(1939년생, 경기도 수원시)

　오줌을 마시기 시작한 것은 이가 아파서였다. 이의 뿌리가 약해 흔들리면서 염증이 생겼는데 얼굴이 부어오르고 통증이 있어서 오줌을 하루에도 여러 차례 입에 머금고 있으니 통증이 가라앉았다.

　건선이 목둘레에 생긴 것은 6년 전이다. 처음에는 목 주위에만 얼룩얼룩하게 나타나더니 점차 넓어지면서 등 뒤에도 번졌다. 수원 성빈센트병원에 갔더니 방사선 치료를 하라고 해서 3개월 치료를 받았지만 효과를 보지 못했다. 병원에 갈 때마다 예약해야 하고 치료 시간도 많이 걸려서 포기하고 있었는데 강국희 교수님의 강의를 듣고 해볼 만하겠다는 생각이 들어서 오줌을 마시기 시작했다. 집에 있을 때는 수시로 마시고 바르고 마사지도 했다. 요료법을 시작한 지 6개월 정도 지나서 친구와 함께 사우나탕에 갔는데 건선이 대부분 사라졌다고 하면서 어찌 된 일인가 물었다. 보는 사람마다 목둘레에 있던 건선이 보이지 않는다고 말하면서 오줌의 위력에 감탄하고 있다.

김문기(35세)

강국희 교수님, 안녕하십니까?

저는 35세의 건선 환자입니다. 현재 다음 카페 〈요료법 세상〉에서 활동하고 있습니다. 다름이 아니라 이번 5월 16일 심포지엄에 참석하기 위해 어제 제가 온라인으로 등록했답니다. 현재 요료를 한 지는 45일 정도 되었습니다. 될 수 있는 한 오줌을 전량 마시려 노력하고 저녁에는 묵은 오줌을 바르고 자연 건조 후에 씻지 않고 그냥 잡니다.

출근길에는 아침 뇨를 가지고 세면을 하고 틈틈이 얼굴에는 아침 뇨를 바르기도 합니다. 덕분에 몸 부위의 건선들이 조금씩 좋아지고 있습니다. 전반적으로 호전 양상을 보이고 있는 것 같습니다. 현재까지 어떤 치료법보다 요료 치료가 좋은 것 같습니다.

아직 제가 그리 오래 하지는 못했기에 뭐라 감히 말하기에는 부족하다고 생각됩니다. 호전반응으로 나타났던 두드러기와 발진은 없어졌고, 물변은 아직도 계속되고 있는 중입니다. 차차 호전반응도 나아지고 오랜 지병인 건선도 완치될 것이라 봅니다.

그럼 오늘도 좋은 하루 되십시오.

07
결핵

한센균(나병균)과 같은 부류에 포함되어 있으면서 유사한 특성을 가지고 있는 결핵의 원인이 되는 결핵균은 Mycobacterium tuberculosis이다. 항생물질의 개발로 수많은 생명이 결핵으로부터 구제되었으나 최근에 한국과 일본에서 결핵 양성환자가 증가하고 심지어 어느 결핵병원에서는 하루에 수십 명씩 죽어간다고 한다. 일본은 1960년 이후 38년 만에 결핵 환자의 증가 현상이 나타났다고 한다. 또 노령화 때문에 젊은 시절에 감염되었다가 70세 이후에 재발히는 경우기 많다. 결핵에 대한 BCG 예방접종의 효력은 10~15년이어서 어릴 때 맞은 백신의 효력은 성인이 되면 상실되는 것이다. 또한 항생제에 대한 결핵균의 내성이 강해져서 치료가 어려워진 이유도 있다. 최근에 OECD 국가들 중에서 한국의 결핵환자 발생률이 가장 높은 것으로 조사되었다(아시아경제 2017. 3. 30).

인도의 어떤 농부
4년간 폐결핵을 앓다가 요료로 완치되었다는 보고가 있다. 기침이 계속되고 몸은 뼈만 남을 정도로 쇠약해졌지만 갈비뼈를 제거하라는 의사의 말을 거부하고 요료를 시작했다. 요마사지와 음뇨를 병행해 2주일이 지나니 놀랄 만큼 병세가 좋아졌다. 점차 식욕도 왕성해지고 11개월이 지나서는 의사를 찾아갈 필요가 없어졌다.

메타 씨

25세의 총각이었는데 12명의 의사들이 결핵이라고 진단해 치료를 받았으나 좀처럼 진전이 보이지 않아서 포기했다. 종종 피를 토하고 혈변을 동반하는 이질에 걸려 고생했다. 체온이 38도로 늘 미열이 나고 기침이 심했다. 식욕도 없어지고 소화가 되지 않았다. 몸이 아주 쇠약해졌고, 조금만 움직여도 숨이 차고 피로해졌다. 그러나 요료를 시작한 지 하루 만에 효과가 나타났고, 점차 이질, 열, 소화, 구토, 무력감, 빈혈 등이 개선되고 체중도 불어났다. 저녁에는 취침 전에 요마사지를 하고 아침에 따뜻한 물로 샤워를 했다. 이렇게 하여 2개월 후에는 체중이 10킬로그램이나 증가했다.

08
고혈압

사람의 정상 혈압은 139mmHg 이하~89mmHg 이하다. 고혈압은 아주 무서운 것이다. P씨는 혈압이 높아서 항상 뒷골이 당기고 얼굴이 화끈거리면서 손가락이 마디마디 쑤시고 아팠는데 당시 혈압이 110~200mmHg였다. 그럴 때는 이따금씩 수지침으로 손가락 끝을 따주기도 했다. 그러나 요료를 시작하면서 얼굴 화끈거림이 없어지고, 손끝을 따주지 않아도 편안할 정도로 되었다. 혈압을 재보니 많이 내렸으며, 거의 정상화되었다고 느낀다.

김동락(53세, 경기도 이천시)

고혈압 110~200, 당뇨 400~500으로 죽을 고비를 100여 차례 경험했다. 앰뷸런스를 나보다 더 많이 탄 사람은 없을 것이다. 그만큼 몸이 좋지 않았다. 그러다 요료를 시작해 완전히 건강을 회복했다. 지금은 너무나 건강하고 당뇨도 60~70으로 정상이며 혈압도 정상을 되찾았다. 요료의 기적 같은 효험이 참으로 놀랍다. 이제는 남을 위해 봉사하는 삶을 살고 있다.

2001년 5월 13일 성균관대 제10차 KAUT 건강 세미나에서 요료의 체험담을 이야기하면서 앞자리에 앉아 있던 사람의 오줌을 받아오라고 해서 직접 마셔 보이며 열강했다. 지금까지 자기 오줌을 먹는 사람은 있었고, 또 어린아이의 오줌을 받아서 마시는 사람은 있었지만 성인이 남의 오줌을 마시는 것을 처음 본 사람들은 매우 놀라는 모습이었다. 그만큼 오줌에 대한 확신이 있기에 남의 오줌을 영양소로서 섭취하는 것이다.

예전에는 몸이 워낙 나빠서 엘리베이터조차 타지 못했다. 보다 못한 어머니가 소 오줌을 먹으라고 했다. 이것을 먹기 시작한 지 22일 만에 기적이 일어났고, 지금은 요료를 전 국민에게 보급하기 위해 침을 병행하면서 봉사활동을 하고 있다.

노나카(71세, 일본, 요료 3년 – 고혈압, 간염)

혈압이 최고 210㎜Hg, 최소 130㎜Hg로서 대단히 심한 고혈압이었는데 사노병원의 원장으로부터 요료 권유를 받고 오줌을 마시기 시작했다. 음뇨 후부터 갑자기 어지러움증과 우울한 기분이 완전히 사라졌다.

09
관절염

이것은 고질병 중의 하나다. 이물질이 뼈 속에 많이 침전되어 통증이 나타나는 것이다. 초기 환자에게 식사를 하면서 자신의 오줌을 매일 마시게 하고 장시간 요마사지를 하니 약 12일 혹은 40일 만에 관절염이 치료되었다. 식사를 완전히 끊고 요단식을 하면 몇 달씩 식이요법과 음뇨를 겸하는 것보다 훨씬 더 효과적이다.

장송자(b7세, 서울 양천구)

1989년 류머티즘 관절염으로 강남성모병원에 입원해 양성 판정을 받고 1주일 치료를 받은 후에 퇴원하면서 한 달분의 약을 받아 가지고 집으로 돌아왔다. 약이 워낙 독해 1주일간 병원에서 먹은 약으로 인해 위장이 헐었다. 집에 돌아왔지만 밥을 먹을 수가 없었다. 집에서 하루분의 약을 먹고 더 이상 먹을 수가 없었다. 어떤 사람은 똑같은 병으로 입원했는데 20일간 입원 치료를 받고 난 후에 콩팥이 망가졌다고 들었다. 류머티즘 약이 그만큼 독한 것이다. 갱년기 증세도 심했다. 배에서 뜨거운 불덩어리가 치솟아 오르는 것을 감지하게 되면 가슴이 뛰고 불안해졌다. 맥박도 1분에 80~100번 정도 뛰었다. 정신과에 갔더니 공황장애라고 하면서 약을 주는데 이것도 무척 독한 것이었다.

혈압도 높다고 해서 혈압약을 먹었다. 이대 목동병원에서 심전도 검사를 했는데 이상이 없다고 했다. 또 당이 있다고 해서 2001년 9월부터는 당뇨 약도 먹었다. 남편은 매우 건강한 편인데 책 『생명수와 건강』을 쭉 읽어보더니 "오줌이 이렇게 좋은 줄 몰랐다, 내가 한 잔 먹어 보일 테니 당신도 마시라"고 하면서 컵에 자기 것을 가득 받아와서 쭉 들이켰다. 남편의 권유에 따라서 한 잔 마셨는데 기분이 나쁘지 않았다. 속이 편안해지고 하루 종일 불안한 마음이 없어지고 편안함을 느낄 수 있었다. 오줌에 대해 거부감을 가지고 있을 때는 책도 읽어보기가 싫었는데 이번에는 딸의 권유와 남편의 닦달에 못 이겨 맛을 보았다. 이것이 마지막 선택이라는 생각으로 열심히 요료를 하려고 책을 읽고 있다. 강국희 교수님에게 전화로 상세히 문의해 더욱 확신을 가지게 되었다.

그동안 너무나 많은 약으로 인한 부작용을 경험하고 몸이 더 악화되었다. 요료를 하는 동안 호전반응이 여러 차례 와서 그때마다 약을 먹을까 말까 망설이다가 '참아야지' 하면서 마음을 다시 굳게 먹고 요료에 의지하며 꾸준히 실천하니 차츰차츰 몸이 좋아졌다. 교수님의 책에는 거짓이 하나도 없다는 것을 알고 몇 번이고 읽으면서 감사한 마음을 느끼고 있다. 하루에 두 번씩 오줌을 마시고 아침에는 산책도 하면서 건강을 관리하고 있다. 내 몸 안에 신비스러운 생명수가 있음을 알고 나니까 너무나 안심이 되고 마음이 편안해진다.

한때는 손목이 아파서 수저도 들지 못하고 지하철을 타더라도 자리를 잡지 못하면 무릎이 아파서 바닥에 주저앉는 바람에 앞사람이 자리를 양보해주어서 앉기도 했다. 지하철에서 내릴 때는 다른 사람이 부축해주어야 할 정도로 힘들었다. 그러나 이제는 뛰어다닐 정도로 건강이 회복되었다. 지하철을 타더라도 다른 사람에게 자리를 양보해주고 나는 서서 다닌다. 너무너무 요료가 고맙다. 특히 남편은 건강한데도 불구하고 나를 위해 함께 오줌을 마시고 있으며, 그 결과 건강이 더욱 좋아졌다.

박경자(42세, 인천)

아들 하나를 낳고 남편이 그만 낳자고 해서 포기했다. 얼마 후 자궁에 혹이 생겨 수술을 했는데 그 후로 류머티즘 관절염이 와서 손가락, 무릎이 아프고 온몸이 바늘로 쑤시는 것처럼 아파서 못 견딜 지경이었다. 이런 아픔을 경험해보지 않은 사람은 도저히 이해할 수 없을 것이다. 집에서는 앉아 있지 못하고 누워 있는 시간이 많았다. 한 달에 몇 번씩 병원에 가서 치료약을 받아 수없이 먹었지만 그 약으로 인해 위장병이 생겼고, 몸은 점점 더 쇠약해져갔다. 이제 더 이상 병원의 치료를 받을 수 없다는 심정에서 새로운 치료법을 알려달라고 간절히 기도했다. 그러던 어느 날 요료 이야기를 듣고 '아, 기도의 응답인가' 싶어서 즉시 시작했다. 2주일째에 신기하게도 아프던 팔다리가 전혀 아프지 않고 피로가 없어졌다. 그래서 병원에 벌써 가야 할 때인데 가지 않고 지냈다. 요료를 시작한 지 8개월째 되니 가슴 부위에 좁쌀 크기의 종기가 솟아나 병원에 가서 치료를 받을까 생각하다가 '이것이 호전반응이구나' 하면서 지냈더니 약 2개월간 지속되다가 깨끗이 없어졌다. 호전반응이 나타날 때에는 참고 기다리면서 끈기를 가지고 요료를 계속해야 한다는 것을 경험적으로 알게 되었다. 이때 병원에 가서 약을 먹거나 요료를 중단해버리면 체내의 노폐물이 밖으로 배출이 안 되고 체내에 머물게 되므로 좋지 않은 결과를 가져온다.

10
구강염

오줌을 입술이 튼 곳에 바르면 좋고, 입에 물고 다니면 이빨과 잇몸이 튼튼해진다. 페르시아 의사가 치주염 치료에 오줌을 사용한 것이 치과 분야에서는 최초의 기록으로 남아 있다.

김현실(40세, 서울)

항상 구내염이 있어서 마음대로 먹지도 못하고 고생하고 있을 때 아는 분이 구강염에는 요료법이 가장 좋다며 실천해보라고 권했지만 모른 척하고 지냈다. 그러다가 너무 입이 망가지고 심해 더 이상 참을 수 없게 되자 생각을 바꾸게 되었다. 오줌이 그렇게 좋다면 먹지는 말고 입에만 넣어보기로 마음먹고 오줌을 입에 조금 머금고 있다가 뱉어내는 것을 하루에 세 차례 반복했다. 하루가 지나자 입안이 부드러움을 느끼고 편안해졌다. 매일 이렇게 계속하니 3일 만에 식사하기가 편해졌다. 요료법을 시작한 지 한 달 만에 구내염이 완전히 없어지고 건강해졌다. 지금은 오줌을 마시는 것에 전혀 거부감이 없다.

11
군인 부상병

제2차 세계대전에 참전했던 일본 군의관이 전선에서 약이 없어 정글 속에서 세균에 감염된 병사에게 오줌을 먹이니 회복이 확연하게 빨랐다고 한다. 태국에서도 성병에 걸린 환자에게 오줌을 먹이니 매우 효과적이었다. 임질 환자에게 요료를 알려주었더니 스스로 1주일간 음뇨를 실시해 완치되었다. 이때부터 요료가 시작되었다.

한니발 장군이 알프스 산을 넘을 때 오줌을 먹으면서 고난을 극복했고, 몽골의 칭기즈칸도 전쟁터에서 부상병을 치료할 때 오줌을 이용했다. 군의 특수부대, 소방대원, 경찰에게도 요료의 교육은 매우 중요하다. 우리나라에서도 적진에 침투해 작전을 수행하는 군인이나 배를 타고 원양어업에 종사하는 분들, 그리고 응급 구조대원들은 요료법을 이용할 줄 알아야 한다.

12
기관지 천식

　　37세의 군인 P씨는 천식 때문에 제대를 했다. 분무약이 없으면 잠을 잘 수가 없었고, 자다가도 분무약을 사용하기 위해 서너 번씩 일어나야 했다. 이런 상태에서 요료를 3개월간 실시해 하루에 1.7리터 혹은 2.3리터의 오줌을 마시고 두 번에 걸쳐서 36시간과 40시간의 요단식을 한 결과 고통이 매우 줄어들었고, 분무약도 필요 없어졌다.

　　또 다른 천식 환자는 자연요법 요양소에서 3주간 단식을 했으나 실패한 후에 4일간 요단식을 시작했는데 즉시 호전되었다. 오줌을 마시면서 목에서 가래가 점액 덩어리로 배출되었다. 단식 마지막 날에는 엉긴 점액 덩어리가 나왔고, 밖에 나가서 언덕을 올라가도 숨쉬기가 편해져서 직장에 복귀할 수 있었다.

13
나병

영국인 내과의사 암스트롱은 오줌을 이용해 치료한 나병(한센병)의 치유 사례를 소개했다. 나병은 유전병이 아니라 한센균(Mycobacterium leprae)에 의한 전염병이다. 이 균은 1873년 노르웨이 의사 한센(Hansen)에 의해 발견되었기 때문에 그의 이름을 따서 한센병으로 불리고 있으며, 현재도 인공배양에 성공하지 못하고 있는 까다로운 법정전염병이다. 지금까지 실험동물은 감염에 성공했지만 자원자에게 감염시키는 실험은 모두 실패했다. 마우스, 누드마우스, 아르마딜로 등의 실험동물에 한센균을 접종시켜 연구하고 있다.

이 세균은 3~7년의 잠복기를 거쳐서 감염 증상이 나타난다. 이 균은 말초신경에 들어가서 슈반세포(Schwann cell)에 의해 삼켜지는데 그 후의 행방은 감염된 개인의 면역력에 따라서 좌우된다. 슈반세포에 들어간 나균은 2개로 분열하는 데 약 12~13일 소요되며 슈반세포는 파괴되고 신경은 임파구에 의해 침범된다. 슈반세포에서 방출된 한센균은 다시 주변의 슈반세포에 침입해 차례차례 신경 내 감염이 확대되어간다. 신경 내에 감염이 인지단계로 발전되면 마크로파지는 여러 개의 나균을 포식해 죽이지만 분해 배설이 잘되지 않고 고정상피세포, 거대세포, 결핵과 같은 육아

종이 형성되어 신경이 파괴되고 점차로 자각마비와 근육쇠약이 나타난다.

전 세계적으로 약 1,000만 명의 환자가 있으며, 우리나라에는 약 2만 명 정도가 있다고 알려져 있으나 양성환자는 700~800명이며, 이 중에서 재발되는 경우도 있다.

나병의 조기 발견은 외형적으로 증상이 나타났을 경우에 피부 조직검사를 실시해 판정하며, 이때는 이미 조직과 신경에 손상이 나타났기 때문에 약물 치료 후에도 외형적인 조직 변화는 원상 복구하기 어렵다. 따라서 나병은 조기 발견해 치료하는 것이 사실상 어렵다. 그러므로 어릴 때 함께 생활하는 가족이 있다면 외형적인 변형이 나타나기 전에 미리 약물을 투여하는 방법도 있으며, 요료를 실시하는 것도 하나의 방법일 것이다.

현재의 환자들은 대개 음성이므로 타인에게 감염시킬 우려는 없고, 고령자들이 점차 사망하므로 매년 환자 수는 감소하고 있다. 훌륭한 화학약품 치료제로 DDS(diamino-diphenyl sulphone), 리팜피신(Rifampicin), 클로파지민(Clofazimine) 등이 개발되어 나균의 치료는 용이해졌다. 약을 주사하면 4주 후에는 나균이 거의 사멸하지만 사멸된 균체가 쉽게 용출되지 않아서 몇 년 동안 남아 있게 된다. 약물 투여를 하더라도 나균이 완전히 사멸하는 것이 아니고 신경세포에 잠복해 있으면 혈액 접촉이 되지 않기 때문에 약물이 들어가지 못해 잠복된 상태로 10년 혹은 20년 생존하면서 서서히 신경조직에 손상을 준다. 이러한 경우 요료의 뛰어난 세정력이 나병 치유에 도움이 될 수 있지 않을까 하는 가능성을 부인하지 않겠다는 것이 담당의사의 설명이다.

이 세상에서 가장 흉한 질병이 나병이다. 나병에 걸리면 조직, 신경, 피부가 손상되어 신체의 각 부위가 허물어지고, 손가락이 뒤틀리며, 코와 눈이 뭉그러지므로 대단히 흉물스러운 형태를 하게 된다. 다행히도 나병 환자 수용소가 있어서 치료도 받고 있으나 완치는 불가능하고, 조직 손상과 피부 손상은 어느 정도 복원이 되지만 망가진 신경조직은 회복되지 않는다. 이것이 요료로 치료된다는 것은 신비한 일이다. 오줌의 위력을 다시 한 번 생각하게 된다. 오줌에 항암물질이 있는 것과 마찬가지로 나병 환자들의 오줌을 분석한다면 새로운 특효 성분이 있을지 모를 일이므로 찾아서 연구하는 것도 필요한 일이다.

M(35세)

15년 전에 온몸에 나병(white leprosy)이 퍼져서 고통이 심했다. 머리와 얼굴, 흉부, 복부, 손과 발 등에 크고 작은 여러 개의 반점들이 생겼고, 머리까지 하얗게 변했다. 요료를 시작하자 눈병이 사라졌고, 요마사지를 한 후에는 나병도 사라졌다.

L 어부

나병 환자였던 어부가 요료를 권유받고 즉시 실천하자 3주가 지나면서 냄새가 지독하게 풍기는 진물이 몸에서 스며나오기 시작했다. 요료의 부작용이 아닌가 생각해 중단하려고 했으나 요료를 권유한 사람은 좋아지고 있는 증거이므로 계속해야 한다고 설득했다. 그의 말에 따라서 계속하고 있는데 어느 날 체온이 40.5도로 높아져 그날 밤에 몹시 괴로웠다. 다음 날 그의 피부는 뱀이 껍질을 벗는 것과 같이 한 꺼풀 벗겨졌고 환자의 몸은 잿빛의 죽은 피부로 덮였다. 이틀 후에 우유와 꿀을 마시고 깨끗이 목욕을 하고 나니 완전히 치유되었다.

14
냉증

요료는 약이 아니다. 체력 유지를 위해 밥을 먹고 생명을 위해 공기와 물을 마시는 것과 같이 생각하면 된다. 오줌은 몸의 부적절한 부분을 조정해 정상화시켜주는 기능을 하므로 냉증뿐만 아니라 질염, 갱년기 장애, 치육염, 구내염 등을 낫게 해준다.

이경심(1949년생, 광주)

2005년 7월 23~25일 '강국희 교수와 함께하는 요단식'에 참가했다. 오래전에 사고를 당해 척추 수술을 했는데 수술 후유증으로 발바닥부터 무릎 아래까지 저려왔다. 당뇨도 있는데 공복 시 혈당이 250이었다. 부엌에서 일하다가 팔다리를 의자에 부딪히기라도 하면 매우 아팠다. 몸이 굳어지고 손가락 마디마디가 아파서 근염 주사를 맞으면서 6개월을 지냈다. 배에 가스가 차고, 우울증이 생겨 친구도 끊고 컴퓨터에만 매달렸다. 그러다 2005년 6월 11일부터 요료를 시작했다. 그동안 냉이 심해서 산부인과에도 다니고 한약도 먹었지만 효과가 없었는데 오줌을 마신 지 1주일 만에 그 심하던 냉이 깨끗이 없어졌다. 너무도 기분이 상쾌하고 요료의 효과가 이렇게 강력한 것인가 놀라지 않을 수 없었다.

15
뇌 질병

뇌종양

강종성 씨는 두통이 심하고 어지러워 혼자서는 걸을 수가 없었다. 두통약을 먹었으나 송곳으로 찌르는 것처럼 아프고 견딜 수 없었다. 뒷골이 당기고 심하게 아파서 부황원에 가서 머리 뒤쪽의 피를 뽑았더니 좀 좋아졌다. 그 후에도 속이 메슥거리고 두통이 계속되어 세브란스병원에 검사하러 갔더니 입원하지 않으면 죽는다고 해서 13일간 입원해 검사를 받았다. 엑스레이도 찍고, MRI도 찍었다. 검사비만도 200만 원이나 들었다. 그 결과 헤라헬만이라는 종양으로 진단되었는데 치료법이 없고 수술도 못한다고 했다. 뇌의 중앙 부분에 종양이 생겼는데 이것이 점점 부풀어 오르다가 터지면 죽는다는 것이다. 기적을 바랄 뿐이라고 하면서 한 달에 한 번씩 검사를 받으라고 했다. 그 후 25일간은 부축을 받으면서 걸었다. 그러다 침술원을 경영하는 분의 권유로 요료를 알게 되었는데 이것으로 치료해야겠다고 결심했다. 퇴원하기 2일 전부터 오줌을 마시기 시작했다. 하루에 나오는 오줌을 모두 마셨다. 베지밀을 먹고 난 다음의 오줌은 숭늉 맛이 나고 구수했다. 하루하루 좋아지기 시작해 한 달 20일 만에 완전히 회복되었다. 혼자 걷지도 못하고 아이들의 부축을 받아서 걷던 사람이 멀쩡

하게 회복된 것이다. 두통도 없어지고 어지러움도 없어졌다. 요료와 병행해 쑥뜸과 침도 맞는데 이런 치료들이 상승 작용해 기적적으로 살아난 것으로 느껴진다. 쑥뜸과 침 도구를 집에 갖추어놓고 우리 식구들끼리 서로서로 도와주고 있다.

지금은 요료 전도사가 되어 만나는 사람마다 요료를 전한다. 아내와 대학생인 아들과 딸도 열심히 요료를 하고 있다. 딸은 여드름과 변비가 심해 약도 많이 먹었으나 소용이 없었는데, 지금은 얼굴도 깨끗해졌고 변비도 해결되었으며 머리가 맑아져서 공부도 잘되어 대학도 여러 군데 합격해 그 중 서울교대를 선택했다. 요료 가족이 된 것이 너무나 기쁘고 행복하다. 호전반응도 여러 차례 경험했는데 특히 설사와 몸살기가 매우 심했다. 호전반응을 참고 이겨내야 하며 호전반응이 있을 때는 더 열심히 요료를 해야 효과를 빨리 볼 수 있다. 요료 방송에 가족들이 함께 출연하는 행운도 여러 차례 있었다.

뇌경색

도미자와 도요코(41세) 씨는 38세에 갑자기 심한 두통이 1주일간 계속되더니 그 후에 졸도해 휠체어로 생활하면서 신경외과에서 치료를 받았는데 병명은 뇌경색이었다. 오른쪽 반신이 마비되고 언어장애가 나타났으며 노이로제에 걸렸다. 약물을 복용하고 6개월이 지나자 이번에는 간 기능이 나빠져서 요료를 시작했다. 오줌을 마시기 시작한 지 2년이 지나자 간 기능은 정상이 되었고, MRI 검사를 실시한 결과 막혔던 뇌동맥이 뚫린 것으로 밝혀졌다.

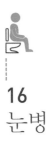

16
눈병

사람의 신체 모든 부분이 중요하지만 눈은 사물을 보고 판단하는 곳이므로 가장 중요하다. 여러 가지 요인으로 눈에 다양한 장애 요인이 발생할 수 있어서 주의가 필요하다. 눈에 어떤 문제가 발생했을 때 가장 먼저 오줌을 이용하는 지혜가 필요하다. 깨끗한 오줌은 눈에 어떤 약보다 효과적이며, 눈병을 쉽게 낫게 하고 눈도 좋아지게 한다. 시력이 약한 아이들은 요료를 하면 시력이 회복된다. 녹내장, 백내장도 치료된다. 다음에 여러 기지 사례를 소개한다.

콘택트렌즈 충혈

강켈리 씨(35세, 서울)는 실내건축, 디자인을 전문으로 하는 직업 때문에 눈의 중요성을 누구보다도 절감하고 있다. 하드 렌즈를 8년간 끼고 불편 없이 지내왔는데 언젠가부터 눈이 자주 충혈되고 피로해 컴퓨터 작업에 지장이 생겼다. 안과에서 검진을 받아보니 렌즈의 마찰로 망막에 손상이 많이 생겼다고 하면서 더 이상 렌즈를 끼지 말라고 했다. 망막의 두께가 얇아서 라식 수술은 못 하고 망막 뒤에 렌즈를 끼워 넣는 새로운 기술이 개발되었으니 그 방법으로 하자고 제안했다. 우선 안경을 쓰다가 눈의 피로가 회복된 후에 수술하기로 했다.

요즘 시력이 약해져 안경, 콘택트를 끼거나 라식 수술을 하는 사람들이 많아졌다. 안경이 눈을 보호하는 데 가장 좋지만 미용이나 작업의 불편함 때문에 콘택트렌즈를 끼는 사람들이 많다. 이것은 눈에 이물질을 넣는 것이므로 렌즈가 안구에 접촉해 마찰이 생기고 점막이 파괴되어 자주 충혈되고 피로해지기 쉽다. 여러 해 지나는 사이에 더 이상 콘택트를 낄 수 없는 상태로 되면 실명할 수도 있다. 소프트 렌즈는 망막의 산소 접촉을 차단시키므로 하드 렌즈보다 더 나쁘다. 콘택트렌즈를 사용하고 있는 사람들도 가능하면 집에 와서는 렌즈를 빼고 눈에 자주자주 오줌을 넣어서 점막을 재생하고, 피로를 빨리 해소하고, 눈을 보호해주어야 한다.

라식 수술을 할 경우에도 부작용을 신중히 알아보고 라식을 할 수 있는 상태인지 아닌지, 안구의 점막 두께가 수술 후에 정상적으로 수정체를 잡아주는 데 문제가 없는지 고려해야 한다. 어쨌든 시력 보호, 안구 보호를 위해 눈에 자주 오줌을 넣는 것은 무엇보다도 중요하다. 오줌을 자주 넣으면 시력도 회복된다.

라식 수술의 부작용(각막 이영양증)도 문제 된다. 라식 수술을 하고 4년이 지나 각막에 혼탁 현상이 나타나서 실명 위기를 맞은 사람이 있다. 이런 현상을 각막 이영양증이라고 하는데 요료법을 하면 이러한 현상을 막을 수 있다.

눈의 피로

경기도 수원시 영통구에서 산수원 산악회를 운영하는 박승현 씨는 어느 날 태백산으로 산행을 가는 중에 버스 안에서 각자 자기소개를 하다가 뜻밖의 정보를 얻게 되었다. 강국희 교수님이 유산균 전공이면서 오줌건강법을 10년째 연구하며 보급 운동을 벌이고 있다고 자신을 소개한 것이다.

오줌을 노폐물로 알고 있다가 오줌에 대한 강 교수님의 과학적인 내용 설명을 듣고 오해를 풀 수 있었다. 컴퓨터를 몇 시간 사용하고 나면 눈이 뻑뻑해지고 피로해지기 때문에 오줌을 받아서 눈에 넣어보았다. 그러자 눈이 시원해지면서 피로가 사라지고 아주 기분이 좋아지는 것을 체험했다. 그 후부터는 수시로 오줌으로 눈을 씻기도 하고 마시면서 건강 관리를 하고 있는데 돈이 필요 없고 내 것이라는 생각에 더럽다는 편견도 완전히 없어졌다.

아폴로눈병

여름철에 수영장에 다니던 아이들이 바이러스성 눈병에 감염되어 눈이 새빨개지고 눈꼽이 끼고, 심해지면 학교가 휴교하는 등 전염성이 강한 눈병이다. 이때 오줌을 받아서 눈을 씻으면 금세 낫는다. 아폴로눈병에 걸려서 전국이 휴교하는 사태로 발전하는 경우에도 요료를 하는 학생들은 걱정하지 않아도 된다. 바이러스를 잡는 데는 오줌이 가장 강력하다. 이것 때문에 전국 100여 곳의 초·중·고등학교에서 휴교하는 사태가 발생했을 때, 요료법을 알려주려고 관할 교육청과 학교 교장에게 요약된 내용을 팩스로 보냈지만 받아들이려고 하지 않았다.

녹내장

서울 서대문구에 사는 김숙자 씨는 어느 날 녹내장이라는 진단을 받고 안압이 높다고 하기에 안압강하제 약을 먹기 시작했다. 그러다가 눈이 침침해지고 이상해서 안과병원에 갔더니 이번에는 백내장이라고 하면서 수술하라고 했다. 수소문해 백내장, 녹내장의 권위자를 소개받았고, 2005년 7월 백내장 수술을 받았다. 안구를 제거하고 인공수정체를 집어넣는 수술이었다. 그런데 수술 후에 잘 보이기는커녕 시력이 수술하기 전보다 못해 담당의사를 찾아갔더니 이번에는 각막이 나쁘다고 하면서 약을 먹으라고 처방했다. 그러나 아무리 약을 넣고 치료를 해도 오후가 되면 눈에 핏발이 서고 모래알이 걸리는 느낌, 바늘로 찌르는 느낌이 들어 매우 불편했다. 그러던 중에 오줌을 넣으라는 권유를 받고 아차 싶었다. 오줌이 그렇게 좋다는 것을 몇 년 전부터 알고 있었지만 이제야 제대로 실천해보자고 마음먹었다. 오줌을 유리컵에 받아서 눈에 대고 컵을 기울여 깜박깜박하면서 오줌을 눈 안으로 적셔 넣자 눈이 아주 부드러워지고 매끄러워졌다.

안구건조증

최어성(충남 홍성군 홍성읍 초등학교 교감) 씨는 60 평생을 살아오는 동안 큰 병을 두 번씩이나 경험하고 나니 이제는 인생이 무엇인가에 대해 조금은 알게 된 것을 느낀다. 투병 과정을 통해서 인생의 공부를 좀 했다는 생각이 든다. 그동안 투병 생활에 쏟아부은 돈은 엄청나게 많다. 결국은 비싼 수업료와 많은 시간을 들여서 고생을 하고서야 비로소 인생이라는 것이 무엇인지 알 수 있게 된 것이다.

먼저 그동안 고생했던 내용을 소개하면 다음과 같다.

첫 번째는 3년 동안에 걸쳐서 약을 먹어야 했으며, 침대에 누워 있던 기간도 6개월이나 되었다.

두 번째는 몸의 중요한 기관인 위장을 송두리째 잘라내고 2년간 약을 먹었다. 후치료로 4년간은 반드시 병원 치료를 받아야 한다고 의사가 말했으며, 경우에 따라서는 앞으로 일생 동안 약을 먹어야 할지도 모른다고 했다. 이만하면 어떠한 상태였는지 아마도 짐작할 것이다. 그러나 의사의 지시에 전적으로 따를 것인가, 아니면 다른 선택을 해야 할 것인가 고민하기 시작했다.

힘든 투병 생활을 통해 그 누구로부터도 배울 수 없는 생명의 본질에 대해 스스로 깨닫고 배울 수 있었다. 건강이 위독해진 상태에서 주위에 의지할 것은 아무것도 없고 오로지 내 생명을 주관하는 창조주의 뜻에 따를 수밖에 없다는 것을 알게 되었다. 마지막으로 모든 것을 운명의 신에게 맡기고 의지하고 싶은 심정뿐이었다. 이런 막다른 길목에서 희망의 빛을 찾아 헤매고 있을 때 2004년 11월 초, 우리가 사는 곳까지 바쁜 시간을 쪼개 찾아오신 강국희 교수님의 요료법 강의를 아내와 함께 듣고 너무나 감동적으로 받아들이고 이것이 바로 나를 살릴 수 있는 생명의 물이라는 것을 깨닫게 되었다. 약 한 시간에 걸친 요료법 강의를 듣고 나서 그분이 저술한 책 3권을 사서 모두 정독했다. 그리고 11월 14일부터 오줌을 마시기 시작해 지금까지 꼭 4개월 1주일이 지났다.

처음 1개월간은 새벽에 100밀리리터 정도씩만 마시다가 2개월째부터는 아침저녁으로 두 번씩 하루 200밀리리터 정도를 마시고 있다. 어떤 날은 3~4회 마실 때도 있고 더 많은 양을 마시기도 한다. 매일 새벽마다 맥주 컵으로 한 컵을 받아 일부는 코로 들이마시고 일부는 입속에 3~4분 머금고 있다가 뱉고 나머지 100밀리리터 정도를 마시고 있다. 두 손을 오줌으로 마사지한 후 3~4분이 지나면 따뜻한 물로 닦아내고, 얼굴에도 마사지한다.

이렇게 실천해오는 동안 여러 가지 효과가 있었다.

첫째, 망막 뒤의 혈흔이 걷혔다.

나는 위암으로 2001년 3월 12일에 위를 완전히 절제했는데 퇴원 후 1주일 만에 오른쪽 눈이 전혀 안 보여서 깜짝 놀랐다. 안과에 가서 진찰하니 망막 뒷면의 실핏줄이 터져 온통 피가 응고된 채 덮어버렸기 때문이라 했다. 그래서 그 응고된 피를 걷어내는 수술을 받았지만, 흰 빨래에 묻은 피를 빨고 나면 그 흔적이 남아 있듯이 망막 뒤에도 피가 묻었던 흔적은 그대로 남아 있어 그것마저 걷어내달라고 했지만, 더 이상의 치료는 안 된다고 해서 안과에서 퇴원한 지 4년 가까이 불편한 채 살았다. 바로 앞에 있는 사람의 얼굴도 오른쪽 눈만으로 보면 눈, 코, 입을 구별하지 못하고 윤곽만 보였다. 글자는 아무리 큰 글자도 읽지 못했다. 그런데 오줌을 마신 지 한 달 반 만에 변화가 나타나기 시작하더니 그로부터 꼭 한 달 만에 안과 의사가 포기한 불치의 그 흔적이 말끔히 다 없어져버렸다. 시력 측정 결과 0에서 0.15로 개선되었다.

둘째, 안구건조증이 없어졌다.

노화 현상의 하나로 나타난다는 안구건조증으로 눈물 구멍이 막혀 30분만 TV를 보거나 책을 읽어도 눈이 뻑뻑하고 아주 불편했다. 특히 밤에는 증상이 더 심하게 나타났다. 그러나 요료법을 시작한 지 3개월이 채 안 되어 안과에 가지 않고도 안구건조증이 완전히 치료되었다. 눈물 구멍이 열려 눈물이 나오는 걸 느낄 수 있고 전혀 아프지 않다.

셋째, 풍치 치료를 하고 있다.

나는 지금까지 충치는 하나도 없었으나 나이가 들면서 풍치가 심해져 어금니 거의 전부가 들솟는 바람에 뜨거운 것, 찬 것, 딱딱한 것, 기름기 많은 것 등을 먹을 때에는 통증이 심하고, 음식을 처음 씹기 시작할 때에는 시리고 아파서 너무나 고통스러웠다. 그걸 치료하기 위해 요료법을 시작한 지 2개월 후부터 오줌을 입속에 가득 머금고 3~4분 정도 있다가 삼키거나 뱉는 걸 매일 1회 이상 실시하고 있는데, 지금은 80퍼센트 이상 치료된 것을 느낄 수 있다. 거의 통증을 느끼지 않고 음식을 먹을 수 있으니 얼마나 좋은지 모른다.

넷째, 감기를 오줌으로 치료했다.

요료법을 실천한 지 4개월 가까이 되었을 때, 지독한 감기에 걸려서 코와 목의 앞부분에까지 침투했음을 느끼고 오줌을 코로 들이마신 후 입으로 뱉기를 하루에 3~4회씩 3일간 실시했더니 병원에 가지 않고 약을 전혀 먹지 않고서도 치유되었다. 오줌으로 감기를 물리칠 수 있다는 사실을 직접 경험한 것이다.

지금까지 네 가지 중요한 효과만 이야기했는데 그 외에도 많이 있다. 목 뒤에 밤톨만큼 굳은살이 뭉쳐 있었는데 없어졌고, 식욕이 매우 좋아졌으며, 아침에 자고 나면 몸이 무겁고 피곤하던 것이 없어졌고, 손의 피부도 부드러워졌다. 허리 디스크의 뻐근함도 없어졌으며 몸에 있던 모든 질병이 깨끗이 사라졌다. 하루하루의 생활이 너무 기쁘고 즐겁다.

　　겉으로 감지할 수 있는 나쁜 증상들이 모두 좋아졌으니, 몸속에서 진행되는 눈에 보이지 않는 암 치료에도 분명히 많은 도움이 되었으리라 생각한다. 4개월마다 수술했던 병원(서울)에 가서 종합검사를 받고 있는데 지난 2005년 2월의 검사에서 담당의사로부터 "좋습니다"라는 말을 들을 수 있었다. 이제 건강에 대한 자신감이 생겼다.

　　오줌은 누구에게나 돈 한 푼 안 들이고 주어지는 생명수이며, 더러운 오물이 아니라 가장 소중한 치료약임을 지금까지의 체험으로 알게 되었다. 그리고 요료법은 자연의 질서에 순응하는 가장 원초적인 건강 유지법이라 생각하면서 이것을 알게 해주신 강국희 교수님께 깊은 감사를 드리고, 우리 국민 모두가 실천하기를 바란다.

17
당뇨병

경제 발전에 비례해 나타나는 성인병 중의 하나가 당뇨병이다. 일명 부자병이라고도 하는데 이것이 심해지면 여러 가지 합병증(시력 감퇴 및 실명, 치아 손상, 고혈압, 저혈압, 발가락 부패 및 절단, 신장 기능 쇠퇴로 인한 빈뇨 등)이 발생해 수명을 재촉한다. 당뇨가 있는 사람의 오줌은 단맛이 나는데 요료를 열심히 하면 점차 오줌의 단맛이 없어지고 정상적인 오줌의 짠맛으로 되돌아온다. 당뇨병은 단일 요인에 의해 생기는 것이 아니라 여러 가지 복합적인 요인에 의해 혈액 중의 당분 함량이 높아져서 다양한 증상을 유발하는 질병이다. 따라서 현대의학에서는 특효약이 있을 수 없고 원인에 따라서 치료법도 다르다. 어린아이에게 당뇨가 있으면 평생토록 인슐린 주사를 맞아야 하고, 성인의 경우에는 심하지 않으면 인슐린 주사가 필요하지 않지만 인슐린 분비가 적으면 효과적인 혈당 조절을 위해 인슐린 주사를 맞아야 한다. 그렇게 해야 췌장의 기능 약화를 늦출 수 있다. 또 설포닐우레아제라는 약도 개발되어 의사들이 처방하고 있다. 그러나 당뇨병은 다스리기가 매우 어려운 질병이며 평생을 병원에 다니면서 치료를 계속해야 한다. 그러니 얼마나 힘든 일인가. 민간요법으로 누에 가루, 쇠뜨기풀을 먹으면 혈당이 낮아진다고 알려져 있으나 그보다 요료가 매우 훌륭한 처방이므로 당뇨병이 있는 사람들은 결심하고 실천할 것을 요료 전문 의사들은 권한다. 운동은 혈액의 지방과 당 소비를 촉진하므로 적당한 운동을 규칙적으로 하는 것 또한 필요하다. 임산부의 당뇨는 태아의 성장을 지나치게 촉진해 태아가 너무 크게 자랄 수 있기에 산모와 태아의 건강을 위해 당뇨 관리는 매우 중요하다.

　　수많은 사람들이 당뇨병으로 고생하고 있고 치료하기 위해 많은 돈을 들여서 약과 건강식품을 먹고 있지만 당뇨병은 치료가 불가능한 현대병이다. 음식으로 섭취하는 당(포도당)을 세포와 조직 내로 흡입하는 인슐린이라는 호르몬이 부족하거나 결핍되어 생기는 병이 바로 당뇨병이다. 음식의 탄수화물이 포도당으로 분해 소화되어 혈액으로 이동하면 이것이 몸 전체의 세포와 조직 속으로 들어가서 에너지 대사에 이용되어야 하는데 이것을 조절하는 것이 인슐린이라는 호르몬이다. 따라서 이 호르몬이 부족하면 혈중 포도당이 생체 대사에 이용되지 못하고 혈액에 축적되어 혈당이 높아지며 그것이 오줌으로 배설되므로 오줌에 당 함량이 높아진다. 혈당농도를 측정해 당뇨병을 진단하는데 정상인의 혈당농도는 공복 시 70㎎/100㎖, 식후 130㎎/100㎖(㎎/㎗, ㎎%)이다. 당뇨병 환자의 경우 공복 시 혈당치는 130~180㎎/㎗(100㎖)이며, 식후에는 250~500 ㎎/㎗까지 올라간다. 인슐린 주사를 맞으면 24시간 효력이 지속되며, 효력이 가장 강하게 작용하는 시기는 주사 후 6시간 후부터 12시간 사이가 된다. 이때 등산이나 힘든 운동을 하면 당의 소모가 많아져서 갑자기 저혈당이 오고 위험하므로 사탕이나 초콜릿 등을 소지하고 다니다가 즉시 먹어야 한다. 저혈당이 오면 손이 떨리고 식은땀이 흐르며 가슴이 답답하고 전신에 힘이 쭉 빠진다.

　　특히 비만인 사람에게 당뇨가 오기 쉽다. 당뇨병은 관절염이나 기타 다른 합병증을 일으키므로 매우 어려운 병이다. 당뇨가 심해지면 치아가 빠지고 혈액이 끈적끈적해져서 모세혈관의 혈액 흐름이 막히므로 살이 썩어 들어가면서 심한 부패 냄새를 풍긴다. 발가락이 썩어 들어가면 상처가 아물지도 않는다. 당뇨병의 근본적인 치료법은 없으며 유일한 치료로 인슐린 주사를 맞아야 한다. 죽을 때까지 주사를 맞아야 하므로 매우 고통스럽고 좌절감에 빠지기 쉽다. 당뇨가 있으면 신장 기능이 쇠퇴해 밤에 잠을 자다가도 여러 차례 소변을 보아야 하므로 깊은 잠을 잘 수 없어 수면 부족의 고통도 심각하다. 이런 고통이 자기 오줌으로 고쳐진다면 얼마나 다행한 일인가? 요료가 당뇨병을 고친다는 것은 오랜 역사를 통해 실증된 경험적 결과다.

배익산(경기도 시흥시)

당뇨로 20년간 고생하면서 장기도 나빠지고 합병증이 와서 신장 기능도 저하되어 온몸이 부었다. 병원에서 주는 이뇨제를 먹고 인슐린을 하루 25단위 맞고 있으며, 꾸준히 하루에 두 시간씩 걷기 운동을 하고 있다. 강국희 교수님과 상담 후에 책을 읽고 요료법을 2003년 8월 30일부터 시작했다. 처음에는 잘 몰라서 플라스틱 컵을 사용하다가 유리컵으로 바꾸었다. 요료법을 하루하루 해보니 신기하게도 몸의 좋지 않았던 부분이 하나둘 개선되어감을 느낄 수 있었다. 그래서 2003년 9월 27일 성균관대 27회 세미나에 참석해 그동안의 경과를 보고했다.

오줌을 전량 마시면서 2주일이 되니까 흔들리던 치아가 단단해져 흔들리지 않게 되었고, 만성위염도 심해서 24시간 몹시 아프고 잠잘 때는 옆으로 누워서 자야 했는데 요료법 15일 후에는 이러한 증세가 말끔히 없어졌다. 또 어릴 때부터 몸이 차고 변비가 심해서 12일간 변을 보지 못하기도 했는데 요료법을 시작하면서 변을 보기가 아주 쉬워졌다. 몸이 피로하지도 않고, 당뇨에 대한 공포심도 없어지고 많이 좋아졌으며 곧 완치될 것으로 확신한다.

KAUT 생식도 시작해 하루 세 끼 한 달째 하고 있는데 매우 좋은 느낌이다. 당뇨 수치가 점차 내려가서 당뇨약 복용을 곧 중단해도 될 것 같다. 계단을 내려갈 때 아파서 옆으로 겨우겨우 다녔는데 이제는 자연스럽게 내려 다닌다. 요료법과 생식은 평생 지켜 나가려고 한다.

2006년 2월 14일 혈당은 현상 유지되고 있으며 혈압은 180~200이었다가 요료법 후로 정상화되었고 눈도 더 좋아졌다고 강 교수님께 전화로 말씀드렸다. 콩팥도 이상이 있다고 했는데 이제는 정상이다. 콩팥은 한번 파괴되면 재생이 안 된다고 했는데 요료법을 하면 재생이 된다고 하신 강 교수님의 말씀에 신뢰감이 생기게 되었다.

유택수(53세, 중국 대련시 지부장)

2004년 11월에 김귀나 씨와 함께 강국희 교수님을 찾아뵙고 앞으로 요료법을 어떻게 보급시킬지에 대해 많은 이야기를 나누었다. 중국에 돌아가서 요단식원을 차리고 건강이 안 좋은 사람들에게 도움을 드리려고 생각하고 있다.

나는 당뇨를 앓은 지 이미 10년이 되었고 30대 초반에는 거의 피와 같은 혈뇨까지 본 일이 있다. 그러나 병원에는 가지 않고 민간요법으로 조금씩 대처하고는 지나쳐버렸다. 당뇨에 걸린 후에는 머리 윗부분의 두피가 감각이 전혀 없어지면서 머리카락이 모두 빠져버렸다. 혈당이 높아서인지 몇 번이나 쓰러졌고 병원에 입원해 치료를 받곤 했다.

양약은 몸에 안 좋은 것으로 알고 있었기에 한약 책을 많이 보고 공부하여 처방해서 약을 만들어 먹었다. 하지만 시간이 흐름에 따라 병이 점점 악화되면서 입안에 뾰루지 하나가 생기더니 입안 전체가 망가져 음식을 먹을 수가 없었다. 매운 것, 짠 것, 뜨거운 것을 도저히 먹을 수가 없었고, 밥 한 공기 먹고 나면 온몸은 땀투성이가 되었다. 그 고통은 말로 표현할 수가 없으며 그 생각을 하면 지금도 온몸에 소름이 끼치고 아찔해진다.

2001년 봄 천안 대학병원에 갔더니 수술을 권해 구강 수술을 받았는데 처음에는 낫는 듯하더니 더 악화되었다. 어떤 병원에서는 구강암 초기라는 진단까지 내렸다. 이제는 죽음의 길밖에 없구나 생각하고 괴로운 나날을 보내고 있었는데 아내가 "얼마 전에 TV를 보니 소변을 마시면 병이 낫는데요" 하는 것이었다. 나도 언젠가 들은 기억이 났다. 마지막 방법이다 생각하고 강국희 교수님이 쓴『오줌을 마시자』란 책을 서점에서 사가지고 왔다. 급한 김에 앞 몇 페이지만 보고 즉시 음뇨를 시작했다. 생각보다 참고 먹을 만했다. 그날이 2001년 10월 5일이었다. 책을 보고 음뇨를 하면서 6일이 지난 후에 까만 변을 보았고, 7일째부터는 변 냄새가 역하지 않고 색깔이 황금색으로 보여서 보기에도 좋게 느껴졌다. 12일째 되는 날에는 새까만 설사를 했다. '이젠 살았구나' 하는 느낌이 와 닿았다. 시간 나는 대로 소변을 20분씩 물고 있다가 뱉어내는 일을 여러 번 반복했다. 30일이 지나자 입안의 상처가 아물기 시작했다. 국내 약, 수입 약 다 써보았지만 좀처럼 낫지 않던 입안이 낫기 시작하다니, 그것도 돈 한 푼 들지 않은 내 오줌으로 말이다.

입안 양쪽 살이 찢겨지고 너덜거리며 구멍이 몇 군데나 있었고 자고 나면 입에서 피가 나와 베개를 적시곤 했는데 4개월 만에 아물면서 살이 엉겨 붙기 시작했다. 6개월이 지나고 나니 두피가 재생되어 감각이 돌아와서 손으로 누르면 아팠다. 몇 년 동안 막대기로 내리쳐도 느낌이 없었던 감각이 돌아오면서 7개월째부터는 아주 가느다란 머리카락이 나기 시작했다. 그러면서 때로는 미열이 나고, 뽀루지도 큰 것이 몇 군데 나고 이러한 현상을 몇 번이나 반복했다.

드디어 1년 6개월이 된 어느 날 온몸이 근질근질하다가 등이 따끔거려서 땀띠가 났나 하고 옷을 벗어보니 붉은색 뽀루지가 빼곡히 나 있었다. 이튿날 새벽 소변을 보고 또 한 번 놀랐다. 소변 색깔이 빗물처럼 맑았기 때문이다. 너무 흥분해 입을 벌린 채 다물지 못했다. 마셔보니 단맛이 전혀 없었다.

그 후 호전반응이 아주 약하게 여러 번 왔는데 허리의 통증만 7일간 좀 심했다. 요료법을 하면서도 계속 현장에서 실내 인테리어 일을 하고 있었는데 이전처럼 쓰러질까 걱정되는 마음은 전혀 없었다. 그런데 2004년 10월 26일 갑자기 메스꺼우면서 피와 같은 소변을 보았다. 놀랐지만 교수님 책 구절에 씌어 있는 "후에 걸린 병이 먼저 낫고, 먼저 걸린 병이 후에 낫는다"는 말씀이 생각났다. 요료법에 대한 확신이 있었기에 믿고 계속했다. 그 후로는 소변의 맛과 색이 거의 바뀌지 않았다. 혈당은 아직 조금 높은 편인데, 127에서 131 정도 된다. 조금만 있으면 내려가리라고 굳게 믿는다.

직접 요료법을 해보니 너무 신기해서 아내와 아들에게도 시작해보라고 했다. 옆에서 쭉 지켜보았기 때문에 가족들도 요료법을 시작했다. 아내는 관절과 변비가 있었는데 지금 다 나았다. 아들은 스무 살인데 어릴 때부터 두통을 많이 겪었고, 몸이 너무 안 좋아 주사를 달고 살아서 공부를 안 하고 책도 싫어했다. 그러던 아들이 공부에 취미를 갖고 시간만 나면 서점에서 책을 사다 보기 시작했다. 요료법을 하니 머릿속이 맑아지고 두통이 전혀 없다고 했다.

2004년 3월 식당에 일하러 다니는 아내가 가스 불에 팔을 많이 데었다. 식당 주인이 약을 사왔지만 먹고 바르고 해도 열이 나고 화끈거리면서 통증이 심했다. 요료법을 하고 있으면서도 사람이 다급해지니 화상 부분에 오줌을 바른다는 생각이 나지 않아서 첫째 날은 그냥 지냈다. 이튿날에야 교수님께서 화상에도 좋다고 쓰셨던 구절이 생각났다. 밤 12시에 깨끗한 타월에 소변을 푹 적셔서 상처에 감고 위에 랩을 씌웠다. 새벽 4시쯤

아내가 옆에서 자고 있던 나를 깨웠다. 팔이 왜 안 아픈가 하는 것이었다. 상처를 보니 불긋불긋하던 색상이 사라지고 통증도 없었다. 다시 소변을 적셔 상처에 싸매기를 이튿날 저녁에도 반복하니 3일째에는 새살이 돋기 시작했다. 참으로 신기하고 놀라운 기적이었다.

우리 세 식구는 요료법 덕분에 새로운 제2의 인생을 살게 되었다. 책을 써주신 강국희 교수님께 경의를 표하며, 또 교수님의 책을 만나게 해주신 하느님께 천 번 만 번 감사드리며 나의 이런 경험으로 더욱 많은 분들이 요료법을 실천해서 새로운 인생을 시작하길 바라는 마음 간절하다.

18
루푸스

국내에 몇 만 명이 있으며 자가면역질환으로 난치병 중의 하나다. 날씨가 추울 때는 괜찮은데 더워지면 감기 기운 같은 느낌이 오고 얼굴이 붉어지며 반점이 생기고 힘이 빠져 기력이 없어진다. 루푸스(Lupus)는 햇빛에 민감하다. 심해지면 통증이 오는데 보통 진통제로는 가라앉지 않아서 마약 주사를 맞아야 한다.

강남경(56세, 전남 순천시)

공공기관에 근무하는 평범한 직장인인데 아내가 어느 날 초등학교 '자녀 안전하게 학교 보내기' 봉사활동을 마치고 귀가한 후부터 갑자기 얼굴과 손발이 붓기 시작했다. 원인을 몰라서 헤매다가 종합병원의 류머티즘 내과에서 외래진료를 받고 전신성 홍반루푸스, 전신성 경화증, 전신성 결합조직이라는 최종 진단을 받았다. 합병증으로 간질성 폐질환, 안과 질환 등이 추가되어 정신이 혼미해졌다. 아내를 살리려고 대학병원의 치료, 한방 치료, 온갖 요법을 다 해보았으나 별로 효과를 보지 못하다가 우연한 기회에 요료법을 접하게 되었다. 요료 책자를 통해서 자가면역질환자는 요료법을 시행할 때 한 방울부터 시작해야 한다는 것을 알게 되었고, 동종요법 지식도 습득하였다. 습득한 지식을 바탕으로 오줌(35밀리리터)과 물(400밀리리터)을 유리병에 혼합하여 30차례 흔들어 1주일에 한 차례 마시는 동종요법을 시행하였다. 동종요법을 10회 실시한 후 기적 같은 일이 일어나기 시작했다.

첫째, 전신 통증이 호전(10 정도에서 1~2로 약화)되었다.

둘째, 간질환과 폐질환 증상(호흡 곤란, 심장 두근거림, 가래에 피가 섞여 나오는 증상 등)이 거의 사라졌다.

셋째, 경화증으로 인한 레이노 증후군(1차적으로 손과 발이 노랗게 변하고 2차적으로 파랗게 되는 혈액순환 장애로 심하면 손발을 잘라야 하는 증상)이 거의 사라져 초가을부터 이른 봄까지 휴대용 핫팩을 100개 정도 사용했는데 한 개도 사용하지 않는 등 증상이 호전되었다.

넷째, 2017년 4월 정기적으로 검사를 받던 서울 소재 대학병원에서 루푸스 검사 결과 모두 정상으로 진단을 받았다.

Adenilson 씨

루푸스병을 오랫동안 앓고 있었다. 이 병은 자가면역질환의 하나이며 가임기 여성에게 많이 발생하는데 치료가 매우 어려운 병이다. 붉은 반점이 전신에 퍼지고 아파서 못 견딘다. 요료법이 최선의 길이라는 믿음이 생겨 우선 9일간의 요단식을 결행하고 그 후 꾸준히 요료법을 실시했다. 그 결과 5개월째 몸은 거의 정상으로 회복되었다. 요료법을 시작한 지 벌써 1년이 지났으며 이제는 정상적인 생활을 하고 있다. 제3회 세계요료대회에서 체험을 통한 요료법의 효능을 증언했다.

19
류머티즘

김문태(66세, 경기도 이천시)

　류머티즘으로 몸이 안 좋아서 누워 있는데 김동락 경기본부 지회장님이 방문했다. 김 지회장님은 워낙 요료법에 심취해 있어서 이야기하는 내용이나 깊이가 남다르다. 요료법을 수차례 권했지만 실시하지 않으니까 하루는 우리 집에 찾아와서 누워 있는 나를 일으키더니 "당신을 내가 꼭 살리겠다"고 하면서 오줌을 한 컵 받아오라고 해서 엉겁결에 유리컵에 가득히 받아왔다. 김 지회장님은 이것을 또 다른 컵에 반반씩 나누어놓고 "내가 당신 오줌을 마실 테니 당신이 자기 오줌을 마시지 못하겠느냐"고 다그쳤다. 워낙 카리스마가 있는 분이라 거부하지 못하고 꿀꺽 마셨다. 이렇게 하여 오줌을 마시기 시작하니 아프던 무릎이 하루하루 사그라지면서 한 달 만에 건강을 회복했다. 남편도 무릎에 물이 고이고 관절염이 있었는데 요료를 시작하면서 개선되어 지금은 정상으로 회복되었다. 너무나 신기한 요료법의 효능에 감탄하고 있다.

김동숙(54세, 경남 남해시)

　평소 콜레스테롤 수치가 높고 류머티즘 관절염으로 통증이 심해서 병원 약에 의존하고 있었으나 약의 부작용으로 신장도 나빠지고 얼굴도 검게 변해 있는 상태였다. 어느 날 이웃 노인 노태맹 씨로부터 요료법을 소개받고 시작했는데 1주일 만에 통증이 호전되는 것을 느꼈고 3개월 만에 거의 다 나을 정도로 좋아졌다.

다니고 있던 병원에서 2004년 8월 초에 다시 검사했는데 콜레스테롤 수치가 정상으로 회복되었다. 얼굴도 윤기가 있고 희게 보이면서 본래의 얼굴색으로 돌아와서 무척 기분이 좋다. 요료법을 계속하면서 기쁘게 생업에 종사하고 있다.

구경희(42세, 경기도 수원시)

아이 4명을 출산했고 7년 전에 자궁근종을 앓아서 뜸을 많이 떴다. 7~8년 전에 교통사고가 나서 류머티즘, 고관절 통증이 생겼고 평소에도 몸이 너무 피곤하고 손발이 찼다. 요료법 3일 만에 손발이 따뜻해지고, 원기가 회복되었으며, 전혀 피로하지가 않다. 빈혈과 저혈압이었는데 정상으로 되었다. 너무너무 감사하다.

고2 딸이 엄마의 건강이 좋아지는 것을 보고 책을 읽어보더니 자기도 요료법을 하겠다고 했다. 원래 밤새우면서 공부하지 않는 편인데 요새는 밤새워 공부해서 성적이 올라갔다. 둘째도 요료법을 시작했고, 남편도 하고 있으니 우리 집 가족들이 모두 요료법을 하게 되어 너무 기쁘다.

20
만성피로

만성피로는 모든 병의 원인이다. 몸이 감당하기 어렵기 때문에 휴식을 취하라는 명령이다. 휴식을 취하고 나면 몸이 가벼워지고 개운한 것은 몸의 피로가 없어졌기 때문이다. 근무력증, 파킨슨병, 우울증, 기타 여러 가지 난치병들이 피로해지면 더 증세가 심해지는 것은 그만큼 몸이 감당하기 어려운 상태라는 신호다. 피로가 쌓이지 않도록 평소에 관리를 잘해야 한다. 항상 신경을 많이 쓰면서 과로하는 사람들은 만성피로에 시달린다. 소화도 잘 안 되고, 식욕도 없고, 머리도 무겁다. 장이 좋지 않아서 가끔 설사도 하게 되어 매우 고통스럽다.

직업적으로 보면 공무원, 연구원, 교직자, 신부, 수녀, 경찰수사관, 검찰조사관 등이 운동량도 부족하고 스트레스도 많아 항상 피로감을 느낀다. 이들에게 요료는 천혜의 보약이다. 강남 일대의 고액과외 수사 담당 경찰관이 밤샘 조사를 하다가 새벽녘에 쓰러져서 병원에 입원했다는 뉴스가 보도된 적이 있다. 밤샘이라는 것 자체가 대단히 무리하고 피로가 쌓이는 것인데 특히 새벽녘은 더욱 위험하다. 밤새도록 몸의 수분이 땀과 호흡, 오줌을 통해 많이 배설되고 따라서 신진대사 과정에서 생긴 몸속의 노폐물 농도가 상대적으로 높아져 있는 상태에서 화장실에 가거나 대변을 보기 위해 힘을 주는 경우 혈압이 오르면서 뇌혈관이 터지기 쉽다. 이런 경우 아침 뇨를 한 컵 받아 먹는 습관이 되어 있으면 밤새 부족했던 수분도 공급되고, 영양소의 보충 효과도 크다. 각종 비타민, 아미노산, 무기질, 단백질, 탄수화물 등이 오줌에 함유되어 있어서 이것을 섭취하면 영양소의 공급과 에너지원이 된다.

유미애(46세, 울산)

고등학교 독일어 교사인데 주위 초등학교 교사들이 여러 명 요료법을 실시하고 있다. 모두 한두 가지씩 병을 가지고 있는 분들이었는데 요료법을 하면서 모두 나았다고 했다. 이분들의 이야기를 듣고 나도 시작했는데 정말 놀랍게도 피로가 없어지고 눈이 좋아졌다. 병원에서 해결할 수 없는 난치병이 오줌으로 치료되는 것을 경험하면서 생명의 신비로움을 느끼게 되었다.

강주석(46세, 미국 괌)

2001년 7월 29일 일요일 괌에서 강국희 교수님에게 국제전화를 걸었다. 마침 연구실에서 원고 정리를 하고 있는 중이라고 하시면서 반갑게 전화를 받아주셨고 다음과 같은 내용의 대화를 나누었다.

책『오줌을 마시자』를 힘들게 구해 읽고 요료법을 실천하고 있는데 너무 좋아서 많은 사람들에게 권하고 있다. 책 한 권을 수십 명이 돌려가면서 읽으니 불편하다. 책을 20권 보내주기 바란다. 이곳에 한국인이 4,000명 정도 사는데 날씨가 덥고 몸이 안 좋은 사람이 너무 많다. 그런데 병원에 가고 싶어도 보험이 없어서 갈 수 없는 교민들의 생활이 안타깝다. 나도 두 번 쓰러졌는데 요료법을 하면서 건강이 회복되었다. 요즘은 몸이 가볍고 피로하지 않다.

강국희 교수님이 쓴 『오줌을 마시자』 20권을 항공편으로 받아서 이웃에 사는 한국 사람들에게 나누어주었다.

이순재(44세, 서울 은평구)

자궁 수술을 하고 위하수 때문에 소화가 안 돼서 약을 많이 먹었다. 항상 몸이 피곤하고 기운이 없었으며, 책을 조금만 읽어도 눈이 아파서 견디지 못했다. 그런데 요료법을 하면서 피로가 없어지고 책을 계속 읽어도 눈이 피곤하지 않다. 요료법을 하면 설사를 하는데 기운은 생생하다. 어떤 때에는 설사를 하루에 다섯 번 하다가 며칠은 괜찮다가 다시 설사를 하는 식으로 반복되고 있지만 개의치 않고 요료법을 계속하고 있다. 『알고 보니 생명수』와 『오줌을 마시자』 두 권의 책을 구입했고, 남편도 함께 요료법을 하고 있다.

신현광(67세, 서울 은평구)

1999년 8월 19일 새벽 5~6시 사이에 SBS 라디오 유영미 아나운서가 방송하는 〈마음은 언제나 청춘〉이란 프로에서 강국희 교수님이 말씀하시는 오줌에 관한 이야기를 듣고 너무 신기해 강 교수님의 연락처를 알아가지고 전화를 했다. 우선 책을 읽으라고 하시기에 『알고 보니 생명수』와 『오줌을 마시자』 두 권을 구입했다. 그 당시 나는 서울 시내버스에서 운전을 하다가 정년퇴직을 하고 한동안 쉬고 있었다. 몇 달을 그냥 놀고 지내니까 편하기는 하지만 정신적으로 나태해지는 것 같아서 내가 살고 있는 곳의 마을버스에 다시 운전기사로 취직했다. 놀다가 다시 일을 해서 그런지는 모르겠으나 9일간을 운전하고 너무 힘이 들어서 사표를 냈다. 집에서 쉬면서 사두었던 요료법 책을 재미있게 읽기 시작했다. 그럭저럭 10여 일이 지났다. 그런데 마을버스 회사에서 다시 운전을 해달라는 요청이 왔다. 거부하지 못하고 다시 운전대를 잡았지만 이번에도 15일 정도 지나니 피로해서 운전을 더 이상 할 수가 없어서 회사를 그만두고 말았다.

집에서 다시 『오줌을 마시자』를 정신을 집중해 읽기 시작했다. 읽어나가는 도중에 성경의 「잠언」 5장 15~18절에 나오는 생명수가 오줌이라는 것에 깜짝 놀랐다. 이 책에서 김신욱 전도사는 입신 중에 하나님으로부터 직접 오줌을 마시라는 계시를 받았다는 이야기에도 큰 감동을 받았다. 나는 문서 전도를 오랫동안 하고 있기 때문에 영어 성경, 특히 킹 제임스 성경을 펴서 「잠언」 5장을 찾아보았다. "너는 네 물 저장고에서 물을 마시며 네 우물에서 흐르는 물을 마시라"고 되어 있었다. 이 문구를 가만히 생각해보니 하나님이 인간을 창조하실 때 자신의 건강을 보호 유지하도록 예비해놓은 것이 오줌이라는 생각이 들었다. 하나님이 주신 신비의 생명수로 알고 그 즉시 한 컵을 마셨다. 오줌에 대해 전혀 의심을 하지 않았다. 내 자신의 믿음이 돈독하다는 것을 스스로 생각하면서 회사에 복귀해 운전대를 다시 잡았다. 하루 종일 운전했지만 전혀 피로하지 않았고, 오줌의 힘을 느끼기 시작했다. 피로하지 않은 것이 너무나 신기해 아침마다 일어나면 먼저 오줌을 한 잔 마시는 것이 일과로 되어버렸다. 요료법으로 건강을 되찾아서 운전을 계속하고 있는데 벌써 2년 반이 다 되었다.

또 밤에 잠을 잘 때에는 발이 시려서 전기장판을 발에 감고 자야 했는데 요료법을 하고부터 발 시린 증세가 완전히 없어졌다. 팔꿈치에서 팔목 아래쪽 사이에 근육통이 심해서 오랫동안 병원 치료를 받았으나 아무런 효과를 보지 못하고 있었는데 이것도 요료법을 하고부터는 깨끗이 없어졌다. 또 한 가지는 나이가 많아지면서 양쪽 눈이 메말라서 눈에 티끌이 들어간 것처럼 항상 눈알이 껄끄러웠다. 안과에서 안약을 사서 30~40분 간격으로 눈에 넣었지만 별로 효과를 보지 못했다. 그런데 오줌을 눈에 넣으면 눈이 더 맑고 시원해지므로 돈도 들이지 않고 눈을 보호할 수 있다. 내 나이가 67세로 기사들 중에서는 가장 고령인데 젊은 사람들보다 피로를 모르고 건강하게 지내는 것을 동료 기사들은 부럽게 여기고 있다. 나의 건강법을 묻는 사람들이 많아서 요료법을 알려주었고, 나의 권유로 여러 명의 기사들이 요료법을 시작했다. 지금까지 요료법을 알려주고 책을 소개해준 사람이 30, 40명은 될 것이다. 어떤 사람은 자신의 난치병이 없어졌다고 하면서 매우 감사하다는 인사 전화를 주기도 했다. 요료법은 참으로 신기하다.

21
무좀

정승화(경기도 수원시)

탈장 수술을 두 번이나 했으나 독감에 걸려 기침하다가 수술했던 부분이 또 이상해졌다. 수술했던 병원에 찾아갔더니 다시 수술해야 한다고 했다. 인터넷에서 정보를 얻어보려고 1주일간 찾아보았으나 별로 도움될 만한 정보를 얻지 못했다. 더 이상 혼자서 참을 수 없어서 수술하려고 마음먹고 큰 병원에 가려고 알아보던 중에 요료법을 접하게 되었다. 30년간 고생한 무좀 때문에 발톱이 점점 두꺼워져서 손톱깎이로는 깎을 수가 없어 쇠줄 톱으로 갈아서 깎아내곤 했다. 그런데 오줌을 바르고 마시는 동안에 두껍던 발톱이 정상이 되었고 피부도 깨끗해졌다. 건강을 위해서는 이것이 최고라는 믿음을 가지고 죽을 때까지 계속할 것이다. 코 알레르기도 있었는데 요료법을 2주일 하니까 없어져버렸다. 이제는 오줌 맛이 나쁘지 않게 느껴진다.

최호순(경기도 안양시)

무좀이 심해 피가 나고 냄새도 심했는데 오줌을 마시고 발을 씻으니 어느 사이에 깨끗이 없어졌다. 손에 습진도 있어서 허옇게 껍질이 일어나 다른 사람과 악수하기가 민망했는데 이것도 깨끗이 없어지고 부드러워졌다. 10일 전에 손바닥의 습진이 재발했으나 오줌으로 바르고 씻으면서 며칠 계속하니까 금세 없어졌다.

박연희(충남 천안시)

남편을 따라서 요료법 세미나에도 몇 차례 참석해보고 요단식 현장에도 가보았지만 내 건강이 아직 좋아서 요료법을 할 생각은 하지 않으면서도 '요료법이 좋기는 좋은 것이로구나' 생각하면서 지내왔다. 그러다가 성균관대학교 강국희 교수님이 두 달에 한 번씩 하시는 세미나에 참석했는데 그때 어떤 분의 체험담이 귀에 들어왔다. 그분은 당뇨로 여러 해 고생하다가 요료법을 해보니 오줌에 거품이 많고 단맛이 났단다. 그런데 2주일 정도 계속하니까 단맛이 없어지고 찝찔한 오줌 맛이 나더라는 것이었다. 그 말을 듣고 역시 오줌이 좋기는 하구나 하고 믿어졌다. 그래서 나도 한번 맛을 보려고 유리컵에 아침 오줌을 받아서 입에 댔다. 그런데 왜 그렇게 짠맛이 강한지 도저히 마실 수가 없어서 뱉어버렸다. 그리고 한동안 쉬었다. 그래도 나이가 있으니까 미리미리 해두는 것이 좋겠다는 생각에 다시 한 번 시도해보았다. 이번에는 저녁에 채소를 먹고 물도 많이 마셨다. 그다음 날의 아침 오줌은 노리끼리하고 맛을 보니까 짜지 않았다. 역시 내가 먹는 음식에 문제가 있었다는 것을 깨닫고 그 후부터는 짠 음식을 피하고 싱겁게 먹었다. 또 채소를 항상 냉장고에 넣어두고 당근, 과일, 오이 등을 수시로 먹고 있다.

요료법을 한 지 한 달이 되자 변화가 나타나기 시작했다. 좀 부끄러운 이야기이지만 나는 방귀 냄새가 매우 심해 내가 방귀를 끼면 남편은 창문부터 열려고 한다. 그런데 요료법을 2주간 실시한 후에는 방귀가 2, 3일간 수없이 나오더니 그다음부터는 냄새가 나지 않고 깨끗해졌다. 덕분에 내 자신도 주변 사람들에게 미안한 생각이 없어지고 방귀에 대한 부담도 없어져서 요료법을 하기 전보다 한결 기분 좋게 지내고 있다. 젊은 시절에 배운 승마를 취미로 계속하고 있는데 참 좋은 스포츠라고 생각된다. 요료법과 승마는 내 평생의 동반자라 생각하고 있다.

박종일(42세)

신경성 위장염이 있어서 배에 항상 가스가 차고, 설사를 자주 하고, 방귀를 자주 뀌었으나 요료법을 하면서부터는 방귀가 적어지고 냄새도 없어져서 마음이 편안해졌다. 직장 생활하면서 동료들이 옆에 있는데 냄새를 피우면 대단히 미안하고 신경 쓰이는 일이라 조심했지만 이제는 마음 편하게 지내고 있다. 요료법을 처음 시작한 것은 이명 때문이었지만 이명은 물론 덤으로 여러 가지가 한꺼번에 좋아져서 오줌의 신비로운 효험에 매료되고 있다.

베체트병

배씨 부인(1965년생, 경기도)

19세 때인 1985년에 2~3주간 몸이 몹시 아프면서 쓰러졌다. 병원에 입원해 치료를 받고 1주일 만에 퇴원했다. 온몸이 굳어지고 전신이 아팠는데 그 전까지만 해도 국내에서는 이런 질병이 없었기 때문에 담당의사가 암이라는 진단을 내렸다가 나중에 비로소 베체트병이라는 진단을 받았다. 이 병은 바이러스가 신경을 타고 올라가는데 무지무지 아프다. 입안에 콩알 크기의 고름집이 여기저기 생기고 아침에 잠에서 깨면 입안이 고름으로 가득해 입이 벌어지지 않았다. 입에 힘을 주어 벌리면 입술이 찢어질 정도로 아팠다. 병원 약을 먹으면 금방 사그라들지만 약을 끊으면 더 악화된다.

요즘은 암이라고 진단이 되면 본인에게 알려주지만 당시에는 암이라는 사실을 본인에게는 알려주지 않는 것이 사회적 분위기였다. 그래서 나도 무슨 병인지 모르고 지냈다. 무슨 병인지도 모르면서 답답하게 입원과 퇴원을 여러 차례 반복했다. 베체트병이라는 병명을 알고 난 후에도 그것에 대한 지식을 얻기는 매우 어려웠다. 이 병이 어떻게 진행되는지 물어보려고 해도 알고 있는 사람이 없어서 답답할 뿐이었다. 희귀병이고 불치병이라는 설명만 들었을 뿐이다.

그러니 이 병에 대한 치료를 책임지겠다는 아무런 보장도 없었지만 병원에 의지하는 길밖에는 없었다. 6년이라는 긴 시간을 병원에서 보냈는데 이 기간은 정말로 생지옥이나 다름없었다. 고통이 너무 심해 견디기 어려웠다. 아픔 그 자체도 힘들었지만 의사 선생님들이 정확한 치료 방법을 모르고 있다는 것을 생각하면 너무 막막할 뿐이었다. 만약 이 병원의 의사들이 고치지 못하겠다고 하면 나는 죽는 것인가? 너무도 허무한 생각이 들었다. 이런 생각이라도 할 수 있는 순간은 그래도 행복한 순간이었다.

　　무지무지하게 아플 때 그 고통스러움은 베체트병을 앓고 있는 환자들만이 알 것이다. 더 이상 의사에게 기댈 수 없는 상황이 되면 그저 절망뿐이었다. 병원 치료 후에 상태가 어느 정도 좋아지는구나 하고 느낄 때 다시 아프기 시작해 더 아픈 순간, 특히 전신으로 통증이 퍼지는 순간, 내 생명을 구해야겠다는 굳은 결심을 하게 되었다. 의사에게는 더 이상 기댈 수 없다는 생각이 들어서 민간요법을 찾아나섰다. 그러나 상황은 점점 악화되어 통증에 극히 시달리던 1990년 1월 6일 스쿠알렌을 알게 되었다. 이것을 먹으면서 차츰 상태가 좋아지기 시작해 6개월이 되니 비로소 인간다운 생활을 할 수 있겠다는 느낌이 들었다. 1병에 98만 원이나 하는 스쿠알렌을 하루에 다 먹었다. 스쿠알렌도 10년째 먹었지만 먹지 않으면 다시 병변이 나타나고 아프기 시작했다. 아, 이것도 결국은 안 되는구나 싶어서 다시 새로운 치료법이 없을까 탐색에 들어갔다.

　　그러던 중에 요료를 알게 되어 2005년 5월 성균관대학교 강국희 교수님이 주관하는 요료 세미나에 참가하게 되었다. 오줌의 신기한 효험을 기대하면서 나타난 병변 부위에 오줌을 발랐더니 그날로 없어졌다. 효과가 매우 빠르고 확실하다는 느낌을 받았다. 이때부터 나오는 오줌을 마시고 바르고 책에 씌어 있는 대로 여러 가지 방법을 활용했다. 하루하루가 다르게 상태가 좋아져서 스쿠알렌을 끊어도 되겠다는 생각이 들었다. 스쿠알렌

복용을 중단하고 요료를 시작한 지 7개월이 다 되었는데 그 지독하던 베체트병의 현상이 다시 나타나지 않고 있다. 이런 상태가 1년간만 지속된다면 나 스스로 베체트병에서 완전히 해방을 선포해도 되겠다는 생각이 든다.

베체트병으로 인해 20여 년간 투병하는 과정에서 여름에도 추워서 무스탕과 겨울 내의를 입고 살았다. 감기에도 자주 걸렸지만 특히 여름 감기는 너무나 고통스러웠다. 그러나 근래에 와서는 감기에도 잘 걸리지 않는다. 요료를 시작해 7개월 동안 두 번 감기에 걸렸지만 가볍게 지나갔다. 7월 중순에는 열이 나고 식은땀이 흠뻑 몸을 적셨지만 책에서 읽은 요료 체험 사례를 생각하면서 약을 먹지 않고 오줌을 입에 머금고 가글링하면서 코를 세척하니까 3일 만에 나았다. 이번 요단식 기간에도 첫날에 열이 나고 식은땀이 나더니 하루 만에 깨끗이 회복되었다. 이러한 현상을 경험하면서 '내 몸이 참으로 많이 좋아졌구나, 이것은 정말 기적이라고밖에 표현할 길이 없다'는 생각이 든다.

그리고 이번 요단식을 하면서 알게 되었지만 초등학교 때부터 다한증으로 무척 고생했는데 이제 손에서 땀이 덜 나고 붓지도 않는다는 것을 비로소 느끼게 되었다. 도인술을 배우면서 손바닥을 마주쳐보니까 그 전과 다르게 느껴졌다. 아직 다한증의 증세는 남아 있지만 좀 더 시간이 지나면 완치될 것 같다는 확신이 생겼다. 지금까지 베체트병으로 경험했던 여러 가지에 대해 결코 잊을 수 없지만 지금처럼 상태가 좋아지면 1년 후에는 베체트병으로 고생하는 모든 분들에게 도움이 될 수 있는 체험 사례를 발표할 수 있을 것 같다. 죽도록 아프던 그 심한 고통을 내가 이겨내면서 참고 견딜 수 있었던 것은 십자가에서 돌아가신 주님에 대한 믿음이 있었기 때문이다.

머리가 너무 아파서 자살하려고 칼을 손에 잡았지만 손목을 긋지는 못했다. 힘이 있어야 죽을 수도 있다는 것을 이때 알았다. 호전반응은 별로 없었는데 아마 스쿠알렌을 먹어서 몸이 깨끗해졌기 때문이 아닌가 한다.

베체트병을 앓으면서 특히 느낀 것은 의사들이 왜 이렇게 모를까 하는 점이다. 의과대학에서 6년, 그리고 현장에서 6년을 거친 전문가인데 정말 무식하다는 데 놀랐다. 모르면서도 무책임하게 이렇게 저렇게 해보고 마지막에는 집에서 편히 쉬라고 한다. 이미 내 몸은 다 망가지고 엄청난 돈을 날렸는데 억울하다는 생각에 분하기 짝이 없다.

24
백반증

김ㅁ호(1961년생, 전북 익산시)

인도에 선교 활동을 갔다가 그곳에서 선교 센터를 운영하고 있는 장로님의 소개로 요료법을 알게 되어 시작했다. 장로님이 너무나 열심히 요료법을 이야기하시기에 매료되어 요즘은 하루도 빠지지 않고 마시고 있다. 처음에는 얼굴에 반점이 생기면서 뾰루지가 솟았고, 이런 현상이 한 달간 지속되었다. 아랫배도 아프고 머리도 무지무지하게 아팠다. 호전반응이로구나 생각하면서 참고 견뎌냈다. 지금은 얼굴도 깨끗해졌고 화장을 하지 않아도 될 정도로 피부가 고와졌다. 머리도 아프지 않다. 한동안은 아랫배가 아파서 못 견딜 정도로 고통이 반복되어 병원에 가서 검사했더니 자궁에 물혹이 발견되어 수술로 절단했다. 난소에도 물혹이 2개 있다고 했지만 수술하지 않고 요료법을 계속 열심히 했더니 1년 후에는 깨끗이 없어졌다.

오줌 맛을 좋게 하기 위해 사과를 많이 먹었고 비타민제도 먹었다. 오줌을 마신 후에는 1시간 동안 아무것도 먹지 않았다. 요료법을 하면서 몸이 날로 좋아져서 힘이 생기고 겨울에도 반팔 옷을 입고 다닌다. 이러한 효과를 옆에서 본 남편도 요즘은 요료법을 열심히 하고 있다. 남편은 운전하는 직업을 갖고 있어 피로해지면 졸음이 오고 사고 위험성이 높아지기 때문에 항상 조심하고 있지만 요료법을 시작한 후에는 졸음이 오지 않아서 너무 좋다고 한다.

전춘자(1939년생, 수원 가정교회)

목과 손등, 팔에 흰 반점이 생긴 지 오래되었지만 약도 없고 병원에서도 치료 방법이 없기 때문에 여름에도 긴팔을 입고 그럭저럭 지내고 있었다. 그런데 어느 날 교회에서 강국희 교수님이 오줌은 생명수라는 내용으로 강의하는 것을 들어보니까 오줌을 마시면 혈액순환 촉진, 신진대사 촉진의 효과가 있다는 것이었다. 그렇다면 나의 백반증에도 효과가 있지 않을까 기대감이 생겼다. 저녁에 욕조에서 오줌을 받아 온몸을 마사지하고, 특히 백반이 있는 부분에는 많이 문지르고 바르고를 반복했다. 바르고 잠시 있으면 흡수되고 증발해버리므로 미지근한 물로 헹군 후에 물기를 수건으로 닦아내면 된다.

물론 오줌도 하루에 두 번씩 꾸준히 마셨다. 이렇게 요료를 열심히 두 달간 지속하니 하얀 부분이 거의 정상 피부로 회복되었다. 이러한 효과를 옆에서 바라보던 교인들도 오줌의 효과가 정말로 놀랍다면서 이것은 미래를 위한 보험이라며 시작해야겠다는 사람들이 많아졌다.

25
변비

변비는 아주 고약한 것이다. 질병이라고는 할 수 없어도 배설이 되지 않으므로 뒤가 무겁고 정신적으로 부담스럽다. 특히 나이가 들면서 여행을 하거나 긴장된 생활이 계속되는 경우, 변비가 생긴다. 직장 여성들에게 많이 나타나는 변비에 대한 처방은 여러 가지가 있다. 요구르트도 좋고 유산균, 비피더스균도 좋다. 그러나 필자의 경험으로 볼 때 변비에는 오줌이 가장 강력한 파워를 가지고 있음을 부정할 수 없다.

정세민(37세, 경기도 수원시)

변비 때문에 항상 고생하고 있다. 친구의 소개로 티베트 버섯을 만들어 먹으면 좋다고 해서 시도해보았지만 별로 효과를 보지 못하다가 우연히 인터넷을 검색하던 중에 요료법을 알게 되었다. 오줌이 여러 가지 질병을 고치고 기계에 기름을 치는 것과 같은 효과가 있다는 강국희 교수님의 글을 읽는 순간 '아, 이것이다'라고 생각했다. 변비는 녹이 스는 현상일 거라는 생각이 들었다. 여기에 오줌을 마시면 기름 치는 효과가 있어서 창자에 쌓인 찌꺼기를 밀어내는 작용이 있을 거라는 느낌이 들었다. 당장 시도해볼 가치를 느끼면서 한 컵 받아서 입에 대보았지만 역시 지린 냄새는 유쾌하지 않았다. 그러나 이것이 약이라는 생각을 하니까 별것 아니므로 마실 수 있었다. 한 컵을 겨우 마시고 잠을 자고 나서 다음 날 아침에 변을 보는데 아랫배가 싸르르 아프면서 설사를 했다. 엄청 많은 양이 쏟아졌고, 심하게 구린 냄새가 화장실에 가득 찼다. 오줌의 효과가 이렇게 빠를 수 있을까 믿어지지 않았다. 요료 덕택으로 매일 변을 보면서 그동안 고질병이었던 변비가 깨끗이 없어졌고, 변의 냄새도 깨끗해졌다. 요료를 알고 나서 생각해보면 이렇게 좋은 약을 내 몸속에 지니고 있으면서도 다른 곳에서 찾으려 했던 것은 결국 교육의 잘못이라는 생각이 들었다.

신씨 부인(56세, 서울 신정동)

좀 비만형이어서 식사를 조절하면서 체중 관리에 신경을 많이 쓰고 있다. 그래서 그런지 모르겠으나 평상시 변비 때문에 항상 힘들게 지내고 있다. 몸이 좀 피로하거나 신경을 쓰면 더 심해지고 어떤 때는 1주일을 넘기는 때도 있어서 마음이 불안하기까지 하다. 변비는 나뿐만 아니라 많은 여성들의 고민거리다. 변비약도 나와 있고 건강식품이라는 이름으로 변비 개선 효과를 선전하는 식품도 있지만 신통치 않다.

동창회에 나갔다가 우연히 친구의 체험담을 들으니 오줌이 변비에 매우 효과적이라는 것이다. 일본에서도 젊은 여성들이 변비 때문에 요료법을 많이 한다는 이야기도 들었다. 내 오줌을 내가 마시는 것인데 고질병인 변비를 개선시켜준다면 마시는 것은 문제없다고 생각하고 집에 돌아와서 한 잔을 받아 마셨다. 오줌은 맑고 깨끗해 마시는 데 어려움이 없었으나 처음이라 그런지 기분은 유쾌하지 못했다. 마시고 나니까 배에서 꾸르룩 꾸르룩 소리가 나면서 진동하기 시작했다. 매일 두 번씩 마시니 2일째 변이 마려웠다. 비로소 효과가 나타난다는 생각에 너무 기뻤다. 변기에 앉으니 폭포 같은 소리가 나면서 변이 펑펑 쏟아졌다. 냄새도 지독하게 구리고 배설량도 엄청 많았다. 얼마나 속이 시원하고 기분이 좋은지 감사한 마음뿐이었다. 지금까지 대개는 3일에 한 번씩 변을 보았지만 이제는 매일 한 번씩 화장실에 간다. 요료법이 단번에 변비를 개선시켜준다는 것은 젊은 여성들에게 얼마나 기쁜 소식인지 모른다. 변비는 피부를 거칠게 하고 노폐물의 배설이 안 되므로 장질환의 원인이 된다. 변비가 없어지니 얼굴 피부도 맑아지고 화장발도 더 잘 받는다. 아침에 일어나면 가슴이 아프곤 했는데 그런 증세도 없어졌다. 체중도 조금씩 빠지고 있고, 몸도 가볍게 느껴진다. 요료법의 효능에 신기함을 느낀다.

26
복부 통증

신씨(58세)

    사업을 하면서 30년간 하루에 담배 두 갑을 피우고 술도 자주 마셨다. 본래 건강한 편이었지만 나이가 들면서 몸이 나른해지고 피로감을 자주 느끼게 되었다. 폐, 기관지, 간에 이상이 없을까 걱정이 되었다. 40대 중반에는 갑자기 천식 발작을 일으켰다. 집에서 키우는 개와 고양이 털이 문제라고 생각되었다. 우연히 사업 관계로 일본에 갔다가 요료에 관한 책을 구해서 읽게 되었다. 오줌을 먹으면 감기에서 암까지 모든 병이 치료된다는 치료법인데 야만인처럼 어떻게 오줌을 먹을까, 처음에는 이상하게 생각했다. 그러다가 변비가 심해져 토끼똥처럼 딱딱해져서 배변 고통이 아주 심했다. 책에서 읽은 요료를 시도해보기로 마음먹었으나 냄새에 민감하고 비위가 약해서 먹기 힘들었다. 그러다 몸에 이상을 느끼게 되면서 결심했다. 하루에 한 컵을 마시기 시작한 지 10일 만에 변화가 나타나기 시작했다. 며칠 동안 설사가 나면서 가벼운 습진이 생기더니 어느 사이에 사라지고 변비도 개선되었다. 시험 삼아 먹어본 오줌의 효과에 놀라지 않을 수 없었다.

    최근에 오른쪽 옆구리가 결리고 식욕도 없어져 병원에 가서 진찰을 받았더니 담석이 있고 췌장이 나쁘기 때문에 약을 먹어야 한다고 처방했다. 1주일 동안 배뇨량을 기록하고 저녁 식사 후에 시료 채취관에 오줌을 담을 것을 지시받았다. 지시대로 하면서 요료를 계속하자 5일이 지난 후에 통증도 없어지고 기분이 좋아졌다. 9일 후에 병원에 가서 검사를 해본 결과, 몸이 아주 좋아졌지만 약을 좀 더 먹으라고 했다. 그러나 몸의 증상이 없어졌기 때문에 약 먹기와 통원치료를 중단하고 요료를 계속하기로 했다. 그 후 복통이 완전히 없어지고 건강도 회복되어 활력이 넘치고 있다. 어머니께도 요료를 권해 함께 실천하고 있으며 매우 건강하시다.

27
복수

마호메트(수단)

1999년 제2회 세계요료대회(독일 대회 강연집 p. 87) 강연에서 다음과 같은 내용을 보고했다. 아랍 국가에서는 코란에 근거해 마호메트의 권유에 따라서 낙타의 오줌을 수백 년 전부터 의약용으로 질병 치료에 사용해왔다. 복수가 찬 30명의 난치병 환자를 골라서 낙타 오줌으로 임상시험을 했다. 시험 환자 그룹은 주혈흡충병 환자 14명, 간경변 환자 8명, 이 두 가지 합병증 환자 8명으로 구성되었다. 이들 중 5명 환자는 대조군으로 해 이뇨제 40밀리그램을 하루에 두 번씩 투여했다. 매일 낙타 오줌을 150밀리리터씩 마시면서 시험을 2주간 실시했으며 효과 분석을 위해 매일 오줌의 배설량, 체중, 설사 횟수를 체크하고 복대, 간기능 검사, 초음파 검사를 실시했다. 대조군과 시험군 양쪽에서 모두 현저한 복수 감소 효과가 나타났다. 대조군(이뇨제 투여)은 약간 빨리 복수가 감소했다. 반면에 낙타 오줌은 이뇨효과가 천천히 나타났으며 훌륭한 설사제로 작용했다. 낙타 오줌은 복수가 차는 환자에게 전해질과 단백질을 공급해줌으로써 효과를 나타내는 것으로 이해되었다. 그들 중 4명(16퍼센트)은 낙타 오줌을 두 달 동안 계속 마신 결과, 복수가 빠지고 간 기능이 정상화되었다.

28
복합병

윤춘분(75세, 충남 아산시)

청주에서 1929년 12월 20일 출생했으며, 천안에서 자라고 공부했다. 몸이 약해 부모님이 천안으로 유학을 보냈는데 그 당시 환성국민학교, 청주여자고등학교를 다니다가 3학년 때 해방이 되었고, 이어서 졸업도 했다. 수도여자사범대학 가정학과를 졸업하고 한국은행 본점에 근무하다가 6·25 전쟁을 겪었고, 고등학교 담임선생님과 결혼했다. 남편이 일찍 임종해 생활 수단이 없어서 일본 고가네유한회사의 대리점을 맡아 사업을 시작했다. 나이가 들어서는 일본 본사로 전근해 일본에서 11년을 살다가 2001년 고국에 돌아왔다. 아산에서 생활하다가 유정식 씨를 만나서 요료법을 처음으로 알게 되었다. 일본에서도 요료법 이야기를 들었지만 한국에 요료법이 소개되어 있을 줄은 몰랐다.

처음에는 오줌을 마시라고 하는 말에 마음이 움직여지지 않았다. 그러다가 2003년 10월 25일 성균관대학교에서 요료법 세미나에 참가해 강국희 교수님의 강의를 듣고 26일부터 시작했다. 혈압을 재니까 198인데 아침 6시 20분에 소주잔으로 한 잔 정도를 매일 마셨다. 10일간 마셨더니 못 견딜 정도로 몸이 가려웠다. 호전반응이 일어나는 것으로 이해하고 마시는 양을 맥주 한 잔으로 늘렸다. 10일째에 혈압이 153이 되고 당뇨도 320이었는데 180으로 내렸다. 기관지 천식이 있어 쌕쌕거리고 기침을 자주 했는데 거짓말처럼 나았다. 호전반응도 거의 없어졌다. 몸의 컨디션이 좋아서 병원에 확인하려고 가니 당뇨가 140, 혈압이 156으로 낮아져서 놀랐다. 의사가 놀라면서 당뇨약을 한 단계 내리겠다고 했다. 그리고 무엇 때문에 이렇게 좋아졌느냐고 물었다. 선생님의 처방이 좋은 것 같다고 맞장구를 쳐주었다. 오줌을 먹는다는 말은 하지 않았다. 그러나 비로소 몸 안에 내 약이 있다는 것을 깨닫게 되었다. 생각을 바꾸니 오줌 냄새는 아무것도 아니었다. 생각을 바꾸니까 약이 되었다. 그 후 요단식에도 참가했다. 보통 때같으면 배가 고플 때 식사를 하지 않으면 현기증이 나고 쓰러질 것 같은데 전혀 힘들지도 않고 속이 편했다. 단식을 시작해 하루 이틀 지나는 사이에 놀라운 변화를 경험하게 되었다.

먹는 음식에 따라서 오줌은 약이 되고 내가 음식을 조절하면 더욱 건강해진다. 세미나에서 가장 감명 깊게 느낀 것은 마음을 아름답게 가져야 행복해진다는 사실을 알게 된 것이었다. 75세에 비로소 마음이 중요한 것을 처음으로 깨달았다. 마음에 따라서 보는 것이 달라진다는 것을 알게 되었다. 물질에 끌려다닌 지금까지의 생활이 후회스럽다. 하루에 약을 수없이 먹으면서 이제는 약의 부작용으로 더 이상 먹을 수 없는 상태에 이르렀다. 약을 하루에 21개씩 먹었다. 아침 먹기 전에 당뇨약 두 알, 아침 먹고나서 혈압약 여섯 알, 점심 먹고 안정제와 골다공증 약, 저녁 먹고는 고지혈증 약을 먹어야 했다. 병원도 다섯 군데나 다녔다. 약을 너무 많이 먹은 부작용으로 기침이 나고 목에서 피가 솟았다. 더 이상 약을 먹을 수 없는 단계에서 한국요료협회 본부장을 만났다. 무슨 인연인지 신기하게 느껴졌다. 강국희 교수님의 이야기를 듣는 순간에는 아들 영민이의 은사님이라는 생각이 문득 떠올랐다. 영민이가 자주 교수님에 대한 이야기를 해서 기억하고 있었다. 강 교수님이 요료법을 지도하고 있다는 말에 더욱 확신이 생기고 믿음도 더 확실해졌다.

천안의 아파트에 갇혀 있을 때에는 이웃 사람들과 대화가 잘 안 되고 나 자신의 감정 조절도 안 돼서 자살까지 생각했는데 요료법을 시작한 후론 완전히 달라진 것이다. 어느 날 청주여고 동창회에 나갔다. 좋은 약이 있다고 말하니까 동창들이 알려달라고 했지만 얼른 대답하지 않았다. 쉽게 알려주면 고마운 줄을 모르기 때문에 간곡한 마음이 생겼을 때 알려주려고 기다리고 있다.

사실 미국에 가려고 했다가 미루어놓고 요단식에 참가했다. 식사 시간을 넘기면 저혈당으로 설탕을 먹거나 사이다를 먹어야 하는데 요단식을 시작하고는 아무것도 안 먹어도 힘들지 않았다. 아침 산보도 했다. 밥을 먹지 않았는데도 속이 편했다. 요단식 기간에 언제 쓰러지려나 나 자신을 의심하면서 하루하루를 보냈지만 아무 이상 없이 끝냈다. 요료법이 이만큼 좋고 체력을 향상시켜준다는 생각에 놀라울 따름이다. 교수님에게 정말 감사한 마음을 가지고 있다.

지금 대학교수로 있는 아들이 독일에 유학하고 있을 때 방문했던 적이 있는데 독일에서는 아기가 감기에 걸려서 병원에 가도 약을 안 주고 기다리라고 한다. 사실 독일은 약을 개발해 외국에 엄청나게 팔고 있지만 자국민에게는 약을 매우 제한적으로 사용한다. 그만큼 약의 부작용을 알기 때문이다. 그러나 우리나라는 약을 남용하고 있어서 약으로 인한 부작용이 정말 심각하다.

29
부정맥

서정애(1949년생, 충북 충주시)

오랫동안 부정맥으로 고생하고 있다. 가슴이 답답하고 심할 때는 숨이 멈추어지고 그때마다 약을 먹으면서 지내왔다. 강국희 교수님으로부터 오줌이 좋다는 말씀을 듣고 오줌을 먹어야 되겠다고 생각하고 있던 참이었다. 어느 날 저녁에 숨이 막힐 것처럼 가슴이 답답하고 잠을 잘 수가 없었다. 남편이 오줌을 한번 먹어보라고 권하기에 너무 고통스러워 유리컵에 받아서 반 잔을 마셨다. 잔에서 입을 떼기도 전에 가슴이 탁 트이는 것을 느꼈다. 잠시 후 배 속이 무척 아프기 시작하면서 식은땀이 쭉 흐르더니 금방 통증이 사라지고 잠을 푹 잘 수 있었다. 오랜만에 숙면을 하고 아침에 일어나니까 기분이 산뜻했다. 짧은 기간에 너무나 신기함을 느끼고 그로부터 매일 한 번씩 마시는데 우선, 피로가 없어지고 얼굴에 솟아 있던 여드름, 뾰루지도 며칠 사이에 깨끗이 없어졌다. 눈 주위가 항상 부어 있었는데 요료를 하면서 빠졌고 소변 양이 많아진 것도 느낄 수 있다.

양익규(경기도 양주시)

부정맥으로 심장이 뛰다가 멈추고 손에 땀이 나고 현기증이 있어서 있지를 못했다. 건강이 안 좋아서 배달업을 하다가 쉬면서 병원 약, 한약을 한 달에 40만 원어치씩 먹었다. 요료법을 시작해 2~3개월 동안은 별로 달라지지 않았지만 그 후 계속하니 7개월째에는 거의 정상화되었다. 너무 기분이 좋아서 많은 사람들에게 권유하고 있으나 잘 받아들이지 않는다. 건강을 회복해 지금은 배달업을 계속하고 있다.

30
비만

민경원(1942년생, 서울 성북구)

체중이 90킬로그램을 초과할 정도로 몸이 비대해 걸음걸이도 뒤뚱거렸다. 남대문에서 농수산물 가게를 운영했는데 가게에 오시는 손님들과 몸이 자꾸 부딪혀서 가게에 나가지도 못하고 집에서 소일하고 있었다. 2003년 몸에 두드러기가 솟아서 가렵고 긁으면 피가 나서 힘들게 지내고 있던 중에 강국희 교수님의 책을 읽고 요료를 하게 되었다. 처음에는 마시지 않고 몸이 가려운 곳에만 오줌을 바르고 마사지를 했다. 그러다가 2004년 1월 뒤뚱거리는 몸으로 성균관대 요료 세미나에 참석하게 되었다. 교수님의 강의를 듣자 오줌에 대한 거부감이 없어지고 오줌을 마셔야겠다는 생각이 확실하게 굳어졌다. 집에 와서 그다음 날부터 아침, 저녁에 한 컵씩 마셨다. 3주 정도 지나자 몸이 붓기 시작하더니 2주일이 지나니 부기가 빠지면서 살도 빠지기 시작해 한 달에 4~5킬로그램씩 빠졌다. 6개월간 계속해 빠지더니 이제는 더 안 빠지고 70킬로그램을 유지하고 있다. 사람들이 나를 보면 몰라보게 달라졌다고 야단이다. 몸이 가볍고 하루 종일 일을 해도 피로하지 않다.

요료를 하기 전에는 식욕이 너무 당겨서 다른 사람들과 식사할 때

밥을 적게 주면 어떻게 하나 걱정될 정도였다. 그런데 요료를 하니 밥을 조금 먹는데도 배가 고프지 않고 속이 든든해 견딜 만하고 마음도 편해졌다. 2004년 8월 28일 제39회 생명수 클럽 요료 세미나에 참가해 여러 사람들 앞에서 체험담을 이야기하고 큰 박수를 받았다. 교수님이 혼자서 너무 고생하시는 것을 보니 안쓰럽고 어떻게 도와드릴까 생각해보고 있다. 지난달에는 그동안 다니던 병원에 갔는데 의사 선생님이 혈압약을 왜 안 먹느냐고 하면서 죽으려고 그러느냐며 핀잔까지 주었지만 나는 약을 안 먹기로 결심했으므로 그 이유가 요료 때문이라는 것을 설명해드렸다. 그러고는 강국희 교수님이 쓴 요료 책을 읽어보라고 드렸더니 관심 있게 읽어보겠다고 하셨다.

김낙상(47세, 강원도 강릉시)

오래전부터 건성피부병이 있어서 병원에서 주는 물약을 바르고 있다. 먹는 약도 받았지만 먹지 않고 있다. 7년 전 머리에 하얀 비듬이 많이 생겨서 병원의 진찰을 받은 결과, 건성피부염이라고 했다. 인후두 만성염도 있어서 장시간 운전을 하면 목이 아프고 부어올랐다. 그러나 요료법을 시작하고 난 후에는 7시간 운전하고도 전혀 목이 아프지 않고 피곤하지도 않았다. 키 160센티미터, 체중 52킬로그램으로 요료법을 시작한 지 4개월 되었는데 체중이 4킬로그램 감소했다. 하루에 오줌을 1리터 정도 마신다. 큰아들이 중학생인데 발에 하얗게 생겨나는 것이 있어서 매우 불편해한다. 아이도 아빠의 효험을 보고 신기해하고 있다. 아이들의 호기심이 마음을 변화시켜줄 것으로 기대하고 있다.

김순금(73세, 서울 강남구)

평소에 술을 많이 마시고 배에 살이 많이 붙어서 불편했는데 큰딸이 요료법을 하라고 권해서 시작했다. 하루에 두세 번씩 오줌을 마시면서 두 달이 지나니까 뱃살이 쏙 빠지고 지방간도 없어졌다. 사실 비만보다는 지방간이 있어서 식구들이 걱정했는데 덤으로 얻은 놀라운 효과에 감사하고 있다.

배정자(서울 강남구)

식욕이 나쁘지는 않지만 균형 있는 식사를 하지 못해서 비만이 왔다고 생각한다. 체중이 79킬로그램으로 조금만 움직여도 피곤하고 활동력이 떨어졌다. 평소에 건강이 나빠서 고생하던 친구가 있었는데 오줌을 마시고 좋아졌다는 이야기를 들었다. 그때까지 오줌을 노폐물로 생각하고 있었는데 오줌을 마시면 병이 낫고 체중도 빠지며 피로가 없어진다는 말에 귀가 솔깃해졌다. 집에 돌아와서 식구들에게 말하지 않고 오줌을 컵에 받아서 마셔보았다. 그런대로 마실 만했다. 매일 마시기를 반복하는 동안 피로가 사라지고 몸이 가뿐해짐을 느꼈다. 1주일 정도 지나서 3박 4일간의 요단식을 결심하고 실행했다. 별로 힘들지 않았다. 요단식을 성공적으로 끝내고 그 후에는 하루 두 끼 식사를 하고 있는데 14일째에 체중이 64킬로그램으로 감소했다. 쉰이 넘은 나이에 보는 사람마다 젊어 보인다고 칭찬해주니 기분이 좋다. 운동을 해서 이만큼 살을 빼려면 엄청 힘든데 오줌을 마시는 것만으로 쉽게 살이 빠지고 몸에 힘이 솟으니 매일매일 생활이 즐겁다.

31
비염

민들레(33세, cafe.daum.net/ozum)

벌써 3개월이란 시간이 흘렀네요.

이명도 난청도 아직은 똑같아요.

비염 증상이 없어졌고 두통이 없어졌어요.

이 두 가지는 글 올릴 때마다 썼죠?

비염이 없다는 것만으로도 살맛 납니다.

난청만 없어진다면 정말 대박인데…… 그렇죠?

처음 시작할 때보다는 마음이 단단하지가 않네요.

더 열심히 요료 해야 하는데…….

귀 마사지도 열심히 하고 있어요.

봄이네요.

여긴 바닷가라 그런지 바람이 차답니다.

다른 곳은 어떤지요?

내일은 식목일……

저도 아이들과 함께 옥상 작은 화분에다

꽃씨를 심어야겠네요.

모두들 따뜻한 봄날 보내세요.

하하(25세, 부산)

2007년 7월 31일부터 요료법을 시작했다. 매일 아침 5시 30분에 첫 오줌을 소주잔으로 한 컵 가득 채워 마셔왔는데 알르레기성 비염이라 아침에 눈뜨면 코가 맵고 간질간질하면서 재채기를 크게 했다. 한두 번에 그치는 것이 아니라 운동 갔다 올 때까지도 계속되었다. 그러니까 5시 20분부터 아침 7시까지 재채기가 멈추지 않았다.

그런데 이 증상이 지금 멈췄다. 호전반응은 아직 안 겪었는데 요료법을 시작한 지 약 10일 만에 아침 재채기가 멈춘 게 정말 신기하다. 요료법에 대해서 공부를 많이 하고 싶지만 공무원 준비생이라 그러지 못해 안타까운 마음이다.

김현실 언니(서울 마포구)

교사 생활 하면서 기관지와 코가 좋지 않아 고생하고 있을 때 동료 교사가 요료법 책을 권하면서 읽어보라고 했다. 너무 신기한 생각이 들어서 단숨에 읽었다. 이렇게 중요한 것을 왜 지금까지 몰랐을까 의문이 들었다. 그래서 우선 체험을 해봐야겠다고 결심하고 오줌을 받아서 처음에는 조금 마시고 다음에는 늘려 마시기 시작했다. 컵에 받은 오줌을 조금 마시고 난 뒤 나머지를 코로 흡입해 입으로 뱉어내기를 반복했다. 이렇게 하는 사이에 두 달이 지났다. 그동안 콧물, 가래가 쉴 새도 없이 쏟아지자 주변 사람들은 저러다가 내가 죽는 것은 아닌가 무척 걱정했다. 그러나 이런 증세들이 모두 호전반응이라는 믿음으로 더 열심히 했다. 어느 정도 고비를 넘기자 콧물도 안 나오고 기침과 가래도 없어졌다. 요즘은 너무나 편하게 생활하고 있다.

32
상처

　상처가 났을 때 오줌을 발라주면 지혈이 잘되고 쉽게 아문다. 어느 해 여름에 북한산을 오르다가 가운뎃손가락 안쪽이 긁혀서 피가 흘렀다. 반창고를 대고 지냈으나 여름철이라 샤워할 때 물에 자주 닿으니 잘 아물지 않고 진물이 흐르면서 손가락을 폈다 접었다 하는 것이 힘들어서 강의할 때 아주 불편했다. 그래서 오줌을 한 컵 받아놓고 그 속에 손가락을 담갔다. 오줌이 충분히 손가락에 적셔진 상태에서 말리니까 더 이상 진물이 흐르지 않고 화농도 생기지 않고 깨끗이 아물었다. 직접 경험해보니 역시 오줌은 상처 치료에 탁월했다.

강성만(전남 목포시)

　생물학을 전공했으며 중학교 교장을 지낸 후 지금은 은퇴했다. 얼굴 오른쪽 광대뼈 부분에 상처를 입고 피가 흘렀는데 병원에 가지 않고 오줌의 상처 복원력을 시험해보고 싶어서 즉시 오줌을 거즈에 묻혀 하루 종일 마르지 않게 붙이기를 4일 동안

하였다. 그러자 사진처럼 흉터도 남지 않고 깨끗하게 회복되었다. 이번 경험에서 중요한 것은 상처 부위가 마르지 않도록 오줌으로 적셔주어야 한다는 것을 알았다. 상처 부위가 마르면 딱지가 앉고 상처가 남게 된다.

33
성병

　성병의 치유 사례는 많이 있지만 본인들이 신분 공개를 꺼리므로 생략하고 의료인의 체험담을 소개한다. 성병의 원인이 되는 헬프스 비루스가 신경에 침입해 잠복, 증식하면 고통이 심해진다. 요료는 이 병에도 효과가 좋다. 1987년, 80세 의사가 헬프스에 걸려 고통을 당하다가 요료를 시작한 지 하루 만에 고통이 없어졌다.

나카오 료이치(내과의사)

　제2차 세계대전 때 군의관으로 징집되어 동남아시아로 파견되었는데 성병에 걸려 고생하는 병사들이 많았다. 임질, 매독에 걸린 병사들은 피고름이 나면서 통증이 심한 생식기를 차라리 절단해달라고 애원했다. 전쟁 중이라 약이 없어 쩔쩔매다가 옛날 어른들로부터 오줌이 만병에 좋다는 이야기를 들었던 기억이 나서 자기 오줌을 받아서 마시면 성병이 낫는다고 병사들에게 명령했다. 병사들은 너무 고통스러워서 피고름이 끈적끈적한 오줌을 받아서 꿀꺽 마셨다. 그리고 다음 날에 통증이 없어졌다고 좋아하면서 매일 오줌을 받아서 마셨고 1주일이 지나니 성병이 치유되었다. 놀라운 오줌의 치유 효과를 야전에서 경험하고 알게 되었다.

34
성장기

김현옥(중국 길림성, 2007. 7. 16)

연변 과학기술대학 도서관에서 근무하는 김현옥입니다.

요즘도 저는 요료법을 견지하고 있습니다.

물론 제 아들에게도 아침에 오줌을 우유에 타서 조금씩 먹이고 있습니다. 저보다도 아들이 눈에 띄게 건강해 보여서 너무나 기쁩니다.

저는 지난 며칠 동안 독감에 걸려서 조금 고생을 했습니다. 그래도 이번엔 휴식을 취하면서 약 한 알도 먹지 않고 견뎌냈습니다. 중간에 약을 먹을까도 생각했다가 괜찮을 것 같아 안 먹고 견디니 저절로 나아졌네요.

참, 너무나 좋은 정보 주셔서 감사드리고 싶습니다. 요즘은 친척들한테 전화해서 요료법에 대해 말해주고 있습니다. 모두들 요료법으로 건강하게 사셨으면 좋겠네요.

35
소화기 질병

요료를 시작하면 금방 효과가 나타나는 곳이 소화기 계통이다. 속이 편해지고 소화가 잘된다. 소화기 질환이 있는 사람도 즉시 개선 효과를 느낀다. 십이지장염, 대장염, 위염 등으로 속이 불편하고 헛배가 부르며 설사하는 분들은 요료를 시작하면 즉시 효험을 본다.

위부자(63세)

남편은 3년 전부터 백내장이 있어서 병원 약을 눈에 넣고 있으며 동시에 오줌을 먹고 눈도 씻고 있다. 홧병이 있어서 배에 덩어리가 만져진다. 식사 후에 속이 더부룩하고 소화가 잘 안 되었는데 요료법을 시작하고서는 10일째에 소화가 잘되어 소화제 약을 안 먹는다. 하루에 세 번 오줌을 마신다. 마흔 살 된 아들도 열심히 요료를 실천하고 있다. 눈에 오줌을 넣고 있는데 책을 읽어도 눈의 피로를 느끼지 않는다.

교수님은 이렇게 좋은 일을 어떻게 무료로 그렇게 하시는지 궁금하다. 정말 감사드린다.

민덕기(69세, 경기도 이천시)

과민성대장염으로 18년간 고생했으며 병원에서 4년간 온갖 약을 다 지어다 먹어도 별로 효험이 없고 약의 분량만 자꾸 늘어갔다. 목도 아프고 열이 나고 침샘이 말라서 말하기도 힘들고 손가락 관절이 아파서 숟가락질도 못했다. 그러다가 김동락 경기본부장님을 만나서 약을 모두 끊고 요료법을 실시했는데 두 달 되니까 속이 편해지고 밥맛도 돌아오고 상쾌한 기분을 느낄 수 있었다.

8,000평의 땅에 직접 농사를 짓고 있으며, 한꺼번에 계단을 2~3개씩 뛰어오르기도 한다. 그 전 같으면 도저히 불가능한 일이다. 요료법 덕택으로 생각한다. 손수 자동차 운전도 하고 트랙터도 몰면서 농사를 짓고 있다. 아내도 관절염으로 고생하다가 김동락 선생님의 권유로 2001년 성균관대학교 요료법 건강 세미나에 참석해 강국희 교수님의 강의와 여러 사람들의 체험담을 듣고 요료법을 시작했다. 이제 관절염도 없어졌지만 덤으로 얻은 것도 있다. 피부가 깨끗해졌다는 것이다. 얼굴에 기미가 많았는데 요료법을 하는 사이에 어느새 깨끗해졌고 손등에 있던 검은 점도 없어졌다. 건강이 좋아진 덕분에 김동락 선생님을 생명의 은인으로 생각하고 봉사활동을 함께하면서 보람 있게 지내고 있다.

박의수(인터넷 방송 컨설팅)

5년간 속이 안 좋아서 하루에 다섯 번씩 화장실에 가고 배가 사르르 아프곤 했는데 요료법을 며칠 하니까 그런 증세가 완전히 없어지고 편해졌다.

손주민(49세, 경기도 안산시)

간이 나쁘고 소화가 안 되어 배 속이 항상 부글부글 끓고 15년간 만성간염을 앓고 있었다. 동생도 간염으로 서른아홉 살에 죽고 형님도 두

분이 있었는데 37, 39세에 일찍 세상과 이별했다.

　　나 자신도 건강이 나빠지니 불길한 생각이 앞서서 혹시나 하는 마음으로 항상 불안했다. 병원에서 간염 진단을 받고 제픽스라는 약을 1년간 먹었지만 호전되지 않았다. 약을 먹으니 소화는 더 안 되고 변비도 생겨서 고통스럽게 지내고 있었다. 허리도 아프고 류머티즘도 생겨서 몸은 점점 더 처지고 검사 결과의 간 수치는 떨어지지 않아서 고민스러웠다. 그러다 우연히 요료법에 대한 이야기를 듣고 2002년 6월 21일 성균관대 강국희 교수님에게 전화로 문의하고 책을 구입해 읽어보니 내 병은 요료법으로 고칠 수 있겠다는 확신이 생겼다. 그날부터 오줌을 아침, 점심, 저녁 세 차례씩 받아 마시면서 3개월마다 병원에 가서 검사를 해보았다. 3개월이 되니까 간 수치가 떨어지기 시작했고, 몸의 피로 현상도 없어졌다. 8개월째 다시 검사해보니 GOT 38, GTP 28이라는 놀라운 수치가 나왔다. 의사도 놀라는 눈치였다.

　　사실 병원에서 주는 약을 끊은 지는 오래되었고 이렇게 좋아진 것은 다름 아닌 요료법 덕택이라는 것을 확신하게 되었다. 2003년 9월 4일 강국희 교수님에게 전화로 결과를 보고드렸더니 무척 반가워하시면서 이제 본인의 건강은 좋아졌으므로 다른 사람에게 열심히 알려야 한다고 말씀하셨다. 나도 당연히 그렇게 생각하고 있으며 건강이 안 좋은 사람을 보면 내 경험을 이야기하면서 요료법을 권하고 있다. 사실 간염이 완치된 것만 해도 감사한 일인데 또 하나의 큰 소득이 생겼다. 치질이 있었는데 요료법을 하는 사이에 저절로 없어져버렸다. 오줌 하나로 간염, 치질, 소화기 계통이 모두 치료되었으니 요료법의 효능에 놀라지 않을 수 없다.

36
식중독

해외여행을 하게 되면 물, 음식, 피로 등의 영향으로 소화기 장애가 생기기 쉽고 식중독에 걸릴 수도 있다. 식중독에 걸려 고통스럽게 바닥을 구르는 경우에도 오줌을 한 컵 마시면 5분 안에 멀쩡해진다. 요즘 해외에 나가는 학생들이 많아지는데 요료를 가르쳐주면 위급한 경우에 생명을 구할 수 있을 것이다. 앞으로 우주여행 시에 더욱 관심거리로 등장하지 않을까 생각한다.

Harald(호주, 자연의학 치료사)

독일 국적이지만 30여 년간 호주에서 살고 있다. 『오줌은 성스러운 물』이라는 책을 출판해 40개 국가에 판매하고 있으며, 동시에 허브에 대한 많은 정보를 가지고 요료와 병행해서 난치병을 치료하고 있다.

한번은 식중독에 걸려서 혼쭐이 났던 경험이 있다. 호주 멜버른에서 오후에 건강 강의를 하기로 약속하고 가는 도중에 휴게소에서 점심을 먹었다. 잠시 휴식을 취한 후에 자동차를 몰고 멜버른으로 달리는데 배에 이상 신호가 나타났다. 복부 통증이 오는데 도저히 운전을 할 수가 없고 얼굴에 식은땀이 흐르고 주체할 수가 없어서 가까운 휴게소에 자동차를 세워놓고 벤치에 드러누웠지만 통증은 가라앉지 않았다. 도저히 참을 수가 없어 화장실에 가서 오줌을 한 컵 받아 마셨다. 잠시 후에 설사가 나면서 복부 통증이 멎었다. 다행히 강의 시간에 늦지 않게 도착해 청중들에게 조금 전에 경험했던 식중독과 오줌의 효능에 대한 이야기부터 소개했다. 생생한 경험이 청중들의 관심을 확 끌었다. 2005년 5월 한국의 성균관대학교 자연과학캠퍼스에서 개최한 요료법 국제학술 심포지엄에 참가해 이 체험 사례를 소개해서 큰 박수를 받았다.

J씨(천주교 신부)

잔칫집에 갔다가 심한 식중독에 걸려 전신에 붉은 반점이 생겼다. 병원에 가서 약을 먹고 주사도 맞았지만 소용이 없었다. 마침 그 당시 1993년 3월 말 〈동아일보〉 기사에 식중독에 걸려서 발진이 나타났을 때 오줌 마사지를 하라는 모 병원 의사의 글이 실린 것이 생각나서 오줌을 전신에 바르고 마사지를 한 다음, 헐렁한 옷을 입고 하룻밤을 자고 나니 발진이 깨끗하게 없어졌다. 신부전증도 있었으나 요료를 하면서 없어졌다.

37
신경통

선성호(경남 마산시)

　좌골신경통으로 일어서지 못하고 걷지도 못했다. 걸을 때도 체중을 이기지 못하고 절뚝거리면서 걸으니 남 보기에도 부끄러워 바깥출입을 자제하면서 집 안에서만 지내는 시간이 많았다. 그러던 중에 방송에서 오줌에 대한 이야기가 나와서 무슨 말인가 귀를 기울여보니 요료법이라는 것이 만병통치라는 강국희 박사님의 흥미진진한 이야기가 계속 흘러나왔다. 자기 오줌을 마시는 것인데 이것이야말로 돈과 약이 필요 없고 매우 경제적인 치료법이라는 생각이 들어서 요료법을 시작했다. 요료법으로 하루하루를 지내면서 무겁고 걷기도 힘들었던 몸이 가벼워지고, 한 달 정도 되자 건강이 거의 회복되었다. 이 엄청난 요료법의 정보를 전해주신 분에게 너무나 고맙다는 생각이 든다.

38
신장 질병

콩팥(신장)이 나쁘면 치아도 약해진다. 흔히들 신장이 나쁜 사람은 요료를 하면 안 된다고 생각하는 사람들이 많으나 신장염 환자에게도 요료가 효과적이다. 다만 투석 환자는 처음에 소량을 생수에 희석해 먹으면서 적응하는 정도를 살펴가며 관리할 필요가 있다.

김현실 모친(69세, 서울 마포구)

콩팥에 돌이 있어서 6년 전에 수술을 했다. 수술 후에 통증이 계속되어서 병원에 갔더니 한쪽 콩팥이 망가져서 제 기능을 못 하므로 평생 이렇게 지내야 한다고 했다. 콩팥이 부었다는 것이다.

어느 날 학교에서 교편을 잡고 있는 큰딸이 요료법을 해야 한다며 책도 가져다주고 열심히 설명해주어서 1년 전부터 결심을 하고 시작했다. 요료법을 시작한 지 3개월 정도 되었을 때 가슴이 터질 듯이 아파서 수술했던 병원에 찾아갔다. 사진을 찍어보더니 망가졌던 콩팥이 깨끗이 회복되었다는 것이다. 어떻게 이렇게 되었느냐고 담당의사가 놀라면서 물었지만 오줌을 먹었다는 말은 하지 못했다. 망가졌던 조직과 기관이 재생되는 신기한 오줌의 힘에 감복해 죽을 때까지 계속할 것이다. 손자 손녀들도 하고 있고 우리 집안은 모두 요료법을 열심히 실천하고 있다.

강병곤(50세, 경남 김해시)

37세 때 직장에서 축구를 하다 상대방과 부딪혀 콩팥을 다쳐서 부산대학병원에 입원해 검진한 결과, 선천적으로 콩팥이 한 개뿐인 데다가 그마저도 기형이어서 요로가 꾸불꾸불하게 생기고 협착되어 지금까지 살아오면서 많이 손상되었다는 진단이 나왔다.

그 후 2년 동안 대수술을 두 번이나 하고 옆구리를 뚫어 소변을 옆구리 쪽으로 빼내는 어려움을 겪었다. 그리고 1년 후에 옆구리 소변 통로를 제거하고 그냥 지내는 동안 염증 치료차 항생제(당시 Bactrim)를 복용했는데 위장도 좋지 않았고 염증도 오랫동안 낫지 않았다. 변비, 불면증, 우울증까지 겹쳐서 무척 고생하다가 자연 대체요법으로 극복해보려고 결심하고 서점을 찾았다. 서점에서 제일 먼저 눈에 띄는 책이 『기적을 일으키는 요료법』이었다. 기적이라는 말에 우선 마음이 끌려 그 책을 사서 단숨에 읽었다. 책을 읽는 동안에 내용 하나하나에 믿음이 갔다. 그 후 바로 실천에 옮겨 하루에 한 잔씩 아침 첫 오줌을 받아 마시기 시작해 3일째 소변이 깨끗해졌음을 확인했고 염증이 치료되고 있음을 느꼈다. 그리고 일주일쯤 지나서 외래 진료 때 소변검사를 해보니 정상이라고 하면서 의사가 의외라는 반응을 보였다.

그래도 약을 하루에 두 번은 복용해야 한다면서 15일분을 지어주었다. 집에서 약을 먹지 않고 요료법만 계속하다가 병원에 다시 가서 검사를 하니 역시 정상이라고 했다. 또 약을 하루에 한 번씩 한 달분을 지어주면서 먹으라고 했다. 역시 먹지 않고 한 달 후 병원에 갔더니 검사 결과 염증이 정상이라 했다. 그 후에도 계속해서 요료법만 열심히 했고 위장병과 변비, 우울증까지 완전히 해소되었다. 위장병은 무분별한 음식 섭취로 자주 재발하긴 했지만 요료법의 효과는 분명히 대단했다. 특히 성기능이 매우 약했는데 한 달간 오줌을 마신 후에는 완전히 회복되어 정말 신기하게 느껴졌다. 그리고 3년 동안 오줌을 마시다 끊었는데 13년이 지난 2004년 1월 갑자기 체력이 급격히 저하되고 새벽에 일찍 잠이 깨며 힘이 없고 몸이 떨리고 마음이 불안해 직장에 나가기가 자신이 없을 정도였다. 그때 다시 요료법을 시작했다. 역시 요료법을 다시 시작한 지 3일 만에 모든 증세가 깨끗이 없어졌고 7월 초 직장에서 종합검진을 했을 때 콩팥 기능 검사에서 좋은 결과가 나왔다. 요료법의 효과라고 확신한다.

지금까지 나의 경험으로 볼 때, 요료법으로 건강이 좋아졌다는 자신감으로 너무 안심하고 먹거나 무절제한 생활을 함부로 해서 무리하게 되면 몸에 고장이 쉽게 생긴다. 아무리 요료법에 대한 확신이 있어도 역시 건강의 기본 철학, 즉 무리하지 말고 음식을 절제 있게 먹고 마음을 편하게 하는 일에 노력해야 한다. 그렇지 않고 어리석은 짓을 하면 하루아침에 건강이 망가진다는 것을 알게 되었다. 건강이 좋을 때 항상 절제하는 것이 도의 길이요, 지혜로운 자라고 생각하며 요료법에 대한 좋은 서적을 펴낸 모든 분들에게 감사드린다.

장기덕(경기도 파주시)

1996년 9월부터 양돈에 요료를 이용하기 시작해 돼지 3,500두를 사육하고 있다. 본인 역시 요료를 실천하고 있으며, 그 덕택으로 몸도 좋아졌다. 신우염으로 고생을 많이 하다가 요료의 효험을 많이 본 그의 부인은 더 열심이며 주위 사람들에게 요료 선전도 많이 하고 있다.

장명숙(1949년생, 중국 연변시)

한국요료협회 강국희 회장님 안녕하세요?

교수님의 책『알고 보니 생명수』, 『오줌을 마시자』, 『철학이 있는 요료법』을 읽어본 후 엄청난 감동을 받고 즉시 그날부터 요료법을 시작했습니다. 특히 책의 체험 사례에 소개되어 있는 신장질환으로 고생하신 서울 서대문구 신승웅 씨의 치료 경험담을 읽고 얼마나 큰 믿음과 용기가 생겼는지 더없이 가슴이 부풀어 올랐습니다. 저도 엄중한 신부전증 환자이기 때문입니다. 2년 전 신부전증으로 진단을 받고 좋다는 약과 유명한 의사 선생님들을 찾아다니면서 열심히 치료했건만 병은 호전될 줄 몰랐습니다. 신장 투석할 정도는 아니고 혈압은 100/70이며 겨우겨우 걸어 다니는 상황이었습니다.

지난 2005년 4월 29일부터 오줌을 마시기 시작했는데 처음 며칠은 적게 마시다가 점차 양을 늘려 지금은 나오는 오줌을 거의 다 마시다시피 합니다. 워낙 병이 중하다 보니 호전반응과 병세를 분간하기 어렵습니다. 요즘은 신장 부위에다 하루 한 번씩 요습포도 하고 관장도 하고 마사지도 겸하면서 최선을 다하고 있습니다. 요료법을 2년간 꾸준히 시행한 결과, 제 몸은 이제 정상으로 회복되었으며 바깥출입도 자유롭게 하고 요료보급 활동에 적극 앞장서고 있습니다. 참고로 혈액검사 수치를 공개합니다.

	2년 전	현재	정상치
BUN	12.6 µmol/L	5.6	2.5~7.0
CRE	300 µmol/L	92	44~80
연변 병원에서 검사			

조옥순(중국 연길시)

신우신염으로 35년간 고통을 받으면서 약을 많이 먹었다. 오줌이 찔끔찔끔 나오며 쩌릿쩌릿하고 손발이 항상 차고, 엉덩이가 얼음덩이처럼 차서 여름에도 솜옷을 입고 생활했다. 온갖 약을 다 써보아도 소용이 없고, 엉덩이 쪽 피부에 구멍이 생겨 긁으면 피고 흐르고 아물지 않았다. 오후

1시부터 머리가 아프기 시작해 잠잘 때는 두 손으로 머리를 싸매고 잤다.

오줌을 먹고 7일째부터 발이 따뜻해지고 위가 편안하고 엉덩이의 냉기도 사라지고 검었던 얼굴색이 돌아오고 잠도 잘 자고 있다.

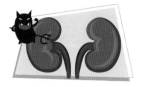

39
신장결석

　　가공식품을 많이 먹는 요즈음 신장결석이나 방광결석 환자가 많아졌다. 결석은 수산칼슘에 의해 형성되는 것이 43퍼센트, 인산칼슘에 의한 것이 39퍼센트이며, 요산 및 요산염에 의한 결석은 13퍼센트로 보고 있다. 오줌은 배뇨장애, 요폐증 및 비뇨기 방광의 모든 장애에 특별한 치료제가 된다. 뿐만 아니라 오줌은 신장과 배뇨관의 장애를 제거하고 이 부분의 주석응고를 용해시키며 요도결석과 요사(尿砂)를 파괴해 방출시킨다고 암스트롱 의사는 말하고 있다.

　　실제로 김옥정 씨(52세, 강원도)는 5일째 요료법을 하는 과정에서 오줌을 그릇에 받아보니 바닥에 새까맣게 가루가 부스러져 있는 것을 발견하고 확인해본 결과, 신장결석이 있었는데 이것이 녹아서 빠져나온 것이었다.

　　오줌이 산성인 사람은 요결석의 위험성이 있다. 요산은 중성이나 알칼리성에서는 용해되지만 산성액에서는 녹지 않기 때문이다. 소변이 산성이면 요산은 신장의 세뇨관 말단에 고여서 신장결석을 만들고 거기에 감염을 일으키면 신장염이 된다. 따라서 오줌을 알칼리성으로 유지해야 하는데 가장 좋은 방법은 생식하는 것이다. 생수와 생채식은 통풍과 신장결석을 예방하는 최고의 약이다. 통풍 환자에게는 일반인에 비해 1,000배 정도로 요로결석이 많다고 한다. 요산이 증가하는 이유는 체질적으로 단백질의 대사가 잘 되지 않기 때문이다. 요산을 배설시키거나 생성을 억제하는 약으로는 콜히친(colchicine)이 있으나 부작용이 있다.

김옥정(52세, 강원도)

교수님! 생명수를 알게 해주셔서 진심으로 감사의 말씀 드립니다.

저는 걸어다니는 종합병원이라는 말을 들을 만큼 여러 가지 질병으로 괴로워했지만 막상 병원에 가서 진료를 받아보면 아무 이상이 없다고 해서 의사 선생님과 논쟁을 한 적도 있었습니다.

저의 질병은 처음엔 기침이 심하게 나서 결핵이 아니냐는 말도 많이 들었습니다. 음식을 먹다가도 기침이 나기 시작하면 3분 정도는 숨이 막힐 정도로 심하게 하면서 가슴이 찢어지는 것같이 아파오는데, 한참을 진정하면서 목으로 치밀어 올라오는 끈끈한 거품을 다 뱉어내야만 기침이 멈춘답니다. 하루에도 몇 번씩 이런 일을 반복하다 보니 사람들과의 만남을 기피하게 되고 꼭 필요한 경우가 아니면 식사하는 자리를 피하게 되더군요.

병원에서는 이상이 없다고 하나 저는 너무나 고통스러워 약 처방을 해달라고 해서 2년 동안 치료해보았지만 차도가 없고, 담당의사는 선천성이라며 본인 스스로 조심하는 수밖에 다른 방법이 없다고 하여 체념하고 지내고 있었습니다.

또 한 가지는 쓸개에 담석이 8개나 있다는 것을 알았어요. 수술은 하고 싶지 않아 약물 치료만 받다 보니 통증이 없어 치료도 중단한 채 그냥 지내고 있었습니다.

왼쪽 허리부터 엉덩이 가운데 부분이 방바닥에 앉으면 통증이 심해 한참을 앉아 있을 수가 없었고요. 넘어져서 무릎을 다쳤는데 언제부턴가 계단을 오르내리는 것이 불편하고 걸음을 걷는 것도 부자연스러워 정형

외과에서 치료를 받아보았으나 잘 낫질 않았어요. 그리고 왼쪽 발엔 무좀이 생겨 물이 질질 흐르고 가려워 견딜 수가 없는데 치료를 해서 지금은 많이 좋아졌지만 계절이 바뀔 때마다 다시 재발하곤 한답니다. 뿐만 아니라 조금만 피곤하면 입안이 하루가 멀다 하고 헐어서 음식도 제대로 먹지 못하고 아파서 괴로워하며 지내고 있습니다. 병원 치료도 왜 하지 않았겠어요. 아무 소용이 없었어요.

그뿐이 아닙니다. 귀에서는 여러 가지 소리가 들리지 않나, 머리가 멍한 것이 어지러워 활동을 할 수 없을 만큼 심했으며, 눈이 뻑뻑한 것이 침침하기도 하고 한곳을 집중해서 볼 수가 없었답니다. 그리고 밤엔 잠을 잘 수가 없어 뜬눈으로 밤을 새우는 날이 많아지다 보니 아무것도 할 수가 없었죠. 병원에선 신경성이라며 수면제와 어지럽지 않게 하는 약을 처방해주어 복용해보았지만 별 효과가 없었습니다.

2년이라는 세월 동안 약을 복용했지만 차도가 없자 담당의사는 뇌 사진을 찍어보라고 하면서 신경정신과 치료를 받아보라는 것이었습니다. 저는 뇌 사진도 찍지 않고 병원 치료도 더 이상 받지 않기로 작정하고 하나님께 기도만 드리기로 마음먹고는 정성을 드리면서 하나님께 매달려 지내고 있던 중에 강국희 교수님의 요료법을 전해 듣고 '이것이다' 하는 생각이 들면서 그동안 오줌을 더럽다고 여겼던 편견을 버리고 다음 날 아침부터 요료법을 시작해 1주일 동안 많은 것을 발견하고 느끼게 되어 감사의 글을 올리게 된 것입니다.

첫날 아침에 오줌을 마시고 식사를 하지 않은 채로 있다가 점심 식사 하기 전에 두 번째 오줌을 마시고 점심을 먹었는데 배가 아프면서 설사가 나올 것 같아 화장실에서 변을 보니 너무나도 시원하게 설사가 나오면서 배설물의 악취가 얼마나 심하고 고약한지 코를 틀어막아야 했습니다. 변을 보고 나니 시원하면서 몸이 가벼워지는 것을 느꼈습니다.

둘째 날은 오줌 맛이 좀 싱거워졌다는 것을 느꼈고,

셋째 날 아침에 오줌을 마시려고 받아보니 그릇 바닥에 까만 모래 같은 것이 있어서 처음엔 용기를 잘못 씻은 것이 아닌가 생각했는데 그럴 리가 없다고 생각을 바꾼 후에 일단 오줌을 마시고 남은 것을 손으로 만져보니 돌가루 같은 것이었습니다. 곰곰이 생각해보니 쓸개에 있던 담석이 나온 것 같았습니다.

넷째 날 역시 관찰해보았는데 오줌 맛이 좀 시금털털하다 느꼈고,

다섯째 날 아침에 또다시 담석 가루가 조금 나오는 것이었습니다.

여섯째 날엔 단식을 해봐야겠다 작정하고 오줌을 많이 마시고 물은 조금 마셔보았는데 위가 팽팽해지고 아프면서 식은땀이 나고 쓰러질 것 같아 소파에 앉아 눈을 감고 조금 쉬고는 눈을 떠보니 눈이 밝아진 것같이 환한 것을 느끼면서 몸이 가벼워지고 피로가 싹 가시는 것을 체험했답니다.

오늘은 뱃살이 많이 빠진 것 같기도 하고 몸이 가벼워진 것 같기도 하네요. 밤에 잠이 너무 많이 와서 걱정인데 그동안 못 잔 잠을 모두 보충하려나 봅니다.

불과 일주일밖에 되지 않았는데 놀라운 일이 아닌가요? 너무나 많은 변화가 생겨 마구 자랑하고 싶고 많은 사람들에게 알려주고 싶어서 여기저기 전화로 알리고 있답니다. 보내주신 책자를 읽고 많은 상식을 얻어 열심히 홍보해서 보다 많은 사람이 이 대열에 동참할 수 있도록 노력하려 합니다.

교수님! 힘드시더라도 중단하지 마시고 계속 연구하셔서 좋은 소식 전해주세요. 정말 감사드립니다. 힘내세요.

40
심근경색

야기미노루(41세, 요료 3년)

심근경색을 경험해보지 않은 사람은 잘 모르겠지만 이것은 매우 위험한 질병이다. 갑자기 가슴이 조이면서 뒤틀리고 숨이 멎는다. 이런 증세가 나타나면 금세 죽을 것만 같은 공포감이 생긴다. 그러던 중에 오줌으로 암을 비롯한 모든 병을 치료하고 있다는 사노병원의 원장을 찾았다. 오줌의 과학성에 대한 설명을 듣고 그의 권유에 따라서 요료를 시작했는데 가장 먼저 좋아진 것은 혈압이었다. 항상 혈압이 180~110㎜Hg로 높았으나 오줌을 마시기 시작한 지 3개월 후에는 130~80㎜Hg로 내려가 정상화되었다. 심근경색의 후유증을 걱정해 항상 가지고 다니던 니트로글리세린 약도 이제는 필요 없게 되었다. 고질병이던 위궤양과 무릎 관절통도 치유되어 건강하게 지내고 있다.

41
심장병

천씨 부인(60세)

오랫동안 동맥경화로 고생하고 있다. 특히 심장 혈관이 좁아지는 심부전증이 있어서 지금까지 약을 많이 먹었다. 지난해에는 증상이 악화되어 가슴을 짓누르는 듯한 발작이 매일 계속되었다. 일본에서 유행하고 있던 요료에 관한 책을 동생이 보내와서 읽어보았다. 동생도 고혈압이었는데 오줌을 먹고 치료되었다고 하면서 간곡히 권하는 편지도 보내왔나. 그 책에서 체험담을 읽으면서 확신이 가는 부분이 있었다. 꼭 내 병이 낫겠다는 생각이 들었다.

다음 날 아침부터 오줌을 받아서 먹기 시작했다. 많이 먹을수록 효과가 빨리 나타난다는 말에 따라서 하루에 아침, 낮 두 번씩 400밀리리터를 마시기 시작했다. 평소에 잠잘 때 코를 고는 습관이 있었는데 요료를 시작한 지 2일째부터 코를 골지 않게 되었다. 이것을 본 남편이 요료의 효과에 놀라면서 특별히 나쁜 곳이 없지만 요료에 동참했다. 요료 시작 6일 만에 심장 발작이 멈추었으며 그 후 1년이 넘도록 한 번도 발작 증세가 나타나지 않았다.

오랫동안 변비로 고생했는데 요료를 하면서 배변량이 한동안 엄청나게 많아지더니 며칠 지나니까 보통 배변으로 바뀌면서 변비는 없어졌다. 본래 비만으로 배도 나오고 거동이 힘들었는데 요료 1개월 후부터 조금씩 빠지기 시작하더니 4개월 후에는 5킬로그램이 감소했다. 자연적인 감량이어서 힘들지 않게 체중을 줄인 것이다. 요료에 익숙해지면서 좋아하던 육류는 싫어지고 담백하면서 자연식품을 좋아하는 식성으로 변했다.

갱년기에 접어들면서 어깨결림이나 요통 때문에 숙면을 취하지 못하고 남편의 마사지를 받았는데 이제는 그럴 필요가 없어졌다. 머리 감을 때 머리칼이 많이 빠져서 속이 훤히 보일 정도였는데 요료 후부터 모발이 굵어지면서 탈모도 줄었고 까만 머리털이 솟아나고 있다. 그동안 건강에 좋다는 것을 먹기 위해 상당한 금액을 지출하면서도 별로 효험을 보지 못했다. 다행히 요료를 시작해 병을 고쳤지만 돈 한 푼 들인 것이 없다. 얼마나 고마운 일인지 친지들에게 적극 권하고 싶다.

42
아토피

우리의 몸은 약알칼리성일 때 건강한 체질이라고 한다. 그러나 과식, 과로, 약물 과용, 기타 요인으로 산성 체질이 되어가면서 각종 질병이 발생한다. 산성 체질을 가진 사람 중에 건강한 사람은 없다. 반면에 사람의 피부 표면은 산성이며 이것은 피부의 항상성 유지를 위해 매우 중요하다. 손상된 피부의 회복을 보면 산성 피부에서는 회복이 빠르고 중성이나 알칼리성에서는 회복이 느리다.

아토피성 피부염에서는 피부가 건조한 것이 매우 흔한 증상이다. 이러한 증상은 전체 아토피 환자의 82퍼센트에서 나타난다. 피부 건조는 소양증과 피부 태선화를 유발시키며 피부 장벽의 기능 저하로 여러 가지 자극 물질의 침입에 의한 자극 반응이나 진드기와 같이 정상적인 피부에서는 침입하기 어려운 항원단백이 쉽게 침입해 피부 알레르기를 쉽게 일으키며 재발을 반복하면서 만성화되어 난치성으로 되는 것이다.

김승안(33세)

다섯 살짜리 아들 쌍둥이가 있는데 아토피 피부염이 심해 잠을 못 자고 긁어서 피가 날 정도였다. 긁지 못하게 손가락을 헝겊으로 씌우고 좋다는 약을 다 써보았지만 소용이 없었다. 그러다 강국희 교수님에게 문의해 오줌이 좋다는 것을 알게 되었다. 긁어서 상처 난 부분에 오줌을 발라주면 가렵지가 않아서 잠을 잘 잔다. 얼마나 다행인지 모른다. 임신 중에 특별한 어려움은 없었는데 내 몸이 본래 알레르기 체질이라 아이가 그런 것 같다.

아이가 오줌을 안 먹으려고 해서 포도즙을 타서 먹이니까 받아먹는다. 오줌을 먹이면서부터는 얼굴 피부색이 좋아지고 잠을 잘 잔다.

박의영(남)

스물두 살 때부터 손바닥에 물집이 생기고 그 물집이 터지면 딱지가 앉았다가 벗겨지고 이런 과정이 반복되었다. 추운 겨울을 지나고 봄이 되어 일기가 따뜻해질 무렵부터 아주 심해진다. 군대에서는 물에 손을 자주 적시므로 더 심해져 아주 힘들었다. 손가락 끝이 다 벗겨져서 물건을 제대로 잡을 수도 없었다. 이런 과정을 거치면서 마흔 살이 되었다. 한때는 아토피가 심해 양배추를 삶아 먹어 효과를 보았으며 요령은 다음과 같다.

생 양배추 15개를 사서 세척해 잘게 자른 다음에 압착해 즙을 내어 비닐봉지에 넣어서 냉동시켜놓고 식전에 한 봉지씩 마셨다. 봉지에 묻어 있는 즙을 피부에 발라주면 소금을 바르는 것처럼 따끔따끔하지만 곧 시원해진다. 변비에도 좋고 건조한 피부에도 보습 효과가 나타난다.

또 다시마, 검정콩, 돌미역, 검정깨를 갈아서 꿀로 환을 만들어 아침에 열두 알씩 먹었다. 그러자 손바닥에 생기던 붉은 반점이 보름간 지속되다가 사그라지고 한 달 후에는 껍질이 벗겨졌다.

요료를 시작하면서 손에 물집 생기던 것이 없어지고 피부도 좋아졌다. 사업관계로 술을 자주 많이 마시기 때문에 맥주 먹은 다음 날에는 손바닥에 수포가 생겨 고생했는데 그런 증세도 없어졌다. 너무 신기하다. 또 변비가 심해 콘실을 항상 가지고 다니면서 먹고 있는데 물에 풀어서 먹어야 하기 때문에 번거롭다. 그러나 요료는 아주 편하게 이용할 수 있어서 변비에 정말 좋다.

집안에 폐암 환자가 있어서 권했는데 며칠 전부터 시행하고 있다. 좋아지는 느낌을 받고 있다고 이야기를 들었다.

강수경(여)

어릴 때에는 얼굴과 피부가 매우 고왔다. 중고등학생 때 팔 접히는 부분이 여름철에 약간 가려웠지만 겨울에는 가라앉아서 크게 불편함을 몰랐다. 그러다가 어느 해 여름에 선탠을 심하게 하면서 피부를 많이 태웠는데 그 후부터 얼굴이 가렵고 아토피가 심해져서 한약을 4개월간 먹어도 소용이 없고, 니와연고를 30만 원에 한 통 구입해 발랐으나 그때뿐이고 근본적인 치료는 되지 않았다.

우연한 기회에 요료책을 읽고 오줌이 건강에 대단한 효과를 나타낸다는 것을 알게 되었지만 마실 용기는 없었다. 우선 가려운 곳에 오줌을 발라보았다. 잠시 후에 피부가 촉촉해지면서 가려움이 없어졌다. 일단 효과를 보게 되니까 거부감도 없어지고 적극적으로 요료를 할 수 있게 되었다. 덕분에 지금은 깨끗이 나았다. 엄마가 나를 임신했을 때 속이 불편해 매운 것을 많이 먹었다고 하는데, 매운 것이 아토피와 관련이 있는 것이 아닌가 생각된다. 다른 분의 경우에도 임신 중에 매운 것을 많이 먹었더니 18개월 된 아이가 아토피로 고생하고 있다는 것이다.

오줌에서 항암물질을 분리하는 연구가 1960년대부터 계속되고 있으며, 1990년대 이후 최근에 와서 더욱 활발해지고 있다. 1966년 미국실험생물학협회에 디렉틴(DIRECTIN)이라는 이름으로 불리는 오줌 추출물이 암세포를 일렬로 배열한다고 보고되었는데 이것이 암세포를 정상세포로 환원시키는 능력을 가진 화학물질이라고 했다. 암 환자의 오줌에는 정상인과 다른 호르몬이 분비되고 여성 호르몬과 남성 호르몬이 들어 있어 전립선암이나 유방암의 전이가 일어날 때 본인의 성별과 반대되는 성 호르몬을 투여하면 좋은 치료 효과를 볼 수 있다.

위암, 췌장암, 직장암, 후두암, 유방암, 피부암, 척추암, 혈액암 등의 치료에는 수술, 항암제, 방사선 등의 수단을 동원하고 있으나 현재로서는 근본적인 치료가 어렵다. 암 조직을 조기에 발견하면 수술로 절제해 치료가 가능하지만 조금만 시기를 지나면 완치가 어렵다. 그러나 요료 전문 의사들은 각종 암의 치료에 요료가 좋다고 말한다. 몸의 자연 치유 능력을 강화시키면 모든 질병이 낫게 되어 있다. 오줌이 그러한 기능을 하는 것이다. 암이 너무 진행되면 오줌이 나오지도 않는다. 그러한 경우에는 건강한 다른 사람의 오줌을 받아서 계속해 마시면 자기 오줌이 나오게 되고 자기 오줌이 나오면 그것을 받아서 마셔야 한다.

간암

손유형(71세) 씨는 재일교포로서 국가보안법 위반으로 오랫동안 감옥살이를 했는데 건강이 매우 좋지 않았다. 감옥에서는 양질의 진료를 받을 수가 없을 뿐만 아니라 제한된 공간에서 생활해야 하므로 건강 관리에 한계가 있다. 이분과 함께 생활했던 분의 체험담은 이렇다. 우연히 일본의 인권단체 사람들이 위로차 방문을 왔을 때 일본 의사협회 회장 나카오 선생이 저술한 오줌건강법 책을 전달받았다. 그 책의 내용을 읽어보고 놀라지 않을 수 없었다. 감옥에서 자기 오줌을 먹는 것이니 이것이야말로 수형자들에게 필수 건강법이라는 생각이 들었다. 그래서 이미 간암 말기로 발전해 복수도 차고 수술 불가 판정을 받았지만 오줌을 먹어보기로 결심했다. 살길은 이것뿐이라는 생각으로 오로지 오줌에만 매달렸다. 그런데 기적이 일어나기 시작했다. 오줌을 마신 지 1개월 만에 병세가 호전되기 시작했으며 점차 몸이 회복되기 시작해 드디어 완치되었다. 감옥에서 나와 일본으로 돌아간 후에는 여기저기에서 요료법 인터뷰 요청이 있어서 TV에도 출연했고 요료 권장 운동에 앞장서고 있다.

갑상선암

사노(50세) 씨는 10여 년 전에 갑상선낭종이라는 진단을 받았는데 어느 날 갑자기 갑상선이 커지기 시작해 정밀 검사한 결과 깊숙한 곳에 암세포가 퍼졌다는 것이다. 사노 원장의 권유에 따라서 음뇨를 시작했다. 먼저 변비가 개선되었고 성격이 밝아지면서 차갑던 손과 발이 따뜻해졌다. 치료 방법은 항암제를 사용하지 않고 요료, 자연 영양요법, 그리고 면역요법을 사용하고 있다.

난소암

이것은 증상이 없기 때문에 70퍼센트 정도가 임상 3기에 발견되며 따라서 사망률이 매우 높은 난치성 질환이다. 41세 모 여성의 경우, 평소에 매우 건강하게 활동했는데 몸이 갑자기 좋지 않아서 1997년 1월 병원에 가서 진찰을 받았더니 의사가 구체적인 설명은 해주지 않고 곧 입원해 수술을 받아야 한다는 것이었다. "약물 치료로는 안 됩니까" 하고 물어보았지만 약으로는 치료가 불가능하다고 했다. 어쩔 수 없이 수술을 받았는데 난소암이라는 것을 알게 되었다. 수술 후에는 잠을 잘 수가 없었고 장, 가슴의 검사를 받았는데 장에는 이미 폴립(용종)이 생겼으며 가슴의 CT검사에서도 1센티미터 정도의 멍울이 있다는 것이다. 항암제 치료가 시작되었다. 그러던 어느 날 친구로부터 요료에 대해 이야기를 듣고 즉시 실천했다. 현미, 인삼 주스, 버섯 등을 먹으면서부터 배변도 좋아지고 원기를 회복했다. 현재는 혈액검사, 가슴과 배의 CT검사도 정상이라고 해 안심하게 되었다.

방광암

사쿠라이(59세) 씨는 수년 전에 어머니가 암으로 별세하자 체질적으로 자기 자신도 암에 약한 것이 아닌가 하고 염려했다. 1996년에 혈뇨가 나와서 비뇨기과에서 진찰을 받았더니 방광암이라는 것이었다. 주변 사람들과 상의해본 후 다른 권위 있는 병원에서 다시 검사를 받아보았지만 결과는 마찬가지였다. 좀 더 두고 진행 상태를 관찰해보자는 것이었다. 그러나 기다릴 수가 없어서 요료, 요단식, 식이요법을 병행했다. 40일이 지나서 방광경검사와 세포검사를 해본 결과, 암이 완전히 치유되었다.

유방암

44세의 한 부인은 빈혈이 있었고 체중 미달인데 한쪽 유방에 달걀

만한 혹이 생겼다. 담당의사는 곧 수술을 권했으나 본인은 수술을 거부하고 요단식을 실시했다. 매일 1.4리터의 생수를 마셨고 남편의 오줌으로 매일 전신 마사지를 했다. 양쪽 유방에 요습포도 붙이기를 반복했다. 12일 후에 병원에서 진찰을 받아본 결과, 유방에는 전혀 이상이 없었으며 빈혈도 사라지고 건강을 회복했다.

인후암

참파네리아(62세) 씨는 목에 인후암이 발생해 몹시 아팠다. 여러 가지 치료를 해보았으나 소용이 없었다. 요료를 시작해 하루에 세 번씩 오줌을 마시면서 요습포도 병행했는데 1개월 만에 암이 완전히 치료되었다.

직장암, 결장암

마루야마 씨는 12년 전에 직장암으로 진단받고 6개월 시한부 인생이라는 사형선고를 받았다. 암 부위를 수술로 제거했으나 다행히 인공항문은 부착하지 않았다. 수술 후에 몸 상태가 좋지 않아서 80일 만에 퇴원했다. 다른 수술 환자들은 3주일 만에 모두 퇴원했다. 그는 퇴원한 다음에 사노병원의 원장 선생으로부터 요료를 하면 몸이 건강해지므로 시험해보라는 권유를 받았다. 그날 즉시 세 컵의 오줌을 마셨다. 요료에 대한 신념을 가지고 마셨고 다른 부작용은 없었다. 음뇨한 후에는 나른하던 몸이 활기를 되찾았고 늘 계속되던 복부의 통증도 사라졌다. 병원에서 수술을 받고 그보다 먼저 퇴원했던 직장암 환자들은 이미 세상을 떠났으나 그는 아직도 건강하게 지내며 일을 계속하고 있다.

또 다른 남성 환자(62세)의 경우는 의사가 결장암이라고 진단 내리면서 수술을 권했다. 체중도 38킬로그램으로 감소하고 급격히 쇠약해지고 있었다. 의사가 권하는 수술을 거절하고 요단식을 했는데 3주 만에 완치되었다. 또 68세 된 분이 직장암에 걸렸는데 수술해 인공직장을 해야 한다고 진단을 받았으나 수술을 포기하고 음뇨법을 시행한 지 한 달 만에 완치되었고, 현재는 등산을 다니고 있다. 또 한 사람은 55세의 직장암 환자인데 8센티미터 정도의 암 조직이 직장을 압박하고 있었으며 긴급 수술이 필요한 상태였다. 수술을 하지 않고 9개월 음뇨한 다음에 엑스레이 사진을 찍은 결과, 암 덩어리는 보이지 않고 언저리에 약간의 흔적만이 남아 있었다.

척추암

1998년 6월 미국 교포 L씨 부인이 귀국했다. 암 투병 중이지만 죽기 전에 고향에 한번 다녀갈 생각으로 왔는데 통증이 심해 모르핀을 주기적으로 맞아야 했다. 이분의 조카는 필자와 친하게 지내는 의과대학 교수인데 요료에 대해 알고 있었으므로 이모에게 권했다. 워낙 통증이 심해 오줌을 받아 마셨는데 24시간 후에 통증이 없어졌고 무척 졸음이 왔다. L씨의 남편은 당뇨가 매우 심해 발톱이 썩어 들어갔는데 음뇨를 하면서 새 발톱이 솟아나왔다. 요료의 효능이 놀라워서 자료를 복사해 교민들에게 배포하고 있다. 척추암을 앓던 L씨는 오줌이 나오지 않을 정도로 악화되어 결국 1998년 9월에 사망했다. 요료의 효능도 어느 정도의 체력이 있을 때 기대할 수 있는 것이지 너무 때가 늦으면 소용이 없는 것이다. 이때 자신의 오줌이 나오지 않을 경우에는 건강한 사람의 오줌을 받아서 마시면 되는데 L씨는 이것을 실천하지 못했다.

췌장암

노씨(51세)는 지난해 3월에 검사를 받아보니까 당뇨병 증세가 있다는 결과가 나왔다. 5월이 되니까 몸의 상태가 이상해지기 시작했다. 다리가 묵직하고 몸은 나른해지고 결국에는 쓰러져서 병원에 입원했다. 여러 가지

검사 결과 췌장암이라는 것이었다. 머리카락이 점점 빠지고 기분도 울적해지고 눈이 침침해지며 몸의 상태가 매우 나쁘게 느껴졌다. 이때 어떤 잡지책에서 요료가 좋다는 이야기를 읽은 기억이 떠올랐다. 9월 중순부터 요료를 시작했다. 한번 마시고 나니 그다음에는 어려움이 없었다. 하루에 네다섯 차례씩 마셨고, 한 번에 맥주 컵으로 한 컵씩 마셨다. 한 달이 지나니 몸의 상태가 눈에 띄게 좋아져서 1주일에 한 번씩 통원치료를 받는다는 조건으로 퇴원했다. 그 후에도 요료를 계속해 이제는 피로감도 오지 않고 술도 가끔 마신다. 빠졌던 머리카락도 새로 자라나고 담당의사가 이제는 더 걱정할 필요가 없다며 놀라워했다. 요료가 아니고서는 치유될 수 없는 췌장암을 이렇게 결심 하나로 고쳤다는 자부심이 생겼다.

후지시마 씨도 당뇨병으로 고생하다가 쓰러져서 입원했는데 CT검사, 내시경검사 등을 받으니 간장도 나쁘고 췌장 입구에 암이 생겼다는 것이다. 이것을 요료로 치유했다.

폐암

윤씨의 아내는 2002년 고려대 구로병원에서 폐암 진단을 받고 치료를 받다가 퇴원했다. 당분간 집에서 쉬다가 그해 10월 일산 국립암센터에 입원해 CT, MRI 등 재검사를 받고 통원치료를 하게 되었다. 담당의사는 암의 진행 상태를 보아가면서 적절한 치료를 할 것이라고 했다. 3개월 후 1월에 재검진을 받기로 했으며, 진통제만을 받아 가지고 집으로 와서 요양했다. 집에서 1주일 정도 있으니까 복통이 왔는데 진통제를 먹어도 통증이 가시지 않았다. 참을 수가 없어서 다시 병원에 갔더니 변비 때문이라면서 변비 치료약을 주어서 받아 가지고 왔다. 그러나 변비약을 먹어도 해소되지 않고 복통은 계속되었다. 견딜 수가 없어서 다시 병원에 입원했다. 병원에서는 변비 때문이라면서 관장을 해주었지만 복통은 가라앉지 않았다. 그때서야 담당의사는 암세포가 자라서 그렇다고 하면서 12월에 재검진을 받기로 했다.

항암주사 처방을 받아 가지고 12월 16일 제1차 항암주사를 맞았다. 주사를 맞은 다음에 강도 높은 변비약을 많이 복용해도 변비는 더욱 심하고 통증은 가라앉을 기미를 보이지 않았다. 그러던 중에 윤씨는 친구로부터 요료 권유를 받고 막내딸과 함께 12월 28일 성균관대학교 생명공학부 세미나실에서 열린 건강강좌에 참석했다. 요료를 하면 배변이 원활해지고 통증도 감소된다는 말을 듣고 오줌을 마시기 시작했다. 요료책을 읽어보니 너무나 놀라운 치료 사례들이 소개되어 있었다. 요료가 아내의 병을 낫게 해줄 것이라는 믿음이 생겼다. 그러나 아내에게 오줌을 마시라는 이야기를 해도 전혀 받아들이지 않았다. 아내에게 시범을 보여주리라 생각하고 오줌을 한 컵 받아 가지고 아내가 바라보는 앞에서 세 번을 마셔 보였다. "내가 이렇게 마시는데 당신이 왜 못 마시느냐"며 온 가족이 함께 아내를 다그쳤다.

아내는 우리 등쌀에 못 이겨 12월 30일부터 오줌을 마시기 시작했다. 그러자 3일 후에 변을 보기 시작했다. 요료를 하기 전에는 하복부가 팽만해 풍선처럼 부풀어 올라 있었고 만지면 아파서 못 견뎠다. 이런 신체 변화를 겪어본 아내는 오줌을 마시고 남은 것을 아픈 부위에 마사지도 하면서 매우 적극적으로 요료를 실시했다. 요료 3일이 경과하자 상처가 아물고 팽만했던 하복부 부위의 통증이 가라앉기 시작했으며 단단하게 뭉쳤던 부위도 서서히 풀어졌다. 지금은 힘주어 문질러도 전혀 아프지 않고 오히려 시원하다고 하면서 너무나 신기한 오줌의 효과에 놀라워하고 있다. 이러한 오줌의 효과를 검증해 많은 사람들에게 홍보하고 싶은 마음이 생겨서 담당의사에게 요료의 효과를 설명하고 검증해달라고 요구했지만 끝내 거부했다.

우리나라의 의료계가 지나치게 환자의 알 권리를 무시하고 있다.

어느 병원이든지 보호자가 검사 내용을 알기라도 할까 쉬쉬하는 모습을 보면서 안타까움을 금할 수 없다. 의료 선진국에서는 치료 과정을 보호자에게 상세히 설명해준다는데 우리는 언제까지 환자와 보호자가 알 권리를 박탈당해야 하는지 답답하다. 보호자의 돈으로 검사를 했으면 검사 결과를 보호자에게 당연히 알려주어야 할 것이다. 아내는 요료 덕택으로 통증도 없어졌고 변도 잘 보고 있다.

서울에 거주하는 이두훈 박사는 2005년 현재 68세의 남자로, 30여 년 전 독일 남쪽에 있는 바젤러 대학 교수인 브라운 박사님에게 지도를 받으면서 7년간 생물학을 연구하던 중에 있었던 일을 소개했다.

몸에 아무런 이상은 없었지만 매년 정기적으로 신체검사를 받았다. 정해진 스케줄에 따라서 검사를 끝냈는데 결과 통보를 받고 보니 정밀검사를 받아야 한다는 내용이었다. 다시 일정을 잡아서 검사를 받은 결과, 폐암이라는 진단이 나왔다. 그래서 학업을 중단해야 되는 절체절명의 위기에 봉착했다. 지도교수님은 너무 걱정하지 말라고 위로해주시면서 치료를 받으면 건강을 회복할 수 있다고 했다. 독일은 보는 병원이 국립병원인데 Elgers hausen 병원에서 폐 수술을 받았다. 담당의사는 항암제를 처방해주었지만 지도교수님인 브라운 박사님은 항암제의 부작용을 설명하면서 먹지 말고 버리라고 하셨다. 의사 말을 따르느냐 지도교수님의 말씀을 따르느냐 고민해보았지만 교수님의 말씀에 신뢰감이 생겨서 결국 병원에서 주는 항암제를 받아서 화장실 쓰레기통에 버리고 먹지 않았다. 그리고 브라운 박사님이 가르쳐주시는 식이요법과 요료를 가지고 스스로 치료를 했다. 그 결과 병원에서는 수술하고 치료해 퇴원하려면 1년 이상 입원해야 한다고 했는데 회복이 빨라져서 8개월 정도에 완쾌되어 퇴원했다. 그 후로 지금껏 30여 년이 지났지만 건강하게 살고 있다. 그래서 지금도 암 환자들에게 식이요법과 요료를 적극적으로 권하고 있다.

교직 생활을 하면서도 학부형들이 암을 비롯한 여러 가지 질병을 앓고 있었고 학생들 중에도 질병으로 학업을 중단하는 경우도 있어서 나의 경험담을 들려주고 요료를 권유해 완쾌되는 것을 많이 경험했다. 난치병에 대한 요료의 치유 효과를 보면서 생물이 자기 체내에서 만들어진 배설물을 아무런 부작용 없이 받아들이고 질병을 치유한다는 원리가 정말 신기하게 느껴진다.

그 당시 18명의 암 수술 환자 중 병원의 처방에 따르면서 치료를 받았던 사람들은 6개월이 채 안 되어 14명이 사망했고 4명만이 살아남았는데 그 중에 내가 포함되어 있는 것이다.

나의 병을 낫게 한 것에는 요료가 크게 한몫을 했겠지만 브라운 박사님의 지시대로 식이요법을 했던 것도 효력이 있었다고 생각한다. 수술 후에는 보리와 통밀 등으로 만든 빵을 먹었으며 요구르트와 치즈도 많이 먹었다. 만일 요즘처럼 항암제 치료를 받고, 그로 인해 다른 장기들이 망가졌더라면 나는 생명을 잃었을 것이다. 강국희 교수님을 늦게 만나 요료에 대한 체계적인 공부를 다시 하면서 확신을 가지고 실천해 건강을 유지하고 있다. 지금 2007년에도 너무나 건강이 좋아서 행복하게 지내고 있으며 요료는 만병의 치료법이라고 확신한다.

광진구에 있는 큰 감리교회 박 목사님은 세브란스병원에서 폐암 진단을 받고 1년간 치료했으나 효과가 없었다. 병원 치료를 포기하고 삼각산에 올라가서 물도 먹지 않고 오줌만 받아서 3일간 마셨더니 5일 만에 암이 완전히 나았다. 7일째에 병원에 가서 진찰을 받아보니 폐가 다 나았다고 담당의사가 말했다.

혀암

파텔(51세) 씨는 혀에 암이 생겨서 식사를 할 수도 없고 침을 삼키는 것도 어려웠다. 친구가 요료의 효능을 설명하면서 이것은 감기에서 암까지 이미 임상적으로 검증이 끝난 것이므로 즉시 실천할 것을 권했다. 반신반의하면서도 워낙 고통스러우니까 오줌을 받아서 마시기 시작했다. 한번 마신 후에 입안이 부드러워지고 통증이 가라앉았다. 너무 효과가 빨리 나타나서 놀라버렸다. 꾸준히 매일 마시기를 계속했는데 얼마 되지 않아서 완치되었다.

후두암

제인(45세) 씨는 목에 암이 생겨 전기자극으로 치료를 받았는데 그 부분에는 암이 없어졌으나 다른 부분에 다시 암이 생겨서 심한 기침이 나오고 힘이 들었다. 요단식을 시작하면서 하루에 나오는 오줌을 전부 마셨다. 음뇨 후부터 몸이 가벼워지고 좋아지는 것을 느꼈다. 3일이 지나니 기침도 사라지고 음뇨를 계속해 완전히 체력을 회복했다.

암 수술 후에 악화되는 이유

암 발생 초기에 수술을 받으면 치료가 될 수도 있지만 그 시기를 놓치고 나서 병세가 악화된 다음에 수술하는 것은 오히려 증세를 악화시켜 사망 시기를 단축시키는 경우가 많다. 의사들은 위암의 경우에 조기암은 수술한 지 5년 후에도 생존할 확률이 100퍼센트이므로 조기 발견과 조기 수술을 적극 권장한다. 그러나 그 이상 단계까지 진행된 위암은 언제 어디에서 재발할지 알 수 없는 것이 현재의 실상이다. 이러한 경우에 의사가 할 수 있는 것은 가능한 범위에서 재발이 일어나지 않도록 그 부근의 임파선까지도 하나하나 확인하면서 제거하는 수술뿐이다. 수술 후에는 눈에도 보이지 않는 암세포를 잡기 위해 항암제를 투여하게 되며, 암의 종류와 정도에 따라서 다르지만 항암제의 투여량과 종류가 점점 더 많아져서 머리털이 빠지고 토하기도 하는 부작용 때문에 환자는 고통스럽다. 이러한 고통을 감내하면서도 10명 중 3명의 치유 가능성을 목표로 담당의사는 항암제 치료를 계속하게 된다. 항암제 치료 과정에서 죽어가는 사람도 있어 암 환자는 "걸어서 입원해 영구차로 퇴원한다"는 자조적인 표현도 나오고 있는 것이 현실이다.

암은 수술을 해도 안심하지 못하고 3년 내에 재발하는 경우가 대부분이다. 따라서 암 수술 환자는 수술한 다음부터 암과의 실제 승부 게임을 시작해야 하는데 체질 개선이 가장 중요하다고 사노(료료 권장 의사) 씨는 강조하면서 다음과 같은 의견을 제시한다. 양생에 의한 노력을 하지 않으면 2~3년 내에 반드시 후회해도 소용이 없는 암의 재발에 직면한다는 것이다. 따라서 암의 주치의는 환자 본인이라고 주장한다. 그러나 수술 환자의 대부분은 수술이면 안치될 것으로 확신하는 데 문제가 있다. 폴립, 혈관종, 기타 병명이 아리송해 알 수 없는 경우에도 특별한 경우를 제외하면 90퍼센트가 재발하므로 수술 후부터 진짜로 암과의 전쟁이 시작된다고 생각하는 것이 현명하다. 전문의들도 현실적으로 암 치료에 대해 60퍼센트 정도의 확신을 가지고 치료를 담당하고 있다. 그러므로 암 치료에 있어서 의사에게 전적으로 몸을 맡겨버리는 태도는 자신의 선택권을 포기하는 것이다. 암 치료에도 여러 가지 방법이 있으며 공부해 스스로 살길을 모색하는 다짐이 필요하다.

부모님이 암에 걸려서 고통스러워할 경우, 자식 된 입장에서 당연히 병원으로 모시지 않을 수 없으며 특히 종합병원에 모시는 것을 자식 된 도리라고 생각할 것이다. 입원한 경우에는 의사 진단에 따라서 수술을 하거나 약물 치료를 하거나 병원 측에 맡길 수밖에 없으며 의사가 수술을 권할 경우에 가족의 입장에서 거절하기는 매우 어렵다. 부모님의 고통을 하루라도 빨리 덜어드리고 싶은 심정과 수술하면 혹시라도 연명할 수 있을 것이라는 기대로 부모님의 몸에 칼을 대는 것이 내키지는 않지만 마지막 효도라는 막다른 길목에서 수술을 받아들일 수밖에 없으며 최선을 당부하는 것 외에는 방법이 없는 것이다. 그러나 암 수술을 받고 난 후에 다행히 건강을 회복한 사람도 있지만 수술한 지 얼마 되지 않아서 사망하는 경우에는 수술한 것을 후회하게 되며 수술하지 않았으면 좀 더 살아 계실 수 있었다고 안타까워하는 경우도 많다.

위암 수술의 세계적 대가로서 서울대학교 교수였던 김진복 박사(일반외과)는 1998년 퇴직할 때까지 32년간의 교수생활에서 1만 1,000건의 위암 수술을 해 세계적 기록을 세운 분인데, 면역화학 수술요법을 개발해 25퍼센트에 불과하던 3기 위암의 생존율을 45퍼센트로 향상시킨 공을 세웠다. 이와 같이 암의 수술요법도 조기암은 치료 가능하지만 암이 어느 정도 진행되면 수술의 부작용 때문에 치료가 어렵다. 현재 암의 치료법으로는 외과 수술, 약물 치료, 방사선 치료, 분자생물학적 치료(biologic theraphy)가 있지만 최근에 미국에서는 수술보다도 분자생물학적 치료(유전자 치료, 면역화학적 치료) 쪽으로 돌아가는 경향이 있다. 따라서 암 진단 결과를 보고 수술할 것인가, 아니면 다른 방법으로 할 것인가는 신중히 선택해야 할 환자 자신의 문제다. 수술해도 얼마 살지 못할 인생이라면 수술보다는 다른 방법을 시도해볼 필요가 있을 것이다.

암 수술을 하게 되더라도 의사는 수술의 결과에 대해 책임 있게 말하지 않는다. 다만 최선을 다해서 수술해보고 결과를 지켜보는 수밖에 없다고 말한다. 환자의 입장에서는 다른 대안이 없을 경우에 의사에게 맡겨버릴 수밖에 없으며 수술 결과에 대해 이의를 제기하지 않는다는 서약을 하지 않을 수 없다. 그러나 수술 후에 병세가 악화되면 차라리 수술을 하지 않았으면 더 좋았을 것이라고 후회한들 이미 때가 늦은 것이다. 수술이 왜 암을 더욱 악화시킬 수 있는가. 여기에 대해 의사 암스트롱은 여러 가지 사례를 소개하면서 수술로 인한 피해를 제시하고 있다. 비록 50여 년 전의 주장이라 하더라도 오늘의 현실에 비추어볼 때 참고될 이야기라고 생각된다.

　　　　암세포라는 것은 항상 체내에 존재하는 것이며 그것이 건강 상태에 따라서 악화되기도 하고 또 자연히 없어지기도 한다. 수술로 암세포를 완전히 제거할 수만 있다면 수술이 암을 치유하겠지만 그렇지 못할 경우에는 수술로 인한 면역력 감퇴, 항암제와 방사선 치료로 인한 부작용 때문에 수술하기 전보다 더욱 악화되어 조기에 사망할 수 있다. 항암제라는 것은 암세포를 죽이는 것인데 본래 암세포라는 것은 정상세포보다 더 활력이 강하기 때문에 암세포를 죽일 정도라면 정상세포가 먼저 죽게 된다. 또 우리 몸이 상처를 입게 되면 자체적으로 상처 난 조직을 원상 복구하려는 세포의 성장촉진인자(cell growth factor)가 왕성하게 작용하고 따라서 체내에 남아 있던 암세포도 자연히 증식이 활발해져 신생혈관 형성(angiogenesis)과 암 전이(metastasis)가 왕성해져서 수술하기 전보다 더욱 빨리 암이 악화될 수 있다. 신체 외부에 붙은 종양(혹)도 수술로 제거가 가능한 경우도 있지만 수술이 불가능한 경우도 있다. 혹이라는 것은 그 뿌리가 주변 조직에 널리 분포되어 있어서 혹을 제거해도 재발하거나 지나친 출혈로 생명이 위험하기 때문이다. 신체 내부에 있는 종양의 경우에도 수술이 가능한 경우도 있지만 그 병소의 뿌리가 주변 조직에 깊이 퍼져 있는 경우에는 수술의 위험성이 따르기 때문에 함부로 수술할 수 없는 것이다. 그러나 자연요법은 신체의 자체 면역 기능을 활성화시켜 종양이나 염증이 자연히 치유되도록 하는 것이므로 신체에 부작용을 주지 않는 완전한 치료법이 될 수 있다. 일본 니가타 의과대학 아보 도오루 교수(면역학)는 암 치료로 수술, 항암제, 방사선을 받지 말라고 권한다.

44
여드름

오줌에는 염증 치료 촉진, 피부 재생력 촉진, 상피세포 증식 촉진 등의 인자가 포함되어 있어서 오줌을 마시거나 얼굴에 바르면 여드름이 쉽게 낫는다.

김○호(1997 인천시립대학생)

여드름이 심한 편이다. 강국희 교수님의 강의를 듣고 오줌이 여드름에도 좋다고 해서 처음에 먹지는 않고 얼굴에 발라보았다. 바르고 나서 조금 후에 얼굴이 촉촉해지면서 로션을 바른 것보다 더 감촉이 좋다고 느꼈다. 다음 날부터는 자주 오줌을 바르고 조금씩 맛을 보면서 열심히 요료를 했다. 잠자기 전에도 얼굴에 바르고 마사지를 했으며 그 결과 한 달 만에 얼굴이 깨끗하게 되었고 여드름도 완치되었다.

이것은 질병이라 할 수는 없지만 노화 현상의 하나로서 어깨 통증을 말한다. 심한 경우에는 어깨를 움직이지 못하고 밥숟가락을 뜨지 못할 정도로 아프다. 이때 진통제를 먹거나 병원에 가서 근육이완제 주사를 맞는 사람들이 있으나 요료법으로 깨끗이 나을 수 있다.

최규순(경기도 수원시)

오십견 때문에 요료를 시작한 지 한 달 17일째 된다. 두 달 전부터 오십견이 와서 한의원 치료를 한 달 받았지만 효과를 보지 못했다. 이때 시아버지께서 요료법을 해보라고 하시면서 성균관대 강국희 교수님에 대해 알려주셨다. 37회 세미나에 참석해 요료에 대한 기본 상식을 얻었고, 그때부터 열심히 오줌을 마시기 시작하니 아프던 어깨가 1주일 만에 깨끗이 나았다. 지금까지 설사를 해본 일이 없는데 요료를 시작하고 설사를 한 번 했으며 속이 너무 시원했다.

세미나에서 교수님이 가르쳐주신 KAUT 기본 생식을 집에서 갈아서 먹고 있는데 속이 너무 편하고 배 속에 걸려 있던 덩어리가 쑥 빠져나간 것 같은 시원한 기분이 들었다. 하루 세 끼 모두 KAUT 기본 생식에 몇 가지 채소를 첨가해 먹고 있다. 며칠 전부터 한쪽 눈이 빨갛게 충혈되었는데 호전반응이려니 생각하며 병원에 가지 않고 견디면서 자연적으로 회복되기를 기다리고 있다.

46
우울증

　　현대사회는 과다한 경쟁, 넘치는 정보, 기타 여러 가지 요인으로 복잡하게 진행되는데 이러한 환경에 적응하지 못하는 사람들은 우울증, 불면증, 기타 정신적 질환으로 시달리게 된다. 최근에 이러한 정신질환이 매우 증가하고 있다. 또 직장 생활을 하다가 정년퇴임 후에 아무런 할 일이 없고 무료하게 지내면 공신적 공황 상태에 빠져 우울증이 생기는 사람도 있다.

　　정신병이 바이러스에 의해 생기는 것이라고 한다면 요료법의 효능을 기대해볼 수 있다. 요료법이 바이러스 질병에 강력한 효과를 나타낸다는 것을 아폴로눈병, 간염, 에이즈, 감기의 치료 사례에서 알 수 있기 때문이다. 미국의 가장 유명한 정신과 의사 풀러 토리 씨는 정신병이 바이러스에 의해 생기는 병이라고 했으며, 1983년『정신분열증 이겨내기』란 책을 펴냈다. 그는 정신분열증이 '나쁜 엄마, 불행한 가족관계' 때문에 나타나는 것이 아니고 바이러스로 인한 뇌질환일 것으로 보고 있다(2002. 3. 30 〈조선일보〉). 이 책을 감동 깊게 읽은 스탠리 씨 부부는 100만 달러를 기부해 스탠리 재단을 설립하고 세계 20개국의 정신분열증 연구를 지원하고 있다. 이 말대로 정신분열증이 바이러스 때문이라면 요료법의 신비한 효험으로 효과를 볼 수 있을 것이다.

이□희(1961년생, 광주)

우울증이 20년 이상 되었다. 약을 먹다가 요료법을 시작한 지 8개월이 되었는데 많이 좋아졌다. 소화력이 약해서 자주 탈이 났는데 요료법을 실시한 후에는 소화도 잘되고 2년간 계속된 설사도 멈추었다. 과식으로 하루에 30~40번씩 설사를 할 때도 있었는데 오줌을 계속 마시니까 피로하지도 않고 견뎌낼 수 있었다. 요료법을 하기 전에는 운전도 못했는데 지금은 운전도 하고 기분도 맑아졌다. 생식을 하니까 오줌 맛도 좋아졌다. 하루에 두 번 마시는데 양을 더 늘려야 할지 궁금해하다가 교수님의 말씀을 듣고 하루에 세 번씩 하기로 했다. 체력이 보강되니까 우울증도 극복하게 되었는데 아기를 유산한 후에는 운동도 안 하고 체력이 약해지니까 우울증이 다시 심해졌다. 그래서 운동을 열심히 하고 영양 보충도 하고 체력 보강을 하면서 견뎌내고 있다. 평소에 TV를 많이 보는데 교수님 말씀을 듣고 TV 보는 것을 줄이고 약도 끊고, 헬스에서 운동하는 것보다 무등산, 공원에 나가서 한두 시간씩 산책하기로 했다.

약을 먹으면 우리의 몸은 약에 의지하게 되므로 자생력이 발동되지 않는다. 그래서 약을 끊어야 몸 스스로 자체 치유력을 발휘해 회복이 빨라진다. 약을 끊으면 처음에는 힘든 고비가 있겠지만 그 고비를 이겨내야 한다.

이□희(42세, 전남 목포시)

2002년 4월 가슴에 피가 멎는 것 같고 어지럽고 몇 차례 땅속에 떨어질 것 같은 두려운 느낌이 들어 병원에 갔더니 공항장애라 했다. 신경정신과 약을 처방해주어 10일에 한 번씩 병원에 가서 약을 타다 먹었다. 문이 닫혀 있으면 갑갑하고 잠을 잘 못 잤으며, 밤 12시가 지나도 눈이 말똥말똥하고 가슴이 뛰고 불안함을 느꼈다. 오래전부터 팔다리에 붉은 반점이 자주 생겼다. 아이는 3명인데 큰애가 열일곱 살, 막내가 여섯 살이다. 3명 모두 수술해 낳았다. 첫아이는 혼전 임신해 불안했고, 둘째 출산 후에는 배가 아팠다.

당이 340 정도로 높게 나왔는데 2003년 4월 23일부터 요료법을 하니 당이 83으로 떨어졌다. 하루에 여러 차례 오줌을 마신다. 얼굴이 화끈거리고 어깨가 아프곤 했는데 요료법을 한 후로는 그런 증상이 없어졌고 몸이 많이 좋아졌음을 느낀다.

47
원형탈모증

아이자와(26세, 일본)

원형탈모증을 치료하려고 사노병원을 찾았는데 사노 원장이 "자신의 오줌을 마셔보세요"라고 권유해서 이 병원에 온 것을 후회했다. 그러나 그 요료로 인해 다른 병원에서 받는 어떤 치료보다도 만족하고 행복감을 느끼고 있다. 원형탈모증으로 인해 오랫동안 스트레스를 받았고 사회적으로 소외될 정도로 위축되어 있었다. 음뇨 시작 1주일이 지나서부터 가느다란 털이 나오기 시작했을 때의 기쁨은 무엇으로도 표현할 수 없다.

이명, 난청, 귓병

류정식(1940년생)

1965년 건국대 축산대학을 졸업하고, 1967년 일본 대학에서 축산 가공 기술 연수 및 동경대학 대학원에서 농업경제학을 공부하다가 불의의 사고를 당해 건강이 나빠져서 귀국했는데 여러 가지 주변 사정이 여의치 못해 건강이 점점 악화되었으며 이명, 환청, 난청, 신경통, 심신불안정, 불면증, 부정맥, 시력 약화, 실어증, 정신쇠약 및 정신분열증, 관절통, 요통, 보행불능, 식욕부진, 미각 상실, 후각 마비 등등의 증세를 보였다.

이러한 상태에서 식욕부진은 5, 6년간 지속되었으며 공복감을 느끼지 못해 식사는 살기 위한 의무감에서 억지로 먹었다. 후각 마비도 심한 상태에서 담배 연기나 커피 냄새, 대변의 냄새를 분별하지 못했고, 대변을 콧등에 발라도 전혀 느끼지 못해 이웃 사람들의 웃음거리가 되기도 했다. 뿐만 아니라 때때로 밤중에 한쪽 다리가 마비되어 쥐가 났으며 무기력 증세가 심해 항상 피곤하고 심할 때에는 식후에 그 자리에서 일어서지 못해 10분 정도 자리에 누워 있어야 했다.

여러 가지 치료를 해보았으나 별로 효험을 보지 못했다. 그런데 일본에서 온 친구로부터 나카오 의사가 지은 『기적을 일으키는 요료법』이라는 책을 받아서 읽고 일리가 있다는 생각으로 시작하면서부터 극적으로 회복이 빨라져서 지금까지 요료법을 계속하고 있으며, 주변 사람들에게도 적극적으로 권유하고 있다. 요료를 시작한 지 6개월 후에는 관절통, 요통이 해소되었고, 2년 후에는 모든 것이 완전히 정상 회복되었으며 젊은 사람들과 테니스를 쳐도 지치지 않을 정도로 체력이 회복되어 본인 스스로도 놀라고 요료의 효험을 확신하고 있다.

김정도(경기도 안산시)

오른쪽 귀에 염증이 심하여 고름이 흘러내리고 아파서 병원에 가니 담당의사가 평생 불치병이므로 자주 와서 그때그때 치료를 받으라고 했다. 지하철을 타면 옆에 있는 사람이 냄새난다고 하면서 자리를 떠나기 때문에 빈자리가 있어도 앉을 수가 없었다. 이러던 차에 강국희 박사의 오줌 이야기를 듣고 2009년 11월 16일부터 매일 오줌을 마시면서 귀에 넣기를 반복하였더니 한 달 되니까 염증과 냄새가 없어졌다. 5개월 후에는 가렵고 아프면서 회복되었으며, 2011년 5월에는 사진에서 보는 바와 같이 귀의 염증이 없어지고 깨끗해졌다. 담당의사를 찾아가서 오줌으로 불치병을 완치했다는 것을 말씀드리고 방송에 나가야 하니 완치 확인서를 작성해달라고 하니까 써주었다.

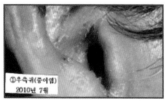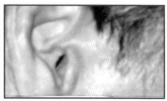

①우측귀(중이염)
2010년 7월

진단검사의학과 판독소견서

인간은 본래 완전한 형체를 갖추도록 창조되었지만 범죄, 환경오염, 식습관, 기타 질병 등으로 인하여 임신 과정에서 염색체 변조, 호르몬 분비 이상, 대사장애 등이 발생해 신체 조직이나 장기 발달에 문제가 생겨서 신체적인 기형이 되는 경우가 많다. 이러한 경우에 요료법을 하면 호르몬 분비의 정상화를 비롯한 신체의 신진대사가 원활하게 이루어져서 건강하고 총명한 아기를 출산하게 된다. 결혼을 앞둔 젊은 사람들에게 요료법을 보급시켜야 할 중요성을 강조하고 싶다.

SBS TV 방송에서 2005년 1월 29일에 방영한 〈그것이 알고 싶다 - 첨단의학의 그늘, 선천성 기형의 굴레〉라는 프로그램의 내용은 다음과 같다.

2000년 보건사회연구원의 조사에 따르면 기혼 여성의 낙태 원인 중에서 아이가 기형으로 진단받아서 낙태를 한 경우는 4.6퍼센트, '기형으로 의심되어서'를 포함한 기타 응답은 10퍼센트를 넘는 수치를 보이고 있다. 취재팀이 서울 소재 6개 병원에서 총 1,142명의 산모를 대상으로 설문 조사를 한 결과도 '선천적 기형이 진단되거나 혹은 의심된다면 낙태를 고려하겠다'는 응답이 무려 80퍼센트를 차지했으며 그 이유로는 대부분 치료에 드는 막대한 비용과 주위의 시선 때문이라고 답하고 있다. 결국 우리에게 선천적 기형아는 피하고 싶은, 원하지 않는 생명으로 취급받고 있는 셈이다.

선천적 기형은 대부분 산전검사 과정을 통해 파악된다. 일반화된 초음파검사 이외에 융모막검사, 혈액검사, 양수검사, 정밀초음파 등이 판별도가 높은 기형 진단의 도구로 활용되는 것이다. 물론 산전검사들은 태아와 산모의 건강 상태를 확인, 임신을 원만하게 유지하도록 하는 긍정적인 의미를 갖고 있다. 하지만 태아의 기형 유무를 파악하는 도구로도 활용되고 있는 것이 현실이다. 출산을 앞둔 산모에게, 또 의료진에게 산전검사는 쓰임새에 따라 상반되는 의미를 갖는 '양날의 칼'인 것이다.

사람은 태어날 때 건강하게 태어나야 한다. 고질병을 안고 태어나면 평생토록 고생한다. 임신 중에 태아의 건강을 위해 바람직한 것은 요료법이며 이것은 이미 여러 체험 사례에서도 입증되고 있다.

김희진 박사 가족(서울)

평택대학교 심리상담 전공 교수로 오랫동안 근무하다가 2006년부터 서울외국어고등학교 교장직을 맡고 있다. 며느리, 딸의 임신 과정을 지켜보면서 임신 중에 건강보조식품을 먹고 출산한 아기와 요료법을 실시하고 출산한 아기의 성장 과정에서 나타나는 건강 상태를 살펴보니 확실히 오줌의 효과를 인정하지 않을 수 없었다. 임산부가 건강보조식품을 먹고 낳은 아기 둘은 피부가 매우 건조하고 또 아토피성 피부염이 자주 나타나는데, 오줌을 먹고 낳은 아기의 피부는 정말 깨끗하고 건조하지 않으며 아토피도 전혀 없는 차이를 발견했다. 이것은 중요한 임상결과이므로 젊은 엄마들이 꼭 유념해 건강한 아기를 낳기를 바란다.

참고로 아토피성 피부염이 있는 아이들은 처음에 가려움증이 생겼을 때 본인의 오줌을 발라주니까 두 번 바르고 금세 가라앉았다. 아기들은 자주 아프기도 하고 열도 나고 감기도 자주 걸리며, 특히 아토피는 약도 없고 온몸으로 확대되어 잠도 못 자고 먹지도 못하고 성장이 멈춰버린다. 엄마로서는 너무나 애처롭고 안타까울 뿐이다. 오줌의 효능을 신뢰하고 초기에 아기에게 발라주면 아토피가 번지는 것을 방지하고 치유된다는 것을 유념하기 바란다. 손자 손녀들의 성장을 지켜보는 할머니의 충언이다. 요료법은 신이 내린 만병치유 요법이라고 확신하며 강국희 교수님의 보급 운동에 적극 동참하고 있다.

김씨 며느리(서울 동작구)

남편은 성균관대 경영대학원에 다니고 있으며, 결혼해 아기가 생기지 않아서 무척 고심했다. 한약도 먹어보고 병원에도 다니면서 도움을 받았지만 임신이 되지 않았다. 그래서 어머니가 요료법을 해보라고 권해 시작했는데 요료법을 시작한 지 3개월이 되던 2004년 12월 몸에 이상을 느껴 병원에 가서 검진했더니 임신 5주라는 것이었다. 얼마나 기쁜지 터지는 가슴을 안고 집으로 돌아왔다. 의사 선생님으로부터 임신이라는 말을 듣고도 차마 오줌을 먹었다는 말은 하지 못했다. 임신하기 전부터 요료법을 해서 출산 때까지 계속했다. 아기는 예정일에 건강하게 태어났으며 아토피도 없고 정상적으로 성장하고 있다. 요료법 아기를 출산한 산 증인으로서 이러한 체험기를 발표한다는 것이 너무나 기쁜 일이 아닐 수 없고 젊은 엄마들에게 임신 중에 꼭 요료법을 하도록 권하고 싶다.

카르멘(쿠바, 병원 생리학실 근무)

2003년 브라질 세계요료대회에서 발표한 내용이다.

남녀가 결혼해 건강하고 총명한 아기를 출산하는 것은 가문의 영광이며 행복의 씨앗이다. 그러나 최근에는 사회적 환경의 오염과 개인의 성윤리 타락으로 인해 생식기뿐만 아니라 여성의 자궁도 오염되어 태아의 난치병이 많아지고 있다. 이러한 환경에서 훌륭한 아기를 얻는 데 가장 안전하고 확실한 건강법은 요료법이다.

　　제3회 브라질 세계요료대회에 참가했던 카르멘 씨는 쿠바 대학병원의 생리학실에서 근무하고 있으며, 두 아이의 어머니다. 임신 중에도 요료법을 했고, 출산 후에도 모유를 먹이면서 틈틈이 엄마의 오줌을 아기에게 먹였는데 아기의 건강 상태와 발육이 아주 좋아서 예방접종도 하지 않고 있다는 내용을 보고했다. 오줌이 여혈(餘血)이라는 것을 이해하면 임신 중에도 안심하고 요료법을 할 수 있을 것이며, 출산 후에도 아기의 오줌을 먹일 수도 있고 아니면 엄마의 오줌을 먹일 수도 있을 것이다. 자궁의 오염이 태아의 아토피 피부염과 염증성 난치병을 유발시킬 뿐만 아니라 순환기 장애, 심장병, 기타 여러 가지 난치병의 원인이 된다는 것을 생각하면 결혼하기 전부터 요료법을 하는 것이 자궁 청소는 물론이고 임신 후 태아의 건강을 위해 꼭 필요한 것이다.

50
자궁물혹

이인식(65세)

이인식 여사는 교회에서 열심히 활동하면서도 몸이 좋지 않아 병원에 갔는데 자궁에 계란 크기의 암 덩어리가 있으니 수술해야 한다는 말을 듣고 매우 놀랐다. 곧 수술을 받으라고 권유받았지만 언니로부터 요료법이 좋다는 이야기를 듣고 수술비 70만 원을 교회에 헌금으로 내고 하나님께 맡기는 심정으로 요료법에 매달렸다. 6개월 후에 병원에 가서 진찰해보니 암 덩어리가 반으로 축소되었다는 것이었다. 무엇을 먹었느냐고 담당의사가 궁금해하면서 질문했지만 요료법을 한다는 이야기는 하지 못하고 하나님께 기도만 하고 있다고 대답했다. 담당의사는 또다시 수술할 것을 권유했지만 좋아지는 과정에 있으므로 그냥 견디겠다고 대답했다. 하나님이 만들어주신 몸에 칼을 대기는 싫다고 했다.

그 후 6개월이 지나 다시 병원에 가서 진찰해보니 암 덩어리가 완전히 없어졌다. 놀라운 요료법의 효능에 감탄하지 않을 수 없다. 하나님이 예비하신 황금의 생명수에 감사하고 또 감사할 일이다. 이러한 과정을 지켜보던 목사 사위가 처음에는 매우 심한 거부반응을 보였으나 암이 완치되었다는 사실을 알고부터는 인식이 달라졌다. 사위도 이제는 아이들이 화상을 입거나 넘어져서 멍이 들거나 조금만 다쳐도 오줌을 바르는 요료법 신봉자로 변신했다.

문승군 씨와 아내

십이지장염과 전립선으로 고생하던 중에 요료법을 알게 되어 열심히 했다. 십이지장염은 쉽게 치료가 되었는데 전립선은 2003년 8월에 진단을 받고 아직 결과를 예측하지 못하고 있다.

아내도 자궁에 물혹이 있어서 요료법을 20일간 하고 난 후 병원에 가서 검사하니 없어졌다고 했다. 아내는 좀 쉬었다가 요료법을 하겠다고 하지만 몸에 이상이 없으니까 게으름을 피우고 있다. 다시 마음을 다잡으면서 성공적인 요료법 부부가 되려고 노력한다.

김도순(1957년생, 경기도 고양시)

2000년에 류머티즘이 생겼는데 요료법을 하면서 운동도 열심히 하였고 식이요법도 병행해 3개월 만에 완치되었다. 중학교 교사로 근무하고 있는데 2004년 세브란스병원에서 검사한 결과, 갑상선 기능항진으로 심장박동이 빨라졌다고 하면서 난소의 물혹도 3센티미터 크기로 자랐으므로 약을 먹어야 한다고 했다. 그러나 약은 먹지 않고 내가 알고 있는 야채수프 식이요법과 요료법을 실시한 결과, 한 달 반 만에 물혹이 완전히 없어졌다.

51
장염증−과민대장증후군

현재 과민대장증후군은 전 세계적으로 가장 큰 문제점으로 부각되고 있다. 한창 활발하게 일할 나이에 신경을 많이 쓰는 직장인들이 배앓이와 설사로 고통을 겪고 있기 때문이다. 배가 살살 아프다가 설사를 하고 여름철에 물을 조금 많이 마시거나 맥주를 한 컵 마셔도 배탈이 나며 조금만 과식해도 소화불량에 걸리는 사람들이 있다. 이들은 대개 소화기 장애, 대장염, 십이지장염 등으로 불리는 질환을 갖고 있는 사람들이다. 체질적인 질환이라 생각하고 배탈이 나면 병원에 가서 약을 먹고 주사를 맞으면서 며칠간 음식을 조심해 먹으면 치유된다. 필자도 이러한 증세로 고생했다. 배가 아플 때는 당장 수술해 대장을 잘라내버리면 좋겠다는 생각도 했으나 나이가 들면서 차츰 개선되었다. 요료는 이러한 질환에 특효가 있다. 음뇨 하는 그날부터 당장에 효과를 본다. 필자의 경험도 그랬고 많은 사람들이 그러한 경험을 알려왔다. 장 내용의 변화는 매우 빠르게 나타난다. 장내 세균의 변화도 좋은 방향으로 개선되고 변의 색깔도 황금색으로 변하는데 이는 장내 부패가 억제된다는 증거다. 소화기 장애가 있거나 대장염, 십이지장염 등의 질환이 있는 분들은 꼭 요료법을 실천하기 바란다.

장씨 부인(62세, 경남 함양군)

항상 머리가 아프고 20년 동안 십이지장염이 있어서 조금만 과식해도 토하고 어지러워 병원에 여러 번 입원했으며 약값으로 한 번에 8만 원씩 지불했다. 입맛이 항상 쓰고 식욕이 없었다. 같은 고향 출신의 강국희 교수로부터 오줌이 모든 병에 좋다는 이야기를 듣고 무조건 믿고 마시기 시작했다. 다음 날부터 신기하게도 입맛이 돌고 쓴맛이 없어졌으며 10일째부터 머리 아픈 증세가 깨끗이 없어지고 소화가 잘되며 힘이 나는 것을 느꼈다. 20여 년간 시달리던 십이지장염의 지병이 오줌으로 돈 한 푼 들이지 않고 한꺼번에 완쾌되어 신기하게만 느끼면서 주위 사람들에게 열심히 선전하고 있다.

백씨(58세, 경기도)

우유를 조금만 마셔도 배가 아프고 설사를 했는데 요료를 하면서부터는 우유를 먹어도 속이 편하다. 40세 이후의 골다공증 예방을 위해 우유를 마실 수 있게 된 것이 무엇보다 기쁘다. 아시아인에게서 많이 나타나는 우유 배앓이는 우유에 들어 있는 유당을 소화하지 못해 일어나는 것인데 장세포에서 유당 소화효소의 분비가 없어지기 때문이다. 요료로 이것이 개선된다는 것은 장내 세균의 변화에 영향을 주고 장세포의 기능적인 변화도 일으키는 증거라 할 수 있다.

백성원(1940년생, 경기도 수원시)

평상시에 고혈압이 있었지만 약을 먹지 않고 사혈과 요료법으로 견뎌오다가 2004년 운전하던 중에 갑자기 코에서 피를 쏟으면서 옷을 피로 물들였다. 이때 마침 딸이 조수석에 앉아 있었기에 사고를 예방할 수 있었다. 혈압 높은 사람이 자동차 운전을 하면 긴장하기 때문에 혈압이 높아져서 이러한 출혈을 일으킬 수 있다는 것이다. 그때부터 혈압약을 먹기 시작했다. 2005년 9월 6일에 지하철을 타고 서울 나들이를 갔는데 친구들과 이야기하다가 점심을 못 먹은 채로 불광동에 있는 한의원에 가서 침을 맞았다. 원장이 '추나'를 배웠다며 자세 교정, 단전호흡 시에 장 충격요법으로 장의 위치를 바르게 한다고 하면서 약간 무리한 치료를 했다.

모든 처치를 끝내고 3호선 불광역에서 에스컬레이터를 타고 매표소 쪽으로 가다가 현기증이 나서 그 자리에 주저앉았다. 그때 마침 역무원이 119 구급차를 불러서 가까운 곳에 있는 청구성심병원에 긴급 입원했다. 그러나 정신을 잃어버리지 않았기 때문에 담당의사, 간호사들과 이야기를 나누면서 주사, CT 촬영을 사양했다. 병원에 오면 지시를 따라야지 왜 치료를 거부하느냐고 간호사들이 화를 냈다. 혈압을 재니 80~60이었다. 무리한 치료를 했던 한의사가 사고 연락을 받고 병원으로 쫓아왔다. 두 시간쯤 지나서 남편과 딸이 병원에 도착해 퇴원 수속을 하고 집으로 돌아왔다. 돌아오는 도중에 차 속에서 세 번이나 졸도해 정신을 잃었다 깨어났다 했다.

집에 와서 큰딸의 오줌을 한 컵 받아서 마시니 정신이 맑아지고 기운을 차릴 수 있었다. 역시 오줌의 힘이 매우 강하다는 것을 알았다. 혈압을 재보니까 97~60, 자고 나서 새벽에는 109~66, 오전 10시에는 123~60으로 정상화되었다. 정상 혈압이 120~80 이하인데 나의 혈압은 약을 먹지 않았을 때가 160~110 정도였다.

박기웅 목사

전립선 문제는 염증, 비대증, 암으로 구분하는데 염증이 있으면 고름이 생기고, 비대증은 요도관이 막히는 현상이므로 소변을 보기 어렵다. 나는 7~8년 전부터 전립선 비대증이었는데 할렐루야 소금을 먹었더니 소변이 잘 나왔다. 그러나 이것도 오래 먹으니까 부작용인지 몰라도 금식할 때 3일 이상 지탱 못 할 정도로 체력이 약해지고 병원 검사에서 간에 석회가 낀다고 해서 중지했다. 그 후에 야채수프를 먹기 시작했으나 처음에는 효과가 있었지만 시간이 경과할수록 체력이 약해짐을 느꼈다.

그리고서 오줌 마시기를 시작해 15일째 되니까 소변 보기가 확실히 편해지고 체력이 좋아지는 것을 느끼게 되었으며, 한 달 후에는 거의 정상 상태로 돌아왔다. 소변 보기가 어려울 때에는 더운물에 수건을 적셔서 그 부위에 갖다 대고 있으면 전립선이 부드러워져서 소변이 잘 나온다. 요료를 열심히 하고 있으나 지금도 찬 음식을 먹으면 소변 보기가 힘들어진다. 그래서 냉장고의 수박도 냉기가 가신 후에 먹는다. 몸의 신비로움에 새삼스럽게 놀랄 뿐이다.

이장현 교수(로타리클럽 회원)

　명동 로얄호텔에서 2006년 11월 9일 로타리클럽의 정기모임이 있었는데 강국희 교수의 요료 강의를 듣고 그날부터 오줌을 마시기 시작했다. 전립선에 이상이 있어서 항상 느낌이 안 좋았는데 오줌을 마시기 시작해 3일째 되니까 아주 좋아지는 느낌을 받았다. 오줌이 어떻게 이런 빠른 효과를 나타내는지 정말 신기하다. 그동안 전립선 때문에 항상 불쾌감을 느끼고 신경이 쓰였는데 내 오줌을 한 컵씩 마시는 것이 이렇게 효험을 낼 줄은 몰랐다. 가까운 곳에 답이 있다는 것을 새삼스레 느끼면서 그동안 혐오스럽게 생각해오던 오줌이 고질병을 낫게 한다면 빛 좋은 현대의학은 도대체 무엇인가 다시 생각하게 된다.

54
정력

오줌이 정력에 좋다는 것은 『동의보감』을 비롯해 333명 의사들의 공저 『현대의학』(1981, 학원사)에도 기술되어 있고 무엇보다도 중요한 것은 수많은 체험 사례가 나와 있다. 오줌의 효능을 확인하기 위해 아침에 발기하는 정도를 각도로 재서 보고서를 보내온 분도 있다. 하루에 한 컵 마시니까 15도 발기, 두 잔 마시니까 45도 발기, 세 잔 마시니까 90도 미사일처럼 효과가 있다는 것이다. 혈액순환이 좋아지고 영양분의 공급이 잘되고 마음이 편안해지니까 정력이 살아나는 것은 당연한 이치로 보인다. 왜 오줌이 정력에 좋은가? 여기에 대한 과학적인 근거를 요약하면 다음과 같다.

- 기혈순환의 촉진 : 발기는 기(에너지)와 혈액이 순환하는 힘
- 마음을 편안하게 하는 호르몬의 작용
- 양질의 영양소 : 활성 비타민, 아미노산, 무기질, 생리활성물질 등
- 남성 호르몬의 작용

김현정(Daum 카페 〈요료법 세상〉 소유자)
남편의 놀라운 정력 회복에 대해 소개합니다. 저는 전남 나주에 사

는 금년 55세 주부 김현정입니다. 남편이 2003년 9월 초순부터 여기저기 아픔을 호소하며 하루는 내과, 하루는 외과 통증치료실, 정형외과, 한의원 이런 식으로 병원 쇼핑을 다니기에 제가 종합검진을 받아볼 것을 권해 검사한 결과 위암 초기 진단을 받고, 대학병원에 가서 재검진을 한 결과 위암 전 단계인 선종이라고 했습니다. 병원에서 위내시경으로 선종제거 수술을 받고 투병 생활을 하고 있던 중 다시 남편은 전보다 더한 수십 군데의 고통을 호소하며 날마다 잠을 못 자고, 시간이 갈수록 수척해져 다시 신경정신과에 가서 검사한 결과 처음 위암 초기 진단을 받았을 때의 충격으로 심한 노이로제가 발병했다는 진단을 받고 정신과 약, 위궤양 약을 복용해 가며 투병 생활을 했습니다.

그런 투병 생활이 2003년 9월부터 2004년 4월까지 계속되었는데 남편은 몸이 정상에 가깝게 회복되어 친구와 다시 사업을 시작한 후 아침 일찍 나가고 저녁 늦게 들어오는, 남들이 보기에는 정상적인 생활을 하는 것처럼 보였지만 사실 우리 부부는 성생활이 2003년 9월 이후부터 전혀 이루어지지 않았고, 저 또한 남편의 건강만 되찾을 생각에 그런 생각을 못하고 지내오다가 아는 사람의 소개로 요료를 알게 되고, 마침 건강의 중요성을 뼈저리게 느끼고 있었던 터라 바로 받아들여 2004년 6월 12일 요료를 시작했습니다. 남편도 제가 좋아진 것을 확인하고 4개월 후인 2004년 10월 11일부터 시작했습니다.

요료를 부부가 같이 하고 있던 중 남편이 속옷 갈아입는 모습을 보면, 남편의 그것이 처절하게 말라비틀어져서 다시는 제 기능을 못할 것 같아 보였습니다. 그렇게 지내던 중 남편도 성욕이 조금은 생기는지 성관계를 요구해왔지만 사정을 참지 못하고 삽입하면 자신의 의지와는 상관없이 그만 사정해버리고 마는 것이었습니다. 그런데 문제는 남편의 태도였습니다. 조루증에 대해 전혀 심각하게 생각하지 않고, 마치 아프고 난 사람이니까 당연하다는 식이었지요. 화가 나서 하루는 잠자리를 갖고 난 다음 "정말 미쳐버리겠네. 이렇게 하려면 아예 시작을 말아야지, 아주 심장이 터져버릴 지경이야"라고 화를 냈더니 남편 왈 "그것 좀 못 해준다고 되게 지랄하네"라고 말하는 것이었습니다. 남편이 하도 당당하게 나와서 저도 지지 않고 맞받아쳤습니다. "젊은 년을 선택했을 때는 그만한 각오는 했어야 하는 것 아냐?"

남편은 아무 말 못 하고 잠들었는데 다음 날 출근하면서 저를 쳐다보지도 못하고 서둘러 집을 나가버렸습니다. 고개 숙인 남자의 뒷모습이었다고나 할까요? 그리고 저녁에 들어온 남편의 손에는 인쇄물이 들려 있었습니다. 받아보니 사정을 늦추는 운동에 필요한 식물성 젤과, 귀두에 뿌리고 사정을 늦추는 스프레이, 수술요법, 비아그라 등등이었습니다. 이런 것들을 인쇄해와서 보여주니 남편이 몹시 안쓰러웠습니다.

다음 날 저는 성인용품 가게를 찾아 광주로 향했습니다. 가게에 차마 들어가지 못하고 주변을 배회하다가 용기를 내서 들어갔는데, 안은 어두웠으며 눈에 들어온 풍경이 남사스러워 눈을 어디에 두어야 할지 몰랐습니다. 그래도 주인 아저씨가 늙은 사람이라 조금은 마음이 놓였습니다.

주인 아저씨 : 아줌마 무얼 찾으쇼?

나 : 우리집 양반이 조루증이라 심부름 왔어요.

주인 아저씨 : 아저씨가 몇 살이오?

나 : 우리집 양반, 예순세 살이에요.

주인 아저씨 : 예? 그것 서요?

나 : 예, 서요.

이렇게 말하며 스프레이와 식물성 젤을 사서 사용 설명을 듣고 집으로 돌아오는데 신세 한탄이 절로 나오더군요.

세상에 남편이 아프기 전에는 너무 자주 요구해서 옷을 다 입고도 자보고, 짜증도 내보고, 도망도 다녀보고 했는데 오늘날 제가 제 발로 이런 것을 사러 다닐 줄 누가 알았단 말입니까.

그 후 남편과 저는 식물성 젤은 한 번도 사용하지 않고, 스프레이를 귀두에 뿌리고 15분 있다가 씻고 부부관계를 하면 어느 정도 저를 만족시켜 주었습니다. 그렇게 3~4회 정도 스프레이 신세를 지고 난 다음 지금은 전혀 사용하지 않고 오히려 아프기 전보다 더욱 즐겁게 성생활을 하고 있습니다.

그럼 여기서 저와 남편의 체험 사례를 간단히 요약하자면, 저는 음뇨 10개월째입니다. 피로하면 잇몸이 붓고 피가 나며 음식을 씹을 때 마치 이가 스펀지 위에 심어진 것 같은 착각이 들 정도로 푹석푹석했던 증상이 없어졌으며, 변비와 탈모가 해결되었고, 발톱 무좀도 완치되었고, 팔꿈치의 고질병도 좋아졌습니다. 좌골신경통도 완쾌되었고, 발바닥과 발가락의 굳은살이 없어졌습니다. 편도선염과 편두통도 없어졌고요, 만성피로 때문에 몹시 힘들었는데 지금은 피로를 모르고 삽니다. 또 넓은 모공과 얼굴의 실핏줄이 완화되었으며 지금은 치아가 뽀얗고 상당히 매끄럽습니다. 저도 남편 못지않게 회춘하였고, 보는 사람마다 젊어졌다고 합니다.

남편은 음뇨 6개월째입니다. 얼굴색이 하얗고 윤기가 흐르며 소화도 잘되고 잠도 잘 자고 혹 잠을 덜 자도 전혀 피곤하지 않으며 늘 맑은 정신으로 생활합니다. 전립선 비대증이 시원스럽게 해결되었고, 손발이 늘 뜨거워서 말할 수 없는 불쾌감에 시달렸는데 그 부분도 어느새 치료되었습니다. 오줌 좌욕으로 치질도 치료되었고, 무엇보다 질병으로 인해 죽은 것 같았던 성욕이 요료로 다시 살아나서 같은 연배의 사람들과 비교할 수 없을 정도로 왕성해졌습니다. 말 그대로 회춘한 것입니다.

80세 노인(대구)

늙어가면서도 할망구하고 장난치면서 노는 재미가 있어야 하는데 거시기가 요즘은 말을 잘 듣지 않는다. 비아그라를 먹어보았지만 그것도 한때뿐이지 별로라는 생각이다. 그런데 오줌을 먹어보니까 비아그라는 아무 것도 아니다. 남자고 여자고 분비물이 마르면 애정도 고갈되어가는 법, 그래서 스프레이나 젤을 사용하게 되는데 사실은 오줌으로 만사 오케이야. 오줌을 컵에 받아 가지고 거시기를 적신 다음에 삽입하면 젤 바른 것처럼 잘되는 거다. 이것은 오줌으로 질을 세척해주는 효과도 있어서(요관질) 질이 젊어지고 건강해진다. 암 환자에게 오줌으로 요관장을 해주면 대장에서 오줌이 흡수되어 면역력이 높아지는 것과 같이 오줌으로 질을 세척해주면 질의 세포가 활발하게 재생되어 분비물이 잘 나오고 젊어진다. 이것이야말로 아내를 사랑하는 기술이다. 이 정도는 되어야 오줌의 진미를 느낄 수 있다.

55
질염

　질염은 여성에게 아주 흔한 질병이며 칸디다증 질염, 트리코모나스 질염, 염증성 질염 등으로 구분된다. 칸디다증은 피임약을 장기간 복용하거나 임신을 했거나 장기간 항생제를 투여할 경우에 자주 발생한다. 전체 여성의 75퍼센트가 질염이나 칸디다증을 한 번 이상 경험하고 45퍼센트의 여성이 연 2회 이상 재발해 고생한다. 증상은 심하게 가렵고 냉이 많아지고 성교 시 통증을 느낀다. 트리코모나스 질염은 냉이 많아지고 외음부가 가렵고 주로 성관계를 통해 감염되며, 방치하면 방광염으로 발전할 수도 있다. 염증성 질염은 원인이 확실하지 않으나 상피세포가 손상되어 농이 나오고 냉이 많아지며, 질과 외음순에 가려움증을 동반한다.

　사람의 몸에서 세균이 많이 살고 있는 곳은 입, 창자, 생식기다. 입은 외부에 항상 노출되어 있고 또 음식이 들락날락하면서 침과 섞여 치아 사이에 쌓이므로 자연히 세균이 잘 자랄 수 있는 조건이 된다. 입에서 냄새가 많이 나는 사람들의 경우는 부패 세균이 많이 증식해 치석이 생기고 염증도 일어나서 이로 인해 냄새 나는 휘발성 물질을 생성하기 때문이다. 입에 서식하는 세균의 종류는 대개 그 사람의 분변에 있는 것과 비슷하다. 그리고 창자에 있는 세균은 알려진 것만도 그 종류가 수백 개에 이르고,

숫자는 분변 1그램당 1,000억 마리에 이른다. 아직 밝히지 못한 종류도 그만큼 많다. 배양기술이 발전하면 점차 그 비밀의 세계가 밝혀질 것이다.

사람의 생식기는 매우 중요한 기능을 하는 곳이므로 항상 촉촉한 분비물이 흐르고, 역시 외부세계에도 노출되어 있으므로 오염을 방지하기 위해 유산균, 비피더스균과 같은 부패를 방지하는 유익한 세균들이 상존하고 있다. 그런데 몸의 면역 상태가 파괴되거나 어떤 원인으로 유익균의 분포가 감소하면 칸디다균, 트리코모나스균, 임질균, 연쇄상구균, 포도상구균, 대장균 등의 유해 세균이 증식해 요로감염과 생식기 염증을 일으킨다. 세균의 종류에 따라서 염증의 상태도 여러 가지이며, 질염, 질과 외음부의 가려움증, 성교 시 통증, 배뇨 시 외성기의 불쾌감, 질과 외음부의 화끈거림, 냉이 많아지는 현상을 일으킨다. 이러한 증상의 치료제도 많이 개발되어 있지만 재발 확률이 높고 완치가 어렵다. 병원에 가면 항생제를 주고 깨끗이 씻으라고만 하지 별다른 처방이 없다.

이러한 현상이 요즘 어린아이들에게도 자주 나타나는데 이것을 유아의 요로감염이라 하며 이것을 연구하는 요로감염학회도 설립되어 있다. 이것을 치료하기 위해 유산균에 대한 연구가 많이 이루어졌는데, 특히 락토바실러스(Lactobacillus), 비피더스균(Bifidus) 등이 효과가 있는 것으로 연구되어 판매되고 있다.

생식기의 감염 원인이 무엇인지에 대해서는 아직까지 병리학적으로 명확하게 규명되어 있지 않다. 세균의 외부 감염인지, 아니면 환자 숙주의 면역 내성이 약해져서 일어나는 자체 감염인지는 알 수 없다. 예를 들어 유행성 감기가 돌더라도 걸리는 사람과 걸리지 않는 사람이 있듯이 질염의 경우에도 마찬가지다.

이와 같은 질염에 대하여 윤인숙(광주) 씨는 항문과 생식기 주변이 몹시 가려워서 친구들에게 이야기했더니 오줌을 바르고 세척해보라고 권하기에 몇 차례 반복하는 사이에 깨끗이 나았다고 했다. 이런 사실을 제 41회 요료 세미나에서 자기의 체험 사실을 솔직하게 털어놓고 오줌의 효과를 놀라워했다.

최성철(1961년생, 울산 남구)

코안에 물혹이 생겨서 축농증 수술을 받았다. 담당의사는 항생제를 먹고 식염수로 코안을 세척하라고 했지만 받아온 항생제를 먹지 않고 생리 식염수 대신에 오줌을 코에 집어넣으니 코안이 편안하고 남아 있던 핏덩어리도 깨끗이 씻겨나오고 회복이 빨라서 의사도 놀라고 있다. 코가 항상 무겁고 찬 바람만 불어도 감기에 걸리고 코가 막혔는데 오줌으로 코를 세척하는 것이 매우 효과가 있음을 체험적으로 알게 되었다. 요료법의 효능에 매료되었다.

이명란(전남 목포시)

미장원을 운영하면서 코로 숨을 못 쉴 정도로 답답하고 힘들었다. 손님들과 대화가 힘들 정도로 곤란했지만 강국희 교수님으로부터 요료법의 요령을 지도받으면서 오줌을 마시고 코 세척을 매일 반복하자 완전히 치료되었다. 오줌을 매일 마시고 코를 세척하니 코안이 뻥 뚫리면서 머리가 맑아지고 숨을 쉬는 데 아무런 장애가 없어졌다. 요료법의 엄청난 힘에 놀랄 뿐이다. 목포의 많은 사람들이 요료법을 실시하고 있다.

김태식(서울 은평구)

강국희 교수님이 1999년 SBS 라디오 방송에서 했던 요료법 이야기를 듣고 오줌의 신비로운 효능에 매료되어 그날부터 바로 시작했다. 위장병, 관절염, 기관지 천식, 축농증 등 여러 가지 질병을 가지고 있었는데 병원에 다니면서 많은 약을 먹었고 치료도 받아보았지만 아무런 효과를 보지 못하고 약으로 인해 오히려 몸이 더 나빠지고 말았다. 그런데 요료법을 시작하면서 매일같이 조금씩 좋아졌다. 강 교수님은 내 건강의 은인이다. 스테로이드 약을 많이 먹어서 시력도 나빴는데 이제 아주 좋아졌다.

57
치루

민태익(대전 한국생명공학연구원)

생명공학 분야에서 모르는 사람이 없을 정도로 잘 알려져 있는 사람이다. 치질이 있었는데 다른 치료를 하지 않고서 요료법으로 깨끗이 나았다. 요료법이 너무나 신통해 학회 모임이 있을 때에는 으레 오줌 이야기로 꽃을 피운다. 나는 강국희 교수보다 훨씬 일찍부터 요료법을 알고 건강법으로 실천하고 있었지만 이것을 국민건강법으로 보급하는 데까지는 생각하지 못했다. 반면에 강국희 교수는 책을 펴내고 생명수 클럽을 조직해 체계적으로 보급 운동을 펴고 있어 존경을 표한다. 특히 매월 성균관대학교 강당에서 요료법 정기 세미나를 개최하고 있다고 들었기 때문에 2004년 1월 31일 32회 세미나에 참가해보았다. 추운 날씨였음에도 불구하고 많은 사람들이 강당을 꽉 메웠다. 100여 명은 되지 않았나 싶다.

58
치매

    노인성 치매 환자는 가족들을 매우 고달프게 한다. 2020년 한국의 65세 이상 노인 중에서 치매환자 수는 84만명에 이른다. 이들 중에서 73퍼센트인 16만 명이 가족을 떠나서 거리를 배회하다가 보호소로 들어가거나 보호소에서 가족에게 넘겨주더라도 다시 가출해 배회하는 것이 사회문제로 대두되고 있다. 1907년 독일인 의사 알로이스 알츠하이머(Alois Alzheimer)가 노인성 치매 환자의 뇌신경 말초에 플라크(plaque)가 형성되어 있음을 발견하고 이러한 증세를 '알츠하이머병'이라고 부르게 되었다.

    이 병에 걸리면 기억력이 상실되고 걸음걸이가 이상해지며 해괴한 행동을 하고 시도 때도 없이 먹을 것을 요구하며 방향감각을 상실하고 친지 집에 간다고 하거나 가족들 모르게 외출해 엉뚱한 사고를 일으키고 대변을 방바닥이나 벽에 칠하기도 하는 등 정상적인 생활을 할 수 없게 된다. 환자의 뇌에서 알루미늄, 수은 등이 많이 검출되어 이것이 원인일 것으로 보고 있다. 수은이 많이 검출된 것은 충치를 치료하기 위해 아말감을 사용했기 때문인 것으로 추측된다. 그 외에도 비타민 B1, B6, B12, C, D, E, 나이아신, 마그네슘, 셀레늄, 아연, 트립토판의 부족도 원인으로 보고 있다. 치매 예방에 요료가 좋다는 것은 앞에서 지적한 여러 가지 비타민과 미네랄, 아미노산 등이 오줌에 많이 함유되어 있어서 그것을 섭취함으로써 필요한 영양소 공급에 균형이 잡히는 것으로 이해되며, 그 외의 메커니즘이 어떻게 작용하는지는 아직 구체적으로 밝혀지지 않았다.

59
치주염

    40세 이후에는 치아와의 전쟁이라고 말할 정도로 치아의 중요성을 절실히 느끼게 된다. 젊어서는 아픈 줄 모르니까 치아에 대한 관심도 없이 지내다가 잇몸이나 치아가 아프기 시작하면 치과에 가게 된다. 처음에는 차일피일 미루다 치아가 흔들려서 병원에 가보면 치주염으로 치아 뿌리에 고름이 모여 있으므로 치료는 불가능하고 치아를 빼는 길밖에 없다는 것을 알게 된다. 우리 국민의 98퍼센트가 충치와 치주염을 앓고 있다. 그럼에도 불구하고 이에 대한 기본 교육이 잘되어 있지 않고 예사롭게 지내다가 갑자기 잇몸이 아프거나 치아가 흔들려서 치과에 가면 벌써 때가 늦었다고 하면서 치아를 뽑아야 한다는 것이다. 처음에 1, 2개는 뽑아도 큰 지장은 없다. 그러나 3개 이상을 뽑고 나면 음식을 먹을 때도 지장이 있고 치아를 해 넣어야 하며 더 심해지면 부분 틀니를 해야 한다.

장영식(사업가, 서울)
    성균관대 강국희 교수님이 개최하는 정기 세미나에 참석해 오줌의 치료 효과에 대한 강의를 듣고 놀랐다. 잇몸에서 피고름이 나오고 치아가 흔들려서 씹지를 못하고 있을 때였으므로 이것이야말로 내 치주염을 낫게

할 수 있겠다는 확신이 생겼다. 오줌을 입에 머금고 있다가 뱉어내기를 하루에 서너 번씩 반복했다. 시작한 지 3일 만에 잇몸의 상태가 좋아지는 것을 느꼈다. 1주일이 되니까 아프던 잇몸이 단단해지고 치아도 흔들리지 않게 되었다. 비로소 음식을 제대로 씹어 먹을 수 있게 되었으며, 이 놀라운 오줌의 효능을 사업 거래처에 알리기 위해 『알고 보니 생명수』 책을 100권 구입해 배포했다. 만나는 사람들에게 요료를 소개하는 사이에 '오줌 강사'라는 별명을 얻었다.

이영일 원장(서울 성동구)

스포츠의학을 전공해 의사면허를 가지고 건강 관리를 해주고 있다. 어느 날 하루는 잇몸이 아파서 약을 사 먹을까 생각하고 있는데 성동윤(수동요양병원 원장) 박사님이 오줌을 솜에 묻혀서 20분간 물고 있으라고 해서 그렇게 해보았다. 정말로 신기할 정도로 통증이 멎었다. 항생제를 사서 먹어도 그렇게 쉽게 낫지 않는다. 뿐만 아니라 약으로 인한 부작용도 있어서 되도록이면 약을 안 먹으려고 생각하는데 오줌의 이러한 효과는 매우 놀라운 것이다.

박씨(60세, 경기도 수원시)

현대 치과에서도 치주염은 사실상 치료가 불가능해 그때그때 긁어내고 심해지면 치아를 뽑아야 하는 것으로 알고 있는데 이것이 오줌으로 치료된다고 해서 시도해보기로 했다. 그동안 6개월마다 습관적으로 치과에 가서 치주염 치료를 받아왔는데 요료에 대한 이야기를 들은 다음부터는 치과의사에게 말하지 않고 매일 아침 오줌을 280밀리리터 정도 받아서 마시고 양치질도 했다. 이렇게 하여 9주 후에는 치주염이 완전히 없어졌다. 치과에 갔더니 의사가 깜짝 놀라면서 치주염이 치료되었고 건강 상태도 매우 좋아졌다고 하면서 비결이 무엇이냐고 물었다. 오줌으로 좋아졌다는 말은 못 하고 우연히 좋아진 것처럼 얼버무리고 말았다. 이렇게 좋은 치료약을 내 몸에 안고 있으면서도 몰라서 못 쓰는 것이 현실이다.

치주염이 치료 불가능한 국부 질환이라고 생각하는 것은 잘못이며 오줌과 생수만으로 단식을 하면 몸의 불순물이 세척되어 나가고 치주염은 저절로 치료된다고 암스트롱 의사는 말했다. 오줌을 입술이 튼 곳에 바르면 좋고 입에 물고 다니면 이와 잇몸이 튼튼해진다고 해서 페르시아 의사가 치주염의 치료에 오줌을 사용한 것이 치과 분야에서는 최초의 요료 활용이었다. 구강염, 치육염, 치주염 등에 오줌보다 더 좋은 약은 없다.

서대식(60세, 경남)

코골이는 자기 자신이 알지 못하기에 더욱 문제가 된다. 잠이 들었을 때 코를 골기 때문에 함께 있어본 사람이 말해주지 않으면 알 수 없다. 나는 몸이 좀 비대한 편이고 체중이 80킬로그램 나간다. 술을 마시고 잠을 자면 코골이가 심하다는 말을 자주 듣는다. 그래서 여행을 가거나 친구들과 함께 모여 밤을 지내는 경우에도 내 옆에서 함께 자지 않으려고 야단들이다. 잠시 눈을 붙이는 경우에도 심하게 코를 곤다는 말을 듣는다. 이런 소리를 자주 들으니 어떤 때는 소외감을 느끼는 경우도 있었다. 심하게 코를 골다가 숨을 멈추는 순간도 있다고 했다. 그렇게 되면 죽을 수도 있다는 말이다. 그래서 오줌이 여러 가지 질병에 좋다는 말을 듣고 코골이를 오줌으로 고쳐보기로 마음먹었다. 오줌을 컵에 받아서 마시기 시작하니 우선 몸이 가벼워짐을 느낄 수 있었다. 요료를 하기 전에는 배고픔이 심해서 식욕이 강했는데 오줌을 마시니 배고픔이 없어졌고 뱃살이 빠지기 시작했다. 아내의 말에 의하면 요료 3주째에 코골이가 현저히 약해졌다는 것이다. 요료법을 하면 혈액순환이 좋아지고 신진대사가 개선되어 코골이가 약해지는 것이라고 생각하면서 열심히 계속하고 있다.

61
타박상

임명호(1934년생, 경기도 수원시)

　나의 고향은 충청북도 진천군 백곡면 갈월리 서수부락(구엉말, 양지말)이며 이곳은 3개의 도가 겹치는 경계선을 이루고 있다. 진천읍에서 14킬로미터 북쪽으로 경기도의 학골재(해발 450미터)를 넘고, 다시 서쪽으로 450미터의 엽돈재를 넘은 뒤 다시 남쪽으로 450미터의 개천재를 넘어서 들어가는 오지 마을이다. 마을에 들어서면 하늘만 보이고 일조량도 하루 네 시간에 불과해 옛날부터 강원도 오지 마을 녹두밭머리 골짜기리고도 부르던 마을이다. 따라서 시장을 보러 가려면 동쪽 14킬로미터, 북쪽 16킬로미터, 남쪽 16킬로미터를 걸어서 험준한 재를 몇 개나 넘어서 가야 했다.

　나의 요료법을 이야기하기 전에 돌아가신 아버님(1900~1988)의 요료법을 먼저 소개하면 다음과 같다. 아버님이 생존하시던 때는 의료시설이 전혀 없고 인근 무면허 한의사의 도움을 받거나 민간치료법에 의존하고 있었다. 이때 오지 마을에 도난 사건이 발생했는데 때는 1941년 봄이었다. 지난겨울에 어머님이 베틀 작업으로 광목을 짜서 세탁한 것을 뒷동산 잔디밭에 펼쳐놓고 말리는데 대낮에 수십 필을 도둑맞았던 것이다. 수소문해 보니 양지말에 백 아무개 씨라는 뜨내기가 들어와서 살고 있는데 그가 가져갔다는 이웃 사람들의 증언이 있었다. 아버님이 찾아가서 어찌 된 일인가 물어보니 느닷없이 "나를 도둑으로 몰지 말라"고 하면서 사정없이 구타를 했다. 아버님은 정신을 잃었고 온몸에 피멍이 들고 타박상을 입었다. 마을 사람들이 아버님을 등에 업고 집으로 돌아왔는데 오직 민간요법만으로 치료를 했다. 변소의 지붕 짚을 태워서 재를 만들고 변소 뜰에 있는 황토와 반죽을 개어서 환부에 바르고 숙성된 오줌을 마시는 것이었는데 이 방법으로 아버님은 완치되었다. 그 후에도 매일 오줌을 드시면서 병원 한 번 가시지 않고 88세까지 건강하게 장수하셨다.

이러한 아버님의 치유 과정을 돌이켜보면 나는 오줌이 대단한 치유 효험을 가지고 있다는 것을 이미 오래전부터 알고 있었다. 그러던 어느 날 성균관대 강국희 교수로부터 요료법 이야기를 듣다가 문득 아버님에 대한 기억을 되살리게 되었다. 내 나이도 벌써 칠순이 넘었는데 죽을 때 죽더라도 죽는 날까지 건강하게 살기 위해서는 오줌을 마시는 것이 좋다는 말에 용심을 느껴 2006년 1월부터 마시기 시작했다. 매일 한 잔씩 마시는데 몸의 컨디션이 매우 좋아지는 것을 느끼면서 즐기고 있다.

옛날에는 비누, 샴푸도 없어서 오줌이 빨래, 세수, 머리 감기에 널리 이용되었다. 머리에 이가 생기고 비듬이 생겨도 숙성된 오줌으로 한 번만 감으면 모두 없어졌다. 할머니와 어머니께서 오줌으로 머리를 감으면 머리털도 안 빠지고 머릿결이 윤택해지며 기름이 잘잘 흐른다고 하시면서 애용하시던 기억이 새삼스럽다.

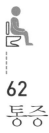

62
통증

이병걸

　우연한 기회에 요료를 알게 되어 거리낌없이 시작한 지 벌써 2년이 되어간다. 하루에 4~5번 생명수를 즐겁게 음용하고 있다. 오십견을 거뜬하게 이겨냈고 음용 횟수를 늘리고 줄이고 하면서 여러가지 명현반응도 경험하였다. 음용을 하기 전에 아팠던 곳은 틀림없이 명현반응이 온다는 것을 느꼈다.

　온몸의 통증으로 1년에 3~4회(2~3일씩) 어려움을 겪는 친구가 있다. 종합병원, 대학병원, 한방병원을 두루 다녀도 통증을 못 잡았다. 대한민국의 통증에 관한 약을 본인의 몸무게보다도 더 많이 먹었다고 말한다. 오줌을 권했더니 워낙 통증으로 고생했기 때문일까 선뜻 받아 먹기 시작하더니 이제는 본인 스스로 조절할 수 있는 단계까지 이르러 아주 건강한 생활을 하고 있다. 담당의사조차도 깜짝 놀라서 요료에 대한 이야기를 하니까 약과 함께 병행하면 더 좋은 효과가 있다고 하더라는 것이다. 담당의사는 자기도 알고는 있었지만 먼저 이야기를 못 했다고 고백하였다고 한다.

63
통풍

통풍은 일종의 관절염으로 보통 엄지발가락에 아무런 전조도 없이 하룻밤 사이에 갑자기 격렬한 통증이 오고 열이 나며 붓는다. 조금만 건드려도 펄펄 뛸 정도로 아프다. 걸을 수도 없고 발을 딛고 일어설 수도 없다. 체온이 섭씨 38도 정도로 오르고 발작을 일으킨다. 이것은 일정한 간격을 누고 새벌되니, 병이 더 악하되며 발바닥, 발목, 무릎관절, 손가락, 손목, 팔꿈치 등으로 진행된다. 이 병이 오래 지속되면 관절 주위에 통풍결절이라는 딱딱한 혹과 같은 것이 생겨서 발가락이 굽어지고 기능 장애를 일으킨다. 그리고 내장에도 영향을 미치는데 특히 신장에 작용해 신장결석을만들고 요독증과 같은 상태로 간다. 만성통풍의 경우에는 류머티즘 관절염과 구분이 잘 안 되는데 혈액검사로 쉽게 판명된다. 정상적인 성인 남자의 혈중 요산 함량은 7mg%이고, 성인 여자의 경우는 6mg%인데 통풍의 원인은 혈중의 요산이 증가하면서 결정체가 형성되고 이것이 관절 부위에 축적되어 급성관절염을 일으키는 것이다.

요산은 체내의 핵산 성분인 푸린(purine)이 분해되어 생성되는데, 푸린은 체내에서 합성되거나 조직세포의 핵산이 분해되어 생성되기도 하고 음식물로 섭취하기도 한다. 이러한 푸린은 요산으로 분해되어 70퍼센트가 오줌으로 배출되며 나머지 30퍼센트는 변으로 배설된다. 육식을 많이 할 경우, 고기 단백질이 체내의 대사 과정에서 요산을 많이 생성한다. 혈액에 요산이 많아지면 과뇨산혈증이 되고 여기에 추위, 부상, 피로 등의 스트레스가 몸에 가해지면 혈액 요산의 일부가 손발의 관절에 침착해 심한 통증을 일으킨다. 40세 이후의 남성에게 압도적으로 많으며, 젊은 사람과 여성에게는 극히 드물다. 현대의학으로는 통풍의 예방과 치료가 불가능하다. 콜치신이라는 약이 있으나 일시적으로 증상을 억제할 뿐이고 부작용도 있다.

통풍은 푸린 대사의 이상에서 오는 현상이므로 푸린 함량이 적은 음식을 섭취하는 것이 좋다. 오줌이 산성이면 요산 함량이 많은 사람이다. 요산은 중성이나 알칼리성에 용해되지만 산성에는 용해되지 않는다. 따라서 요산의 배설을 좋게 하려면 오줌을 알칼리성으로 유지하는 것이 중요하다. 그렇게 하기 위해서는 생수와 생채식이 좋고, 맥주에는 푸린 함량이 많아서 이것이 요산으로 전환되어 혈중 요산을 증가시키므로 과음하지 말아야 한다.

푸린은 정어리 통조림, 간, 뇌, 생선류, 육즙 등에 150~1,000mg/100cc, 베이컨, 쇠고기, 잉어, 닭국, 가재, 농어, 꿩, 비둘기, 돼지고기, 토끼, 양고기, 조개류, 송어, 칠면조, 사슴 등에 75~150mg/100cc 함유되어 있다. 그래서 육류를 좋아하는 사람에게 통풍이 많다. 요료가 통풍에 효과가 있다는 것은 하나의 복음이다.

이철 박사(강남성모병원 정신과 과장)

고혈압과 통풍이 있었는데 용화사 송담 스님이 요료에 대한 부처님의 이야기를 말씀해주셔서 오줌을 마시기 시작했다. 놀랍게도 3개월 만에 혈압도 내리고 통풍도 없어졌다. 현대의학으로는 고칠 수 없는 통풍이 오줌으로 치유된 것이다. 통풍의 아픔이 있을 때에는 요산치가 12 정도 되었는데 오줌을 마시니까 3개월 만에 거의 반으로 감소했다. 단국대학교에서 고령의 나이에 요료법 연구로 박사학위를 받은 김기일 박사의 논문 심사에도 참여했고, 강국희 교수의 저서에 체험담을 싣는 데에도 기꺼이 동의했다.

박형완(전북 전주시)

통풍이 있어서 연 1회 나타나는데 발가락이 붉게 부어오르고 통증이 심해 고통스러웠다. 백연사 월주 스님의 비서 평상 스님의 권유로 오줌을 마시기 시작했다. 요료법을 2년간 하루에 두 번씩 아침저녁으로 하고 있는데 통증이 상당히 줄어들었다. 담배를 하루에 세 갑씩 피우다가 금연하고 요료법을 시작했는데 체중이 불어났다. 신장결석을 두 번 앓았으며 허리에 항상 뻐근한 통증이 있었는데 요즘은 그런 증세가 없어졌다. 요료법을 한 후에는 피로가 없어지고 얼굴에 윤기가 나면서 몸의 컨디션이 좋아졌다. 요료법에 대해 확실한 신념을 갖고 꾸준히 실천하고 있다.

64
파킨슨병

이 병은 뇌세포가 파괴되어 도파민(신경전달물질)의 생성이 저해되어 일어나는 병이며 현대의학으로는 치료가 불가능하고 수술요법이 있으나 한계가 있다. 도파민은 베타-하이드록시라제에 의해 수산화되어 노르에피네프린이 되며 메틸트란스페라제에 의해 메틸화되어 에피네프린이 된다(『분자세포생물학』 pp. 571~572). 이러한 신경전달물질의 생성과 작용에는 칼슘과 칼륨 이온이 관여한다. 파킨슨병의 치료에 사용하는 것은 DOPA이며 이것은 화학합성과 효소법으로 생산하고 있다. 약으로서의 DOPA는 어디까지나 증상 완화제이며 약의 사용 기간이 오래될수록 투여량을 늘려야 한다. 이 약은 1970년부터 사용되고 있다.

장풍(61세, 서울 강남구)

기업체 사장을 18년간 역임했지만 당뇨부터 시작해 전립선, 심장병, 협심증, 파킨슨병을 앓고 있다. 요료법을 하기 전에는 당뇨 수치가 300이었는데 요료법을 시작한 지 20일 만에 170으로 떨어졌다. 걷지도 못하고 말도 제대로 하지 못했으나 이제 걸을 수 있게 되었고 말하는 것도 거의 회복되었다. 요료법의 위력에 놀랄 따름이다. 오줌 한 방울도 아까워서 버리지 않고 이용한다. 책『알고 보니 생명수』를 탐독하고 요료법의 신비를 널리 알리기 위해 주위 사람들에게 열심히 이야기하고 있다.

이인영(서울 강남구)

강남에서 제일 잘나가는 실내건축 사업을 하면서 너무 무리해 결국에는 건강이 망가졌는데 파킨슨이라는 고질병까지 생겼다. 10년 동안 온갖 노력을 다했지만 점점 악화일로였다. 그러던 중에 요료법의 정보를 공부해 보니 오줌의 항산화물질이 몸의 산화를 억제해 감기에서 암까지 모든 병을 예방하고 치유한다는 것에 매료되어, 2002년 7월 1일부터 요료법을 시작했는데 하루하루 좋아졌다. 매일 아침 오줌을 마시고 눈에 넣고 귀에 넣고 코로 마시고 했더니 거의 모든 기관이 정상화되었다. 10년 이상 막혔던 오른쪽 귀가 뚫렸으며, 걷거나 등산할 때 가슴이 아팠는데 이제는 뛰어도 이상이 없다. 희망적인 인생 후반전이 왔다고 할까? 어쨌거나 꾸준히 마시면 신선이 된다니 매일 아침 흰 기반 이상 오줌을 마시고 남은 것은 눈에 넣고 귀에다 퍼붓고 코로 흡입해보면 본인이 느낄 것이다. 정말 신기한 일이다.

65
피부병

　요즈음, 피부병으로 고민하는 사람들이 많다. 환경오염 물질의 체내 흡입과 그로 인한 내분비 교란의 영향 때문이다. 특히 여성들에게 많이 나타나는 여러 가지 형태의 피부병은 매우 고질적인 것들이다. 여드름은 한때 젊음의 상징이라고 해서 오히려 자랑스럽게 생각하기도 했으나 요즈음 피부병은 단순한 여드름이 아니다. 미혼 때는 물론이고 결혼한 후에 혹은 40대 이후에도 얼굴을 비롯해 전신에 뾰루지가 생겨 약을 발라도 그때뿐이고 치료가 되지 않는 경우가 많다. 내과전문의 이영미 선생도 얼굴의 종기 문제로 오랫동안 병원 치료를 받다가 몸이 점점 더 악화되어 마지막에 요료로 치료했다고 한다.

　이영미 선생은 요료의 놀라운 치유 효능에 감동해 『의사가 권하는 요료법』이라는 책을 출판했다. 이 책은 많은 사람들에게 감동을 주며 읽히고 있다. 피부에 가장 좋은 것이 오줌이라는 사실은 벌써 오래전에 영국 의사 암스트롱, 일본 의사 나카오 등이 책으로 출판해 국내에도 번역되어 있다. 피부 요료는 우선 바르고 마사지하는 것으로 생각하기 쉬우나 오줌을 먹지 않으면 효과는 그만큼 적어진다. 피부병은 인체 내부의 신진대사와 면역에 관련되어 있고 면역력의 약화로 나타나는 결과적 현상이므로 피부 표면에 약을 바르는 것만으로는 치료되지 않는다. 근본적인 치료는 신체 장기의 기능을 정상화시켜 면역 능력을 강화하는 것이다.

　　요료를 하면 피부가 희어지면서 매끈해지고 탄력이 생긴다. 화장품은 피부에 부작용을 일으키는 경우가 많아서 교환 반품하는 예가 많고 피부에 심한 발진이 생겨서 그 피해를 보상해달라는 소송 사건도 종종 일어난다. 2000년 전직 간호사 최모 씨는 모 회사의 화장품을 사용한 후에 눈 주위가 붓고 발진과 가려움증이 생겼다며 제조회사와 판매업체를 대상으로 5,000만 원의 손해배상 청구소송을 냈다. 이와 같은 화장품의 부작용은 보존제의 사용으로 어쩔 수 없는 면이 있다. 아무런 부작용이 없는 안전한 피부 미용에 오줌보다 더 좋은 화장품은 없다. 독성이 있는 화학물질을 얼굴에 바르고도 마음의 위안을 얻지 못하는 현대인들의 의식에 변화가 필요하다.

66
피부건조증

김윤호(경기도)

겨울이 되면 피부가 건조해 머리에 비듬도 많이 생기고, 특히 종아리 부분이 가려워서 긁으면 피가 나고 그랬는데 오줌으로 마사지를 시작하면서 그런 증세가 없어졌다. 저녁에 목욕할 때 실천할 수 있는 요마사지 요령에 대해 두 가지 경우를 소개한다.

첫 번째는 머리와 몸에 땀이 나서 샴푸나 비누를 사용해야 할 경우다. 우선 샴푸로 머리를 감고 비누로 몸을 씻은 후에 몸의 물기를 수건으로 완전히 닦아낸다. 그리고 미리 받아놓은 오줌을 손에 묻혀서 머리카락을 충분히 문지른다. 머리가 끝나면 다시 눈, 코, 귀, 얼굴, 목, 몸통, 사타구니, 항문, 다리, 발가락, 발바닥 쪽으로 오줌을 손으로 문지른다. 오줌으로 마사지하면 피부가 매끄러워지고, 내가 나 자신을 마사지하는 것이므로 스스로를 사랑한다는 신호이기도 해서 스킨십의 효과도 크다. 5분 정도 지나면 오줌이 피부에 흡수된다. 머리카락에 묻어 있는 오줌 방울은 작은 수건으로 닦아내고 몸을 그대로 말린다. 5분 정도 더 있으면 피부를 만져도 약간 촉촉한 느낌만 있을 뿐이고 오줌을 발랐다는 끈적끈적한 느낌은 전혀 없으며 감촉도 좋아진다. 다시 5분 정도 더 지나면 피부가 까슬까슬해 오줌을 바르기 전과 같은 상태로 된다. 냄새도 나지 않고 옷을 입어도 전혀 신경 쓸 필요가 없다.

두 번째는 낮에 땀을 흘리지 않아서 비누 목욕을 할 필요가 없을 경우로, 이때에는 물을 적시지 않은 상태에서 처음부터 머리, 얼굴, 목, 몸통, 사타구니, 항문, 다리, 발가락, 발바닥 쪽으로 오줌 마사지를 한다. 5분 정도 지난 후 머리카락에 묻어 있는 오줌 방울과 발바닥에 흘러내린 오줌은 작은 수건으로 닦아내고 방으로 들어와서 5분 정도 그대로 몸을 말리면 피부가 까슬까슬해진다. 발바닥이나 발에는 흘러내린 오줌이 묻어 있어 그대로 방에 들어오면 오줌이 방바닥에 묻으므로 수건으로 닦아내는 것이다. 오줌으로 매일 이렇게 마사지하면 피부건조증으로 인한 가려움증이 없어지고 아토피도 개선된다.

67
하지정맥류

권민주(충북 충주시)

　하지정맥류라는 병은 질병이라고까지는 말하지 않더라도 보통 사람들과 다른 신체적 부분을 가지고 있어서 붙여진 이름이다. 종아리에 핏줄이 지렁이처럼 꾸불꾸불 꼬여 있는 상태를 말한다. 하지정맥류는 오래되면 따끔거리고 아프다. 특히 독일 여성들에게 많이 나타나며 그들은 여름에도 핏줄이 보이지 않는 긴 스타킹을 신는다.

　결론부터 말하자면 아버지(권영우. 1939년생)는 하지정맥류가 심했는데 요료법으로 8개월 만에 완전히 없어졌다. 나는 어릴 때부터 잔병치레를 자주 하면서 자랐는데 인터넷을 통해 요료법을 우연히 접하게 되었고, 너무 신기하게 느껴져서 부모님께도 권해드렸다. 아무래도 연세가 있으신 부모님 건강이 염려되어 예방과 치료 차원에서 말씀드린 것인데 부모님은 단 한 번도 거부하지 않으시고 요료법을 당연스레 받아들이셨다.

　아버지는 요료법을 시작하신 지 1년 6개월 정도 되셨다. 66세이신데 요료법을 한 후 5년쯤 더 젊어 보인다는 말씀을 자주 듣는다고 하셨다. 이것은 오로지 요료법 덕택이라고 자랑스러워하신다. 어머니도 관절염, 잇몸 통증에 효과를 많이 보셨고 몸이 한결 가벼워지셨다고 한다. 아버지는 대장에 근종이 있어서 떼어낸 적이 있는데 요료법을 하고 나니 증상이 호전되었고, 지금은 거의 정상적인 생활을 하는 데 무리가 없다.

John Nowell(미국인, 한국 거주)

종아리에 하지정맥류가 심하게 나타나서 요료법을 하였는데 3개월만에 완전히 없어졌다. 미 8군에서 공보관으로 평생을 근무하고 은퇴 후에는 한국의 여러 기관에서 활동하고 있다. 강국희 박사의 요료법에 대한 이야기를 듣고 군인들에게 꼭 교육할 필요가 있다는 생각에서 미 8군 사령관에게 30분 브리핑을 하기로 하고 20분 정도의 영어 원고를 만들어서 강국희 박사가 열심히 암기까지 하였으나 사령관의 시간 관계상 결국 성사되지 못해 아쉬웠다.

68
해독 작용

오줌은 해독 작용을 할 뿐만 아니라 강장제의 역할도 한다. 뱀을 잡는 땅꾼들은 오줌을 한 병 담아 가지고 다니다가 뱀에게 물리면 즉시 오줌을 마시고 바른다. 6개월 동안 규칙적으로 오줌을 마시면 뱀독에 대한 면역력이 생긴다. 찬단고라는 독충에게 물리면 약이 없어 모두 죽는데, 오줌은 이 생물체의 독을 중화시키는 능력을 가지고 있다. 옻이 올라서 온몸에 발진이 솟은 경우에도 오줌을 바르면 해독된다고 해서 민간요법으로 활용되어왔다.

이시와바이 메타(25세) 씨의 경우, 뱀에게 물려 죽어가는 환자에게 오줌을 뉘여 피가 섞인 그 오줌을 환자에게 계속 마시게 하고 요마사지를 해주었더니 살아났다고 증언했다.

또 이런 사례도 있다. 개가 밖에 나가서 길을 잃고 단속반이 먹인 독약에 중독되어 죽게 되었는데 주인이 나타나 개를 집으로 데리고 가서 오줌을 한 컵 먹였더니 곧 해독되어 살아났다고 한다.

미야마쓰(1940년생, 일본, 사진작가)

탄광 노동자, 미국 항공사 승무원, 남미 생활 8개월을 거쳐 캐나다 원주민과 공동생활을 할 정도로 인생의 굴곡이 많았다. 또한 40세까지 못 산다고 할 정도로 매우 병약했고, 심한 노동으로 어깨와 허리를 다쳤으며, 만성적인 난청과 요통 등으로 고생이 심했다.

그러다가 데사이(Desai) 인도 총리의 인터뷰 기사에 자극받아 인도에 가서 직접 면회하고 나서 1981년 캐나다 토론토에 이주해 음뇨를 시작했다. 1983년 일본에 일시 귀국해 요료법을 잡지사에 소개했고, 1984년 『아침에 오줌 한 컵으로 시작을』, 1988년 『오줌 찾아 삼천리』를 출판했다. 음뇨 시작 며칠 후에 변화를 감지했고, 2주째 허리에 심한 통증이 하루 종일 몇 번씩 반복되었다가 1개월 후에 깨끗이 소멸되었다. 다음은 어깨에 통증과 소멸이 반복되었고, 3년째에 모든 통증과 나빴던 부분이 완전히 쾌유되었다. 현재는 하루 종일 서 있어도 피곤하지 않고 전차를 타도 앉고 싶지 않다. 요료를 10년간 계속 시행한 결과 지금은 매우 건강하다. 어머니도 8년 간 음뇨를 실시해 매우 건강하다.

70
혈구감소증

전영진(32세, 경북 포항시)

2004년 초에 몸살기가 느껴져서 포항병원에서 진찰받은 결과 원인 불명의 혈구감소증이라는 진단을 받았다. 1월 29일 경북 영남대학병원에 4일간 입원해 다시 검사를 받았지만 같은 결과를 얻었다. 백혈구 수가 3.1(×1000/㎕), 적혈구 수 4.14, 혈소판 수 21이었다. 이들 3개의 정상적인 혈구 수는 백혈구 3.8~10.58, 적혈구 4.23~5.59, 그리고 혈소판은 141~316이다. 그런데 백혈구와 적혈구는 조금 미달이었지만 특히 혈소판의 수치가 격감된 상태를 보이고 있었다. 병원에서는 범혈구감소증(凡血球減少症)이라고 진단하며 원인은 알 수 없다고 했다.

머리의 양쪽 정수리 부위가 쪼개지는 것처럼 아프고 견딜 수 없어서 어떻게 하면 좋을지 몰라 수소문하다가 생명수 클럽의 본부장님을 만나게 되었다. 이분의 권유로 요료법을 시작했고, 1월 30일에는 생명수 클럽 지정 수동요양병원에 입원했다. 성동윤 원장님으로부터 요료법의 효능에 대한 설명을 자세히 듣고 요료법에 대한 확신이 생겼다. 오줌을 마시기 시작하니 아프던 머리가 더 이상 아프지 않았고 몸의 컨디션도 하루하루 전반적으로 회복되는 기분을 느끼게 되었다. 병원이 산속에 자리하고 있어서 공기와 물이 맑고 깨끗한 덕분에 건강이 빠르게 회복되어갔다. 원장님은 회진하시면서 "이제 몸이 많이 회복되었으니 검사를 다시 해보자"며 2월 23일 네오딘 의학연구소에 검사를 의뢰했다. 혈액검사 결과는 나를 깜짝 놀라게 했다. 백혈구 수 4.99, 적혈구 수 4.8, 혈소판 수 174로 모두 정상 범위에 속했다. 요료법을 시작한 지 아직 한 달도 안 되었는데 이렇게 놀라운 효과를 보게 될 줄은 꿈에도 생각하지 못했다. 원장님도 이것은 기적이라고밖에는 말할 수 없다며 기뻐하셨다.

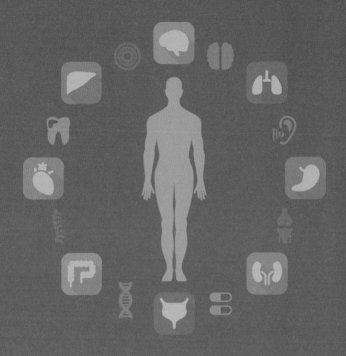

제5장

요료의 실시 요령

01
마시는 방법

아침의 첫 오줌을 유리컵, 도자기컵, 혹은 금과 은으로 된 컵에 받아서 마신다. 플라스틱 컵은 유해물질이 용출되어 나오므로 사용하면 안 된다. 비위가 약해 도저히 마실 수 없으면 처음에는 몇 가지 재료를 혼합해 만든 한약 달인 것, 커피, 요구르트, 적포도주 등을 타서 마시면 편하다. 냉장고에 넣었다가 차갑게 해서 마셔도 된다. 한두 번 마시고 익숙해지면 아무것도 첨가하지 않는 것이 더 좋다. 가능한 다른 것을 타지 말고 순수한 오줌을 마시는 것이 좋다. 요료를 시작할 때 가장 어려운 것은 오줌의 독특한 냄새다. 처음에 마시는 양은 맥주 컵으로 5분의 1 정도로 하고 점차 늘려나간다. 마시기가 어려운 사람은 우선 입안과 목젖 주위를 가글링하는 훈련을 할 필요가 있다. 요료는 흡연, 음주, 마약 등을 중지한 다음에 실시해야 한다.

건강한 사람

건강한 사람은 오줌을 마셔도 호전반응이나 효과를 별로 느끼지 못한다. 그러나 몸의 건강 상태는 계속 좋아지고 체력이 향상된다.

성인 : 아침에 갓 눈 오줌을 60~120밀리리터 마신다.

유아 및 아동 : 연령에 따라서 다르지만 차 숫가락으로 1~8숫가
락(30밀리리터)

가벼운 질병의 환자

감기, 기침, 복부팽만, 소화불량 등의 가벼운 환자들은 60~120
밀리리터의 오줌을 하루 2~3번 아침, 점심 식사 후 2~3시간, 취침 전 30
분에 마신다.

급성질환

열병, 위장염, 두통, 흉통 등의 경우에 가능하다면 먼저 따뜻한 온
수 900밀리리터로 관장을 한다. 2~4일 동안 음식과 음료수를 모두 중단하
고 단식하면서 오줌과 물만을 마신다. 이렇게 치료하면 2~4일 이내에 완
전히 회복된다. 단식이 끝날 때에는 오렌지 주스, 당근 주스, 우유, 가벼운
유동식을 소량씩 먹고 걷기 정상식으로 되돌아간다.

모든 만성질환

암, 나병, 결핵, 천식, 당뇨, 심장병, 피부병, 냉증, 변비 등
첫째 900밀리리터의 따뜻한 온수로 관장하고 3일에서 30일 동안
완전히 요단식할 것이며, 요단식의 기간이 길면 길수록 암 환자에게 더 효
과가 좋다. 오랜 기간 단식한 후에는 약 7일 정도 당근 주스, 우유, 가벼운
죽을 먹어야 한다. 요단식을 여러 날 하는 것이 불가능하다면 3일간만 완
전 요단식을 하고 4일째에는 저녁에 우유, 과일 등의 가벼운 음식을 먹는
다. 오랫동안 묵혀두었던 오줌을 가지고 머리부터 발끝까지 전신 마사지를
하면 더욱 좋아진다. 질병 초기에 요료를 체계적으로 실시한다면 위의 만
성질환들은 1~2개월 안에 모두 완치될 수 있다. 그러나 여러 가지 다른 치

료들로 인해 병이 악화된 상태에서 요료를 시행하면 시간이 그만큼 많이 소요되고 몸의 자기 치유 능력도 쇠약해진 상태이므로 요료의 효과도 늦게 그리고 약하게 나타날 수밖에 없다. 따라서 요료는 가능한 병이 생기기 전에 미리미리 시행하는 것이 가장 이상적이다. 몸이 부었을 때에는 오줌을 달여서 마시면 좋다.

동물의 오줌

옛날 집시들은 오줌을 건강 보약이라고 인식했으며 신장염, 수종, 다른 질병을 치료할 때 대량의 소 오줌(牛尿)을 마셨다. 어떤 농부는 20세에 폐병과 목병이 있어서 소의 오줌을 먹기 시작했는데 60년 동안 매일 2리터씩 마셨으며, 그 결과 80세에도 허리가 꼿꼿하고 병을 앓아본 적이 없었다.

아랍 지역에서는 이슬람의 코란에 근거해 마호메트의 권유에 따라서 낙타의 오줌을 의약용으로 사용해왔고, 특히 이것은 복수를 빼는 데 매우 효과가 좋은 것으로 알려져 있다. 낙타 오줌은 이뇨 효과가 있어서 천천히 복수를 빼는 데 좋고, 간 기능 회복에도 효과적이다.

싱가포르에는 오리 알을 말 오줌에 100일 동안 담가 쌀겨 속에서 숙성시킨 센트리에그(century egg)라는 것이 있는데 맛이 특이하고 건강에 좋은 식품으로 알려져 있다.

인도의 아유르베다(Ayurvedic) 약에서는 소의 오줌을 간경화, 두통, 고열, 만성 말라리아 치료에 사용한다. 소의 오줌은 변비약이며 또한 이뇨제다. 다른 지역에서는 양의 오줌이 소의 오줌과 같은 질병을 치료할 뿐만 아니라 황달을 경감시키고 기생충을 없앤다고 한다. 또 심장혈관 질병의 자극제로서 낙타 오줌을 이용한다(『신비의 생명수』, 2005, pp. 104~105).

신장결석을 요석으로 치료하는 이야기도 있다. 특정 동물이 같은 장소에서 수년 동안 매일 오줌을 누어서 형성된 요석을 약으로 사용한다.

요석은 벌꿀색 크리스털 모양의 돌로서 남아프리카의 높은 산에서 수집되고 시장에서 신장 질환을 치료하는 자연 치료사에 의해 팔린다.

마멋이라는 동물이 사는 곳에서 발견되는 자연적 수정을 요석이라고 부른다. 마멋은 뭉툭한 코와 짧은 귀, 짧고 털이 많은 꼬리 그리고 짧은 다리를 가진 설치과에 속하는 작은 동물인데, 특이한 식사를 하고 항상 같은 장소에 소변을 본다. 보고에 따르면, 마멋의 요석은 신장 이상에 많은 도움을 준다. 이러한 치료의 이점에도 불구하고 현대 의약에서는 여기에 대해 전혀 연구가 진행되지 않고 있다.

02
요관장

오줌을 60~90밀리리터 주사기에 담아서 항문에 주입하고 오래 머무르게 한다. 오줌은 대장에서 쉽게 흡수된다. 플라스틱 주사기는 끝이 날카로워서 상처를 내기 쉬우므로 사용하지 말고 큰 유리 주사기를 사용하는 것이 좋다. 유리 주사기의 끝은 매끄럽고 항문에 삽입하기 편하다. 오줌의 거품 현상이 요관장을 편하게 하고 상처를 아물게 하며 세정 작용을 한다. 오줌의 거품 현상을 계면활성력이라고 부르는데 이것이 바이러스와 세균을 분해해 죽이는 역할을 한다. 따라서 오줌으로 관장을 히고 머리를 씻는 것, 몸을 씻는 것, 질을 씻는 것, 눈을 씻는 것, 입을 씻는 것…… 이러한 모든 것이 오줌의 거품 현상을 이용하는 것이며 살균 효과를 나타낸다.

03
요관질

　　오줌으로 장을 씻는 것을 요관장이라고 하는 것처럼 오줌으로 질을 씻는 것을 요관질이라 한다. 외음부, 질의 내부, 항문 부위를 오줌으로 마사지하면 청결해지고 편안해지며 생식기의 가려움증, 질염, 치질 등의 병변 부위가 빨리 치료된다. 요관장의 요령을 이해한다면 질을 세척하는 방법은 스스로 생각해서 낼 수 있을 것이다. 여성이 나이 들면서 분비물이 적어져 부부관계를 하는 경우에 침을 바르거나 보조 젤리를 사용하는 경우도 있다. 침에는 세균이 많아서 질을 오염시키므로 삼가는 것이 좋고 젤리, 스프레이 등의 공업용품은 화공약품이므로 사용하지 않는 것이 좋다. 이러한 용도에 오줌을 사용한다면 질을 건강하게 보호하는 가장 이상적인 바이오 주스가 될 것이다.

04
요마사지 요령

요마사지는 요단식을 시행하는 동안에 필수적으로 시행해 환자에게 영양분을 공급해주어야 한다. 오줌은 영양이 매우 풍부한 피부의 영양 로션이며 양손을 사용해 오줌을 피부에 발라준다. 오줌으로 몸의 각 부위를 바르고 문지르면 기름 바르는 것처럼 미끌거리는데 이렇게 하는 동안에 팔과 손을 많이 움직이게 되므로 좋은 운동이 되며, 오줌의 정보는 근육 깊숙이 스며들어 완벽하게 전달된다. 오줌을 사용하지 않는 마사지는 파괴된 조직을 재생시키지 못한다. 피부는 액체와 공기를 모두 흡수하는 기능을 가지고 있다. 요단식을 하면 심장과 신장이 비정상적인 활동을 하게 되므로 심장 맥박수가 자연히 증가한다. 심장은 오줌을 소화하기 위해 더 많은 일을 하게 되며 빨라지는 것이다. 요마사지는 이런 부작용을 제거하는 역할을 한다.

최소 4일 이상 된 오줌으로 습진, 암, 식중독 발진, 벌레 물린 곳, 여드름 등의 모든 피부병 부위에 요마사지를 하면 좋다. 최소 20분 이상 계속하는 것이 좋으며, 1시간 정도 마사지하는 것이 바람직하다. 오줌은 미인들의 피부 마사지, 남성들의 심벌 마사지로서 감추어진 비밀이다. 유리병 500밀리리터짜리 4개에 차례대로 오줌을 받아 보관하면서 1번부터 차례로 매일 한 병씩 따뜻하게 데워서 사용한다. 암모니아 성분이 있어서 오줌은 전신으로 퍼져나간다. 마사지를 하면 전신에 축적되었던 독소가 파괴되어 빠져나가고 오줌에 함유된 비타민, 아미노산, 호르몬, 효소, 무기질 등의 영양소가 신체 각 조직에 공급된다. 마사지하는 양손은 머리에서 아래로, 발끝에서는 심장을 향해 움직여야 한다.

요마사지는 1시간 정도에 걸쳐서 실시하고 따뜻한 햇빛 아래서 1시간 정도 휴식을 취한 다음에 미지근한 물로 샤워하면 되며 비누는 사용하지 말아야 한다.

마사지 순서는 다음과 같다.

①이마, 얼굴, 목 부위의 마사지 : 30분

②복부와 등의 마사지 : 20분

③양쪽 팔과 팔뚝 마사지 : 15분

④양쪽 허벅지, 다리의 마사지 : 15분

⑤발바닥과 발의 마사지 : 5분

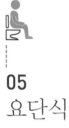

05
요단식

1956년에 77세의 나이로 별세한 영국의 암스트롱은 의사로서 자연요법을 매우 신봉했으며 요료법 책을 1944년에 출판해 지금까지도 전 세계 서점에서 판매되고 있다. 특히 그는 단식하면서 오줌을 먹는 요단식법을 개발해 수많은 난치병 환자들을 치료했다. 물만으로 단식하면 사람이 허약해지지만 요단식은 오줌을 통해 충분한 영양 공급이 되므로 환자는 허약해지지 않는다. 기록에 나타난 최장 요단식 기간은 101일이다. 이렇게 오랜 기간의 요단식은 음뇨와 요마사지를 병행하지 않으면 불가능하다.

특히 비만을 걱정하는 사람에게 요단식법이 특효약이라는 것을 알려주고 싶다. 살이 빠지는 과정에 대해 암스트롱은 면역이 증강되니까 자연히 지방분해 효소가 활성화되는 것이라고 확실한 치료 경험으로 입증하고 있다.

그는 요료를 구약성경의 「잠언」 5장 15~18절 "네 샘에서 나오는 물을 마셔라"는 구절에서 힌트를 얻었다고 한다. 그리고 요료에 대해 ①약을 쓰지 않는 치료법, ②질병의 치료법이 아니고 건강을 위한 예방법, ③경제적 지출 없이 자기 자신의 확고한 신념과 용기만 있으면 가정에서 실천 가능한 것이라고 했다.

요단식으로 효험을 본 몇 가지 사례와 실시 요령은 다음과 같다.

① 50대 부인, 79킬로그램 : 여러 가지 식이요법과 단식을 해보았으나 끝내고 난 후에 다시 식사를 시작하면 단식 전보다 더 빨리 체중이 불어났다. 그래서 요단식을 시작, 매일 오줌으로 마사지하며 오줌과 물만으로 단식해 14일 후에 체중이 64킬로그램으로 감소했다. 이 수준에서 균형 잡힌 식사를 하면서 하루 두 끼만 먹도록 해 체중을 유지하고 있다. 매일 자기의 오줌을 마시며 50세가 넘었지만 33세 정도로 보인다.

② 월경불순, 냉 : 월경이 2주씩이나 계속되는 현상이 너무 오래 지속되고 자주 있어서 2년간 고통스러웠다. 요료를 시작했을 때 처음에는 피가 섞여 나왔으나 그래도 용기 있게 마셨다. 단식 기간에 매일 생수를 1~2리터씩 마셨다. 3일 후에 오줌이 정상으로 나왔다. 정확하게 28일간 요단식을 했고, 매일 건강한 사람의 오줌으로 전신 마사지를 1시간씩 한 결과, 월경불순과 오래된 코의 알러지(카타르), 귀가 점점 어두워지는 증상도 없어졌다. 냉이 많아서 항상 신경이 쓰였으나 어느 사이에 느끼지 못할 정도로 없어져서 기분이 상쾌하다.

③ 신장염 환자 : 체중 48킬로그램의 여성으로 신장염의 고통이 심해 병원에 갔으나 회생 가능성이 없다는 사형선고를 받았다. 결국 오줌과 냉수만으로 30일간 단식하면서 건강한 사람의 오줌으로 전신 마사지를 하고 자기 오줌을 마시면서 4개월이 지나니 체중이 62킬로그램으로 회복되고 신장염도 완전히 치료되었다.

06
요습포

솜, 면 조각, 거즈에 오줌을 축축하게 적셔서 상처 부위에 갖다 붙인다. 자신의 오줌이 부족하면 건강한 다른 사람의 것을 사용한다. 부스럼, 상처 부위, 화상, 암으로 생긴 혹, 발진, 눈의 염증 등에 이용하면 좋다.

의사였던 암스트롱은 임상 경험을 통해 여성의 유방에 종양이 생겨서 수술을 받게 되면 오히려 암을 촉진시키는 결정적인 원인이 된다는 것을 알고는 수술하지 않고 요습포법을 사용했다. 그의 치질 치료 사례도 소개한다.

① R씨 부인(1923년) : 평균 체중이 미달이고 유방에 계란 크기의 멍울이 생겼다. 병원에서는 즉시 수술하라고 권했으나 거절하고 요료를 시행했다. 하루에 오줌과 생수를 마시며 단식을 하고 오줌으로 유방에 습포를 해주었다. 남편은 하루에 2시간씩 오줌으로 머리에서 발끝까지 마사지를 해주었다. 10일 만에 치유되었고 병원에 가서 진찰하니까 멍울이 흔적도 없고 빈혈도 사라져 건강을 완전히 회복했다.

② 중년 부인(1925년) : 겨드랑이에 큼직한 종양이 생겼다. 병원에서는 수술을 권했지만 딸의 요단식 경험의 효험을 생각해 수술을 거절하

고 요단식과 요습포를 시작했다. 5일 만에 종양은 흔적도 없이 사라졌다.

③ M씨 부인(1927년) : 45세, 뚱뚱한 편, 왼쪽 유방에 상당히 큰 종양이 생겼다. 오른쪽 유방은 2년 전에 똑같은 증세로 절제수술을 했다. 19일 동안 암스트롱의 권유대로 요단식과 요습포를 해 완전히 종양이 없어졌고, 몸매는 날씬해졌으며, 훨씬 젊어 보였다. 외과적인 수술은 단지 치료 효과만 보일 뿐이지 병의 근본 원인을 몸에서 제거하지 못한다는 것을 알게 해준다.

④ 요습포로 치질 치유 : 치질은 모든 신경이 한곳에 모이는 항문에 종양이 생기는 것이며 그 통증은 대단히 심하다. 대개는 수술로 치료하지만 요습포와 음뇨를 반복하면 치유된다며 의사 암스트롱은 자연 치유법을 권유하고 있다.

⑤ 김규자(중국 길림성 연변) : 겨드랑이에 계란 크기의 혹이 생겼다. 병원에 갔더니 수술해야 한다고 하면서 입원 날짜를 잡으라고 했지만 남편이 뇌졸중으로 쓰러져서 잠시도 집을 비울 수가 없는 사정을 설명하고 수술을 미루었다. 연변에는 강국희 교수의 책을 읽고 요료법을 실천하는 분들이 많아서 여러 가지 난치병을 치유한 경험담을 자주 들었다. 자궁에 혹이 없어진 사람, 암이 치유된 사람, 피부병이 깨끗이 없어진 사람 등등 많은 경험 사례를 보면서 겨드랑이의 혹도 요습포로 없어질 것이라는 확신이 생겼다. 매일 오줌을 수건에 적셔서 비닐봉지로 밑을 받치고 겨드랑이에 대고는 1시간씩 TV를 보면서 습포를 했다. 하루하루 지나면서 멍울이 작아지더니 1주일 만에 완전히 사라졌다. 수술하지 않고 큰 덩어리가 없어지는 신기한 경험을 하면서 오줌의 효능에 신비스러움을 느꼈다.

07

기타 여러 가지 이용법

귀에 넣는 방법

귀에 통증이 있거나 귀가 불편할 때 오줌 몇 방울을 넣으면 신기할 정도로 증상이 없어진다. 고막이 파열된 경우에도 오줌을 넣으면 재생된다. 고막이 재생될 때에는 아프게 느껴진다. 손바닥에 오줌을 받아서 머리를 기울여 귀에 부어 넣으면 된다. 흘러나오는 것은 휴지로 닦아낸다. 귀 안에 들어간 오줌은 곧 흡수되어 남지 않는다.

눈에 넣는 방법

컴퓨터를 오래 사용하거나, 장시간 운전으로 눈에 통증이 생기거나, 작열감을 느낄 때 오줌 몇 방울을 넣으면 통증이 없어지고 매끄럽다. 렌즈를 오랫동안 착용하면 산소가 차단되고 마찰로 인한 망막의 손상이 심해져서 자주 충혈되고 나중에는 렌즈 착용이 불가능해지며 실명하는 경우도 생긴다. 렌즈는 이물질이므로 이것을 계속해 착용하면 눈에 심한 피로가 생긴다. 집에 있을 때는 렌즈를 빼놓고 오줌을 자주 눈에 넣어서 피로를 없애야 한다. 오줌은 가장 안전하고 효과적인 안약이다.

코로 흡입하는 방법

감기, 비염, 축농증으로 고생하는 경우, 콧구멍으로 오줌을 쭉 흡입하면 입으로 나온다. 감기는 이렇게 2~3회 세척하면 쉽게 치료된다. 비염도 빨리 효과를 보며 축농증은 증세가 없어질 때까지 계속한다.

발 담그기

무좀이 있는 경우 그 부분을 오줌에 담근다.

한방에서의 오줌 처방

『동의보감』에 오줌은 어혈, 타박상, 중자, 노력, 기침, 열, 기량(氣凉), 상처, 골절, 설창(舌瘡), 구강병 등에 매우 효과적이며 자음강화와 울분을 삭이는 데 좋고 폐 기능이 약한 경우에도 좋다는 기록이 있다. 이에 근거해 한방에서는 10세 전후 남자아이의 오줌을 사용하고 있다(香附子童便浸처방-開氣消啖湯, 枳縮二眞湯, 茴香安腎湯, 附益地黃煥, 四物黃狗煥, 安胎飮). 인체의 내부 구조를 상초(심장, 폐장), 중초(위장, 비장, 간장, 담낭), 하초(신장, 방광)로 구분하며 하초가 약한 사람에게 오줌은 매우 효과적이다. 불교에서는 오줌을 윤회주(輪回酒)라 부르기도 한다.

희석법

오줌을 원액으로 마시기 곤란한 경우에는 희석해 마시는 방법도 있다. 동종요법이라고 해서 오줌의 건강 정보는 물로 희석해도 없어지지 않고 희석한 물속에 남아 있기 때문에 희석액을 활용하는 방법이다. 술자리에 갈 때 오줌을 생수에 10분의 1정도 첨가해 충분히 흔들어서 혼합한 후에 가지고 가서 마시면 생수처럼 보인다. 술을 마시면서 중간중간에 오줌 희석액을 마시면 과음을 방지하고 간의 해독 기능도 보호할 수 있다. 오줌을 물에 100만분의 1로 희석한 용액을 만들어 2~10방울 혀 밑에 넣는 방법을 해럴드(Harald, 『신비의 생명수』 2005, p. 47)는 권장하고 있다. 또 양동춘(2006 제4회 세계요료학술대회 강연집)은 오줌을 64패턴까지 물로 10진 희석한 것을 아토피, 여드름, 돌발성 난청, 월경불순 환자에게 적용하는 임상시험을 통해 오줌의 희석액이 효과가 있음을 보고했다.

08
요료를 신중하게 해야 할 사람

　　요료를 해서는 안 되는 사람은 없다. 수술을 해서 몸 안에 인공물을 삽입한 사람이 오줌을 먹어도 되느냐고 묻는 경우가 많은데, 그 인공물이 오줌에 담겨 있는 것도 아니고 오줌을 마시면 입, 목, 위, 장에서 즉시 흡수되고 나머지는 배설되므로 인공물과 접촉할 시간이 없기 때문에 걱정할 필요가 없다. 그러나 임산부는 아침 첫 오줌을 마시지 말고 물에 타서 마시거나 낮에 나오는 오줌을 받아서 마시기 바란다. 아침 첫 오줌은 농노가 매우 진하기 때문이다. 투석 환자도 처음부터 진한 오줌을 직접 마시지 말고 물에 희석해 조금씩 마시면서 적응시켜나갈 필요가 있다.

09
음뇨 과정의 호전반응

　요료 의사들이 주장하는 것은 오줌을 먹어도 부작용은 없다는 것이다. 그러므로 안심하고 먹으면 된다. 침보다 더 깨끗한 것이 오줌이라는 것을 생각하면 혐오감을 바꿀 수 있을 것이다. 약은 특정 음식과 함께 먹으면 부작용이 있지만 오줌은 음식과 함께 먹어도 아무런 부작용이 없고 오히려 영양 보충이 되어서 더 좋다.

　우리의 몸은 해로운 물질을 체외로 배설하려는 자정 작용을 갖추고 있다. 요료를 하면 이러한 신체의 자정 기능이 활발해지기 때문에 호전반응이라는 현상이 나타난다. 이것은 요료를 하는 과정에서 몸의 특정 부위가 일시적으로 나빠지는 현상이며 설사, 가려움증, 편두통, 부기, 혈압 상승 등등 여러 가지 증상이 나타난다. 사람에 따라서 나타나는 정도가 다르고 모든 사람에게서 호전반응이 나타나는 것도 아니다. 요료 하는 사람들을 대상으로 한 설문조사 결과에서 보면 약 60퍼센트가 호전반응을 경험하고 있다. 병이 깊은 사람일수록 호전반응이 심하게 나타난다. 호전반응은 요료에서만 나타나는 현상이 아니라 한의학이나 건강식품에서도 다양하게 나타나는 것으로 알려져 있다.

　오줌의 세정력은 탁월하다. 이것을 먹으면 몸 내부의 좋지 않은 것들이 씻겨나가고 그런 과정에서 좋지 않은 부분이 며칠 동안 더 악화되기도 하다가 시간이 지나면 자연히 없어진다. 이것은 몸이 좋아지는 과정에서 일시적으로 나타나는 호전반응이다. 호전반응은 아픈 곳이 더 아프거나 여드름이 더 심하게 솟구치다가 없어지는 등 호전과 악화가 반복되면서 개선되어간다. 이것을 요독증(Uremia)이라고 우려하는 사람도 있으나 그렇지 않다. 만약 호전반응이 요독증이라면 점점 더 악화되어야지 호전될 수 없기 때문이다. 호전반응은 몸의 내부에 쌓였던 불필요한 노폐물이 밖으로 씻겨나가는 현상이므로 참고 견디면 분명히 건강한 자신의 모습을 발견할 수 있다. 음뇨를 시작하면 가장 빠르게 나타나는 현상은 통증의 해소이고, 그다음이 소화 개선이다.

요료는 자기 자신이 치료하는 것이므로 자기가 의사 된 입장에서 처음부터 시작한 날짜, 마시는 양, 횟수, 전날에 먹었던 음식과 아침 오줌의 상태, 며칠 후부터 호전반응이 나타나는지 등을 구체적으로 기록해두는 것이 좋다. 요료를 시행하면 사람에 따라서 여러 가지 증상들이 당장 하루 이틀 사이에 나타나는 사람도 있고 일주일, 보름, 한 달 후에 나타나는 사람도 있다. 요료는 세포를 완전히 재생시키는 것이므로 약물 치료와는 근본적으로 다르다. 병이라는 것은 오랜 시간을 두고 생긴 것이므로 간단히 치료되지 않는다. 체질이 많이 악화되었거나 병이 오래된 사람일수록 호전반응이 심하게 나타난다. 그러므로 인내심이 필요하다. 참을 수 없을 정도로 호전반응이 심한 경우에는 며칠간 음뇨를 중단하고 쉬었다가 다시 하면 된다. 이러한 호전반응이 왜 나타나느냐에 대해서는 다음과 같이 생각하면 된다. 오래된 하수구에 갑자기 많은 물을 쏟아부으면 밑에 가라앉아 있던 더러운 침전물이 솟구치고 이것을 씻어내려면 어느 정도의 시간이 소요되는 것과 같은 이치다.

그 고비를 넘겨야 요료의 진가를 알게 된다. 건강한 사람은 대부분 호전반응 없이 깨끗하게 효험을 본다.

다음은 호전반응의 여러 가지 증상을 소개한다.

설사

호전반응 중에 설사는 가장 흔한 것이다. 음뇨 30분 후, 또는 2~5일 사이에 물과 같은 설사를 하거나 예상 밖으로 변의 양이 많이 나온다(평상시의 약 3배). 장에 축적된 찌꺼기를 세척해내는 것이므로 요료를 계속하면 자연히 좋은 변을 보게 된다. 설사를 하더라도 몸이 괴롭거나 허약해지는 것이 아니라 기분이 상쾌하고 가벼워지는 느낌이다. 식중독이나 소화기 장애의 설사 때와는 다른 느낌을 받는다. 설사를 해도 속이 시원하고 편안하며 즉시 정지된다. 설사가 2~3일 지나도 계속될 경우에는 마시는 양을 반으로 줄인다.

이런 현상은 사람에 따라서 매우 다르게 나타난다. 인내심을 가지고 계속하면 소화기 계통의 조직이 새롭게 정비되어 정상적으로 되고 소화 흡수력도 좋아진다. 직장인이라서 설사하는 것을 감당하기 어려운 경우에는 마시는 양을 줄이면 호전반응의 상태는 하루 이틀에 사그라진다. 예를 들어 하루에 세 번씩 마셨다고 한다면 아침 한 번이나 혹은 아침과 저녁 두 번으로 줄이고, 한 번에 마시는 양도 반으로 줄이면 된다. 호전반응의 상태를 보아가면서 자신이 적절히 조절하면 된다. 요료에 경험이 쌓이면 자기 스스로 강약을 조절해 나갈 수 있게 된다. 남의 말에 의존하기보다는 책을 읽고 요료의 원리를 이해해 실천하는 것이 중요하다. 호전반응이 심할수록 그 후에 회복되는 상태도 더 빨리 좋아지지만 직장 생활에 지장을 줄 정도라면 다소 시간이 걸리더라도 호전반응이 심하지 않도록 조절해 나가는 요령이 필요하다.

감기 몸살 증세

요료를 시작한 지 2, 3일 만에 나타나는 현상으로 처음에는 감기인지 몸살인지, 미열이 나고 온몸이 쑤시고 아프다. 때론 가슴이 답답하고 압박감을 느낄 때도 있다. 이것은 오줌에 발열을 촉진하는 물질이 함유되어 있어서 나타나는 증상이며 열은 대단한 것이 아니고 며칠 지나면 자연히 내린다. 요료를 계속하면 열은 내리고 몸 전체의 열기(熱氣)와 한기(寒氣)가 조정되어 저혈압인 사람은 덥게 느껴지고 고혈압인 사람은 땀을 흘린 후에 정상화된다. 손발이 차가운 사람이 요료를 하면 비교적 쉽게 몸이 따뜻해진다.

여성의 하복부

요료를 시작하면 어떤 여성은 갑자기 냉이 많이 흐르거나 피부 발진이 생기며 견디기 어려울 정도로 가렵고 통증이 며칠 계속되다가 자연히 없어진다. 이때 약물이나 주사를 맞지 말아야 하며 인내심을 가지고 견뎌야 한다. 신체의 자율적인 조절이 이루어지도록 내버려두어야 한다. 호전반응이 심해 견디기 어려운 경우에는 음뇨를 며칠간 쉬었다가 다시 계속하는 것이 좋고 프로폴리스를 복용하면 회복이 빠르다.

통증 해소

교통사고 혹은 기타 다른 이유로 골절 부위의 통증이 없어지고 난 다음에 다른 부위가 일시적으로 아플 수 있는데 2~3일 지속되다가 자연히 없어진다. 참고 기다리면서 요료를 계속하면 몸의 건강 상태가 저절로 좋아진다.

치아와 잇몸의 통증

금방 눈 오줌을 가지고 양치질을 하면 통증이 곧 가라앉는다. 덧

니나 관을 씌운 치아가 빠지는 경우도 있다. 뼈에 영양분이 공급되니까 자연히 치아가 튼튼해지고 치아 전체가 잡아당겨지기 때문이다. 관을 씌웠던 것이 떨어져 나가면 그대로 두었다가 완전히 통증이 사라진 뒤에 다시 손질하는 것이 좋다.

타액 증가

요료를 하면 침이 많아진다. 타액이 많아지는 것은 소화액이 많아지고 치석 형성을 방지하는 효과도 있으며 건강해졌다는 의미다. 타액에는 분비형 항체 IgA가 많이 함유되어 있으므로 그만큼 면역력이 증가된 것이다. 식후에 칫솔질을 하지 않아도 치아가 매끈거리며 깨끗하고 치아 사이에 끈적끈적한 점질물이 생기지 않는다.

뾰루지

요마사지를 며칠간 계속할 경우에 가려움증을 경험하게 되는데, 이것도 걱정할 문제가 아니다. 시간이 지나면 자연히 없어진다. 신체 내부에 쌓인 열기가 신체 밖으로 분출되기도 하고, 빨간 반점과 하얀 뾰루지가 생기면서 심한 열이 발생하기도 한다. 이런 때에는 뾰루지에 약간의 압력을 가해 요마사지를 해주고 뾰루지가 터지면서 오줌 성분이 그 내부로 침투해 들어가게 해야 한다. 한두 시간 후에 미지근한 물로 목욕한다. 백선, 가려움증, 습진 등의 피부병은 2주일 내에 낫는다.

가래

폐병을 앓고 있는 사람이 요료를 시작하면 오줌의 성분이 폐로 침투하여 폐 세포들이 활발해지기 시작하며 가래가 많이 나오게 된다. 환자로서는 갑자기 가래가 많이 나오니까 혹시 부작용이 생긴 것으로 생각해 요료를 중단하기 쉽다. 그러나 이것은 호전반응에 의해 폐 기능이 좋아지고 있다는 증거이므로 요료를 계속해야 한다. 폐병의 호전반응으로 가래가 멈추면 가려움과 함께 습진이 생길 수도 있다. 이것도 호전반응의 현상이다. 몸 외부에 나타나는 현상은 내부가 치료되어 씻겨나가는 과정이라고 생각하면 된다.

졸음

오줌을 마시기 시작하면 3개월째부터 6개월째까지 졸음이 많이 오고 낮에도 잠에 취한다. 그 후 정상화되어 피로를 느끼지 못한다.

이외에도 호전반응은 귀울림, 두통, 피로감, 눈 깜박거림, 머리 회전이 둔해짐, 말이 잘 나오지 않음, 기침 등의 여러 가지 형태로 나타나는데 모두 일시적인 현상이며 몸이 오랫동안 축적해두었던 나쁜 것을 씻어내기 위한 처리 과정이므로 우려할 문제는 아니다. 이러한 호전반응이 나타나는 것은 몸의 생리 기능에 반응이 나타나고 있다는 증거이므로 인내심을 가지고 참아내야 한다.

의학 상식 … 요독증이란?

음식으로 섭취한 단백질이 대사 과정을 거치면서 최종적으로 질소화합물로
변해 신장에서 오줌으로 배설되는데 신장의 기능이 나빠지면 질소화합물이
체내에 고이게 되고 이것이 독성을 나타내다가 사망에 이르는 현상을 요독증
이라 한다. 신부전과 같은 뜻으로 이해되며 독성의 상태에 따라서 급성과 만
성으로 구분되고 질소화합물이 축적되면 뇌, 위장, 폐, 흉막, 심낭 등이 침범
되어 질환을 나타낸다. 이러한 중독 현상으로는 의식이 상실되거나 뇌증상과
위장 장애를 일으킨다. 만성요독증은 사구체의 기능이 상실된 상태이며 신경
증상, 혈소판 감소, 가려움증, 의식 장애 등 여러 가지 증상을 나타내다가 생
명이 위험하게 된다(『의학대사전』에서 발췌).

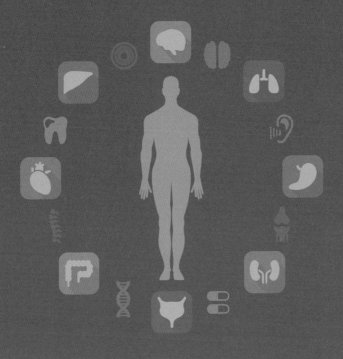

제6장

오줌의 과학적 이해

요료에 대해 이야기하다 보면 반드시 나오는 질문이 과학적으로 증명되느냐는 것이다. 이 점은 생명체에 대한 현대과학의 수준이 어느 정도인가에 관한 질문과도 같은 것이다. 사실 현대과학이 발전했다고는 하지만 생명체 전체에 대한 메커니즘의 규명이나 생리적 기능에 대해 알고 있는 것은 극히 적은 부분에 지나지 않는다. 따라서 생명체 전체에 대한 과학적 탐구 영역은 지금부터라고 보아야 할 것이다. 그런 점에서 과학적으로 설명할 수 없는 문제들이 생명체 현상에는 너무나 많다. 설명할 수 없다고 해서 생명 현상의 존재가 부정될 수 없는 것과 마찬가지로 요료 효능의 과학적 검증이 되어 있지 않다고 해서 요료가 부정될 수는 없는 것이다.

요료는 경험적 결과가 먼저 나온 것이므로 당연히 과학적 설명이 부족하다. 그것은 앞으로 연구되어가면서 규명될 것이다. 오줌에서 발견되어 임상에 이용되고 있는 생리활성물질, 항암물질, 혈전증 치료제 등을 보더라도 오줌을 단순히 노폐물로 보아서는 안 되며 탐구해야 할 미개척 분야로 인정해야 할 것이다.

01
오줌의 특성

　우리가 알고 있는 오줌에 대한 상식은 물질대사 과정에서 생긴 노폐물이 수용액의 형태로 방광에 축적되었다가 체외로 배출되는 오물이라는 것이다. 그래서 오줌은 더러운 것이라고 생각하는데 이것은 전혀 잘못된 생각이다. 한때 '신바람 건강법'으로 매스컴을 탔던 황수관 박사도 1998년 7월 24일 TV에서 오줌은 바로 '혈액'이라고 설명했다. 사람들이 사슴의 피를 정력에 좋다고 하며 마시는 것을 생각하면 자신의 오줌은 매우 깨끗한 생약 음료라고 할 수 있다.

　건강한 사람의 오줌은 본래 무균이지만 요도를 거쳐 나오는 사이에 남성의 오줌은 무균에 가깝지만 여성의 오줌에는 질에 상주하고 있는 유산균이 혼입될 수 있으며 이것을 먹어도 문제 될 것은 없다. 임산부의 질에서 검출된 세균의 분포는 다음 표와 같다. 오줌을 받아서 실온에 방치하면 세균이 증식하는데 가장 많이 검출되는 세균은 유산균(Lactococcus lactis와 Lactococcus garvieae)이다.

　정상인의 오줌 pH는 5~7이며 열이 있거나 아시도시스가 있으면 산성을 띠는데 알칼리성이면 요산을 용해하여 배설을 용이하게 한다. 신장 장애가 있으면 단백질이 오줌으로 많이 배설된다. 신체의 분비물 중에서 침의 pH는 8~9로서 알칼리성이다. 미국인 남성 10명과 여성 8명의 오줌 시료 251개에 대한 pH 측정 결과를 보면 남자는 평균 5.98(4.78~7.25)이고 여성은 5.72(4.86~7.41)이며, 남녀 전체의 평균치는 5.85(4.78~7.41)이다.

오줌의 성분

오줌의 성분 분석은 아주 철저하게 되어 있다. 수백 가지 물질을 하나하나 살펴보면 영양성분, 생리활성물질, 호르몬, 항암물질 등이다. 구체적으로 말하자면 아미노산, 당질, 비타민, 무기질, 효소, 남성 호르몬, 여성 호르몬, 세포성장 촉진물질(EGF), 조혈촉진 호르몬(EPO), 항산화물질, 우울증 치료물질, 통증 해소 성분……

따라서 오줌을 마시면 영양성분이 보충되고 약리성분의 기능이 우리 몸을 좋게 해준다. 이러한 물질들은 혈액에서 나온 것이므로 아주 신선하고 마시면 흡수가 잘된다. 이것이야말로 진짜 자연식이다. 피가 섞여 있는 오줌을 마셔도 되느냐고 묻는 사람이 많다. 남의 피를 수혈도 하고 피 묻은 생선회, 육회, 사슴 피도 몸에 좋다고 먹는데 자기 피를 꺼림칙하게 생각하는 것은 이상하지 않은가.

건강한 사람의 오줌은 무균 상태이며 혈액보다 더 깨끗하다. 혈액이 콩팥을 거치면서 여과되어 방광에 모였다가 배출되는 것이 오줌이다. 사구체로 수송되어온 혈액은 보먼주머니에서 여과되며, 여과량은 하루에 180리터(120~130㎖/min)이고, 이 여과된 액을 원뇨(原尿)라 한다. 세뇨관에서 원뇨의 99퍼센트는 재흡수되어 혈액으로 회수된다. 이때 나트륨(Na)이나 포도당은 재흡수되는 양이 많지만 요소, 요산, 크레아틴 등은 재흡수율이 적다. 물은 70퍼센트 정도 재흡수된다. 원뇨에서 100분의 1로 농축된 것이 오줌으로 배설된다.

오줌이 더럽다면 몸의 내부는 완전히 오염되었다고 보아야 한다. 요도염이나 방광염에 걸리면 오줌에 세균이 검출되지만 많은 양이 아니므로 그 정도는 먹어서 위장에 들어가더라도 문제 되지 않는다. 대변에는 음식의 찌꺼기, 장내 세균, 독성물질이 혼합되어 있지만 오줌은 몸의 혈액이 여과되어 나온 청결한 것이다. 입안의 침에는 세균이 많지만 키스하면서 침을 서로 빨아 먹을 뿐만 아니라 자신의 침은 항상 자기 스스로 먹고 있으나 더럽다는 생각을 하지 않는다.

만약 자신의 침을 용기에 많이 담아놓았다가 먹으라고 하면 아무도 먹지 못할 것이다. 오줌도 마찬가지다. 오줌에는 세균이 없고 침보다 더 깨끗하지만 이것을 더럽다고 생각하는 것은 선입관과 교육 때문이다. 오줌은 오랫동안 담아두어도 부패하지 않는다. 또한 오줌에는 혈액 응고를 방지하는 혈전증 치료제로서 우로키나아제(urokinase)가 함유되어 있어서 오줌을 모아 가지고 분리 정제한 우로키나아제를 약품으로 사용하고 있다. 이것은 심근경색이나 뇌경색 등의 치료약으로 사용하는데 대량 투여해야 하므로 부작용도 있고 쇼크로 사망하는 경우도 있다. 그러나 오줌을 매일 조금씩 마시면 이러한 번거로움도 없고 무서운 질병을 예방할 수 있다.

오줌에는 수백 수천 종류의 생리활성물질이 포함되어 있다. 생체 면역 기능을 자극 강화시키는 물질도 함유되어 있고 노화, 암, 각종 염증의 원인이 되는 활성산소를 제거하는 항산화물질도 있다. 또 황체 호르몬의 대사 산물도 오줌으로 배설되고 남성 호르몬과 여성 호르몬도 대사 과정을 거쳐서 오줌으로 배설된다(김종대 등, 1997). 그래서 오줌을 마시면 남성은 정력이 좋아지고 여성은 분비물이 많아져서 애정이 깊어진다. 오줌에는 엔도르핀이나 엔케팔린 같은 호르몬이 있어서 통증 해소는 물론 식욕 증진, 성 호르몬 생성 촉진에 효과적이다.

오줌 성분 중에서 관심을 끄는 것은 크레아틴(creatine)이다. 이것은 일종의 아미노산으로서 스포츠 음료의 영양제로 각광받고 있다(《문화일보》 1998. 9. 14 제19면). 크레아틴은 남성 스테로이드 호르몬 테스토스테론처럼 탈모나 고환의 위축을 일으키지 않으면서 근육의 활동력을 증강시키는 데 큰 효과가 인정되고 있으며 특히 단거리 선수나 역도 선수처럼 단시간에 순간적인 힘을 낼 필요가 있는 무산소운동에 효과적이다. 이것은 약물이 아니고 건강보조식품으로 판매되기 때문에 미국 FDA의 규제 대상이 아니다. 오줌에는 라이브한 영양성분을 비롯한 여러 가지 생리활성물질이 들어 있어서 오줌을 마시면 지구력이 필요한 마라톤 선수나 축구 선수들에게도 매우 효과적이다. 운동이 끝난 후의 피로 해소에도 아주 좋다. 오줌을 마시는 많은 사람들의 체험담에서 알 수 있는 바와 같이 체력 증강 효과는 이러한 여러 가지 물질의 작용에 의한 종합적인 결과로 보아도 좋지 않을까 생각된다.

요산(uric acid)이 쌓이면 통풍의 원인이 되기 때문에 통풍 환자는 오줌 마시기를 꺼리는데 이것도 오줌 성분의 한쪽 측면만을 보고 판단하는 것이다. 오히려 요산은 항산화작용을 하기 때문에 활성산소를 제거한다. 따라서 통풍 환자일수록 오줌을 마셔야 빨리 낫는다. 다음 표는 1965년도 미국의 생리학 책에 기록된 오줌 성분이다. 일본 사람들의 오줌 성분도 분석되어 있지만 한국인의 오줌 성분표는 아직 없다. 오늘날에는 분석 기술이 더욱 발달해 훨씬 많은 물질들이 발견된다. 이러한 성분 중에서 더러운 것이 무엇인지 골라보라고 하면 아무도 할 말이 없을 것이다. 다시 말하자면 오줌이 더럽다는 것은 관념적인 표현이며 비과학적인 말이라는 것을 알 수 있다.

일반 미국인의 오줌 성분	
성분 ········ 배설량 mg/day	성분 ········ 배설량 mg/day
Acetone ···································· 5~7.5	5-Hydroxy-3-indoleacetic acid ··· 〈10
Acidity, titratable, meq/L ········ 20~50	4-Hydroxy-3-methoxymandelic acid〈7
Aldosterone, mcg/day ···············2~23	Indican ································ 40~150
Allantoin ······························ 25~35	Iodine, mcg/day ················ 10~200
Amino acids, total ··········· 500~1000	Iron ·· 〈1
alanine ···························· 10~45	17-Ketogenicsteroids
arginine ···························· 17~50	(men) ································· 2~7
aspartic acid ················· 119~190	(women) ·························1~1.5
cystine····························35~140	Ketone bodies ·······················〈50
glutamic acid··················· 15~500	acetone ························· 0~7.5
glycine ······················ 130~675	β-hydroxybutyric acid ············ 30
histidine ······················ 60~500	17-Ketosteroids(neutal) (men)··· 9~24
hydroxyproline ················· 10~35	(women) 5~17
isoleucine ························ 5~20	Lactic acid ······················ 100~300
leucine ···························· 10~40	Lead ························· 0.03~0.08
lysine ······························ 30~150	Leucineaminopeptidase
methionine ·······················2~10	(men), G-R units ············ 50~175
phenylalanine ··················· 11~45	(women) G-R units ············· 20~70
proline ···························· 20~75	Magnesium(as mg) ············ 50~200
serine ···························· 35~49	meq/L ···························· 4~20
taurine ························ 100~200	Nicotinic acid ························0.1~1
threonine ·····················25~125	Nitrogen, total, g/day ········ 12~18
tryptophan ························ 8~32	α-amino N, total ············· 300~700
tyrosine ························ 20~75	bound ······················· 100~200
valine ···························· 12~45	free ·························· 120~240
Ammonia ····················· 500~1200	ammonia N ············· 400~1000
Amylase, somogyi units ········ 5~20	urea N, g/day ··············· 10~15
Androgens ······················· 6~20	Oxalic acid ························ 15~50
Ascorbic acid ·······················8~18	pH ····································· 5.0~8.0
Calcium(as Ca) ············· 100~300	Peptones ······························〈500
Chlorides(as NaCl), g/day ····· 10~15	Phenols, total ·························〈71
meq/L ····················· 170~250	conjugated···················· 20~70
Cholesterol, total···············0.3~1	free ·························· 0.2~0.4
Citric acid················· 210~470	Phosphatse, acid, King-Armstrong
Copper ································〈30	units/day ·························· 80~300
Coproporphyrins, meq/day··· 60~280	Phosphorus(as P), g/day ········1~1.2
Creatine ···························〈200	Potassium
Creatinine··················· 1000~1800	g/day ······························· 1~3
Glucose ······················· 15~130	meq/L ···························· 40~65
Hexosamines ····················80~110	Protein, total ···················· 20~75
Hippuric acid ·············· 100~1000	albumin, percent ············ 90~100
17-Hydroxycorticosteroids ······ 6~20	globulin, percent ····················· 10

일반 미국인의 오줌 성분	
성분 ········ 배설량 mg/day	성분 ········ 배설량 mg/day
Purine bases ···················· 16~60	Total solids, g/day ····················· 70
Redusing substances, total(as glcose)	Urea, g/day ························· 20~35
····································· 0~200	Urea N, g/day ···················· 10~15
Sodium, g/day ····················· 3~5	Uric acid ···················· 580~1000
meq/L ················ 130~200	Urobilinogen, Ehlich units/day ······ <2
Sulfate(total), g/day ············· 0.6~2	Uropophyrins, mcg/day ········· 10~50
Thiocyanate ····························· 5~8	Zinc ······························· 0.3~0.4

Hawk's Physiological Chemistry by Bernard L. Oser pp.1206~1208, 1965.

03
오줌 성분의 기능

오줌에는 수천 가지 물질들이 함유되어 있다. 음식에 따라서 오줌의 성분도 다양하다. 색깔도 달라지고 단백질의 함량도 달라진다. 물론 탄수화물, 미네랄, 생리활성물질도 음식 섭취의 종류에 따라서 달라진다.

단백질 글로불린(protein globulin)

특수 항원에 대항하는 항체들을 함유하고 있으며, 혈청의 면역 글로불린에 함유된 단백질과 동일한 것으로 밝혀졌다.

디렉틴(directin)

암세포를 끝에서 끝으로 일렬로 나열하게 한다.

디하이드로에피안드로스테론(DHEA = dehydroepiandrosterone)

부신에서 분비되는 스테로이드 호르몬으로 남성들의 소변에 다량 함유되어 있다. 이 물질은 비만을 억제하고 동물들의 수명을 연장시키며 악성 빈혈과 당뇨병, 여성의 유방암을 치료하는 효과가 있다.

레닌(renin)

신체의 혈관 상태를 정상으로 유지하여 혈압에 영향을 미친다.

3-메틸글리옥살(3-methylglyoxal)

암세포를 파괴하는 작용을 한다.

무기질(minerals)

인체에 필요한 모든 무기질이 함유되어 있다.

베타인돌 아세트산(β-indole acetic acid)

동물의 암과 육종의 성장을 억제하는 물질이다.

비타민(vitamins)

인체에 필요한 모든 중요한 비타민을 함유하고 있다.

S성분(factor S)

자연적으로 안전하게 잠을 자게 한다.

세포 성장과 성숙 요소들

피부의 성장을 돕는 성분들과 성장 요소가 함유되어 있다.

아미노산(amino acids)

인체에 필요한 모든 아미노산이 함유되어 있다.

안티네오플라스톤(antineoplaston)

선택적으로 암세포의 성장을 억제하며 정상 세포의 성장에는 전혀 영향을 미치지 않는다.

알란토인(allantoin)

상처 치유 능력을 증진시키는 질소결정체 물질로서 요산의 산화물질이다.

에이치-11(H-11)

암세포의 성장을 억제하고 이미 생긴 종양의 크기를 감소시키며 세포 재생 과정에 손상을 주지 않는다.

위액 분비 억제제

소화성 괴양의 성장을 억제한다.

응집소와 침강소

폴리오바이러스와 기타 바이러스에 대항해 중화시키는 작용을 한다.

밝혀지지 않은 호르몬

뇌의 일부를 조절하며 체중의 균형도 조절한다.

요산(uric acid)

핵산의 대사산물 푸린체(purine)의 최종 대사산물로서 통풍의 원인이 된다고 알려져 있으며, 건강에는 좋지 않은 물질로 인식되어왔으나 수용성 라디칼(radical)의 포착제로서 새롭게 평가되고 있고, 암을 일으키는 분자를 근본적으로 청소하는 과정의 조절을 돕고 있다. 수용성 항산화제인 비타민 C와 글루타티온(glutathione)이 금속이온의 존재하에서는 오히려 산화 촉진 작용을 하지만, 요산은 안정된 복합체를 형성하고 있기 때문에 금속이온을 불활성화하며 항산화제로서 작용한다. 또한 노화 과정을 통제하며 항결핵 효과도 있다.

건강한 사람의 혈액 100밀리리터 중에 요산 함량은 남성의 경우 4~7밀리그램, 여성의 경우 3~6밀리그램이며, 통풍 환자의 혈액에는 8밀리그램 이상 들어 있는 것이 특징이다. 요산은 알칼리성이나 중성에는 녹지만 산성 용액에서는 용해되지 않는다. 요산 및 요산염에 의한 결석은 전체 결석의 13퍼센트에 불과하고, 나머지 결석은 수산칼슘 결석이 43퍼센트, 인산칼슘 결석이 39퍼센트를 차지한다.

요소(urea)

오줌의 요소는 항세균 작용을 한다. 순수 요소의 5퍼센트 수용액을 만들어 맛을 보면 쓴맛이 날 뿐 다른 맛은 없다. 이것은 단백질을 분해하는 환원물질로서 상처나 감염 부위를 낮게 한다. 요소 성분 때문에 괴사를 일으킨 조직이나 파괴된 조직들이 더 이상 부패하지 못한다. 요소는 또한 단백질 대사의 마지막 대사산물로서 유기용제이며 지방을 분해하고 다른 신체 분비물을 용해한다. 항세균 작용의 특성 때문에 오줌은 결핵균의 성장을 강하게 억제한다. 일본에는 요소를 첨가한 피부약도 있다.

우리 몸의 간세포 안에서 요소(urea)가 만들어지는 과정은 참으로 경이롭다. 매일 음식으로 섭취하는 영양성분이 체내에서 소화, 흡수, 분해, 합성되는 과정에서 아미노산, 단백질, 당단백질, 핵산의 암모니아(NH_3)가 떨어져나와 혈액이나 체액에 쌓이게 되면 고암모니아혈증이라는 매우 심각한 질병을 발생시킨다. 암모니아는 독성이 매우 강하다. 이것을 처리하지 않으면 죽음이다. 이것의 증상은 매우 다양하며 성장장애, 행동장애, 언어장애, 혼수상태, 경련환각, 수면이상, 손떨림, 구토, 두통, 식욕부진, 골다공증, 정신증, 머리카락 이상 등등이다. 따라서 우리의 신체는 이와 같은 유독성 암모니아를 중화시켜 요소(NH₂–C(=O)–NH₂)의 형태로 만들어서 오줌으로 배설한다. 이 과정을 요소회로(urea cycle)라고 부른다.

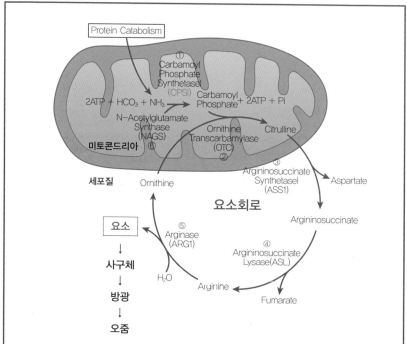

이 그림은 간세포의 미토콘드리아와 세포질의 연결고리에서 단백질과 아미노산의 분해물 암모니아를 해독하는 과정의 요소회로 그림이다. 암모니아는 매우 유독하기 때문에 즉시 배출하기 위하여 이산화탄소와 결합하여 요소회로를 거치면서 최종적으로 무독한 요소로 변환시켜 사구체를 거쳐, 방광에서 숙성시켰다가 오줌으로 배설한다. 이 과정에서 ATP라는 에너지를 이용하게 되며 에너지가 부족하면 오줌의 생성이 여의치 못하게 된다. 인체에서 간의 세포 숫자는 약 3,500억 개이며, 한 개의 간세포에 미토콘드리아가 2,000개나 있어서 오줌 생산을 위하여 끊임없는 에너지의 생산공급과 요소회로가 작동하게 된다.

간세포의 요소회로(urea cycle 혹은 ornithine cycle) : 인체의 총 세포수 60조 개, 간의 총 세포수 3,000억 개, 간 세포 1개의 미토콘드리아 수 2,000개, 간의 총 미토콘드리아 수 600조 개에서 요소회로가 돌아가고 있다.

요소회로는 간세포의 미토콘드리아에서 일어난다. 이 과정은 7단계를 거치면서 진행되며 각 단계의 효소가 망가지면 요소회로 대사 이상증이 발생하여 고암모니아혈증의 원인이 된다. 대표적인 것이 OTC 효소결핍증인데 이것의 증상은 혈액암모니아가 상승하고 아미노산 분석을 해보면 글루타민, 글루타민산, 알라닌 등의 아미노산 3종류가 증가하고 시트룰린은 감소하며, 오줌에 oroticacid가 다량으로 검출된다. 이것 외에도 시트룰린혈증 1형을 비롯하여 6가지의 요소회로 대사 이상증이 알려져 있다. 정상인의 혈중 암모니아 농도는 $35{\sim}100{\mu}g/d\ell$이며 $150{\mu}g/d\ell$ 이상이면 심한 간손상을 일으킨다.

요 펩티드(urine peptide or polypeptide)

항결핵 작용을 하며, 화학적으로 순수 분리되어 있고, 분자량은 2,000 이하다.

우로키나아제(urokinase)

이 효소는 강력하게 동맥을 확장시키는 물질로서 관상동맥의 혈류를 증가시켜 많은 혈액을 심장근육에 공급하는 작용을 하는 니트로글리세린과 비슷한 효과를 나타낸다. 지금은 신장세포를 배양하여 제조한다. 심근경색증, 폐색전증, 정맥혈전증 등의 위급한 환자에게 주사하며 주사 한 대에 100만 원 정도 한다. 출혈 경향, 피부 발진, 발열, 두통, 출혈열 환자나 임산부에게는 사용하지 않는다.

인터류킨-1(interleukin-1)

여러 물질들의 효과를 증강시키기도 하고 억제시키기도 한다.

천연 코르티손(natural cortisone)

잘 알려진 강력한 치료 물질이며 스트레스에 대응하는 물질이다.

특수 항원 물질과 항원 의존성 물질

아직 규명되지는 않았으나 특수 항원 물질이 오줌에 존재해 그것을 섭취하면 체내에서 항체가 생성되어 건강 증진 작용을 하는 것이다.

프로스타글란딘(prostaglandin)

낙태 수술과 피임에 사용되며, 혈압을 낮추는 작용도 한다. 자궁근에 직접 작용해 수축시킨다. 염증삼출액에 이 물질이 다량 함유되어 발열 작용을 한다. 구토, 설사, 복통, 발열, 국소성 정맥염 등의 부작용이 있다.

프로테오스(proteose)

알레르기 반응에서 면역학적으로 작용하는 물질이다.

항결핵 작용

오줌의 항세균 작용은 pH가 낮아지면 더 강해진다. 따라서 비타민 C를 다량 섭취하면 오줌의 항결핵 효과가 상당히 높아진다.

CDA-Ⅱ

CDA는 세포분화 촉진물질(cell differentiation agent)의 약자다. 암세포는 유전적 변이로 인해 분화 기능을 상실하고 증식만을 계속하는 세포이므로 분화 기능을 회복시켜주면 암 치료가 된다는 뜻에서 CDA라는 말을 붙인 것으로 이해된다. 대만의 요명징(廖明徵) 박사가 미국에서 30년간의 연구생활 중에서 16년간을 오줌 성분 중의 항암물질 연구에 전념해 얻어낸 신물질 효소다.

CDA-II 효소는 암세포의 DNA에 붙어 있는 메틸기를 제거하는 효소다. 암세포의 DNA 메틸화 효소는 정상 세포보다 활력이 매우 강하기 때문에 암세포의 증식이 무한히 계속되는 것이다. 이러한 암세포의 DNA 메틸기를 제거하는 효소가 CDA-II이므로 모든 암세포에 선택적으로 작용하며, 정상 세포에는 전혀 부작용이 없다. 이것을 말기 암 환자(흉선암, 방광암, 폐암, 신장암, 결장암, 간암 등)에게 임상실험한 결과, 놀라운 효과를 올리고 있다. CDA-II의 구성 성분은 유기산, 색소물질(pigment peptides), 페닐아세트산(phenylacetic acid), 우로에리트린(uroerythrin) 등이며, 이러한 물질들이 암세포의 마지막 분화를 유도하여 암 세포의 종말(apoptosis)을 가져온다는 것이다.

위에서 설명한 바와 같이 오줌 성분에는 일부 우리 몸에 해로운 것도 있다. 그러나 오줌의 대부분은 우리 몸에 유익한 영양물질, 생리활성물질, 기타 건강 관련 성분으로서 먹어도 좋은 것들이다. 이것은 마치 공기 혹은 물속에 바이러스, 대장균, 먼지 등의 유해한 물질들이 미량 존재하더라도 물과 공기는 몸에 필요한 성분이므로 마셔야 하는 것과 같은 이치로 생각하면 된다. 그러한 미량의 유해 오염물질을 섭취하더라도 우리 몸은 면역 기능이 충분히 갖추어져 있어서 문제 될 것이 없다.

EGF(세포성장 촉진물질)

오줌에는 상피세포의 성장을 촉진시키는 물질 EGF가 함유되어 있어서 오줌을 마시기 시작하면 신진대사가 왕성해지고 손톱, 발톱, 머리카락이 빠르게 자란다. 얼굴에 기미도 없어지고 혈색도 맑아진다. 이 물질은 2~16세 사이의 아이들 오줌에 많이 들어 있다. 따라서 노화 예방이 목적이라면 사춘기 아이들의 오줌을 먹는 것이 좋을 것이다. 그러나 질병 치료

가 목적이라면 자기 것을 먹어야 병이 빨리 낫는다. 오줌이 백신의 기능을
하기 때문이다.

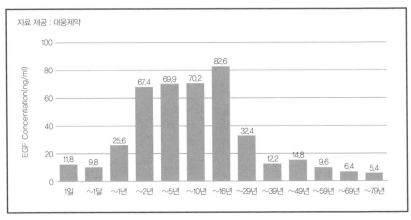

연령별 오줌 속의 EGF 함량

오줌에서 분리된 임상치료용 약리물질		
물질명	작용	특성
angiostatin	미국, 암에 걸린 쥐의 오줌에서 분리, 항암효과 탁월	동물에도 암이 있다. 암 세포가 쥐의 몸에서 증식하는데 여기에 저항하는 항암물질이 생성되어 사람에게 이용된다.
CDA-II (유기산, 펩티드, 페닐아세트산, 우로에리트린으로 구성)	암세포의 메틸화 효소를 저지하는 효소, 항암효과 탁월	미국에서 연구해 분리한 물질. 중국에서 신선한 오줌을 수집하여 상품으로 생산
A1M, IgG, Retinol Binding Protein	독일, 면역물질 발견, 1998	신생아에서 18세까지의 657명 아이들의 오줌을 분석해 발견
프로란테스 hCG	여성 배란 촉진, 가축의 발정 유도 및 배란 촉진	화란에서 분리해 상품화. 국내 양지화학이 수입 공급 및 독일 바이엘 제품
interleukin-1 억제물질	시상하부를 자극해 열을 발산시키는 인터류킨-1을 억제하는 물질	오줌을 먹으면 해열된다.

urokinase	혈관 안의 피가 굳어져서 심장 발작을 일으키는데 (혈전증) 이것을 용해한다.	오줌이 혈전증 치료에 효과
약품 Leukoprol 주성분 – Mirimostim (森永乳業社)	NK cell 활성화, 백혈구 감소증 치료제	4만 yen/tablet
약품 Carnaculin 주성분 – kallidinogenase	암 환자의 순환계 작용 효소	
프라단친 (약품명)	우울증 치료제	

04
오줌의 맛과 색

　오줌의 색깔은 먹은 음식에 따라서 달라진다. 음식물이 소화 흡수되고 남은 것이 배설되기 때문이다. 육류를 많이 먹으면 오줌이 혼탁해지고 단백질이 많이 나온다. 반면에 채소를 많이 먹으면 오줌이 맥주 색이지만 맑고 깨끗하다. 오줌은 체내의 생리 상태를 그대로 나타내는 것이므로 오줌의 성분 분석은 대단히 중요하다. 오줌의 성분은 사람에 따라서 다르며 같은 사람일지라도 식사의 질에 따라서 달라진다. 당근을 먹으면 오줌의 짠맛이 적어지고 오줌 색이 엷어진다.

　오줌의 색소는 몸이 정상적일 경우에는 노란색을 띠며, 수분을 많이 섭취하면 담황색이 되고, 수분 섭취가 부족하면 갈색이 된다. 정상적인 오줌의 색소 물질은 우로크롬(urochrome)이 주된 것이며 그 외에 극소량의 hemato, porphyrin, urobilin, uroerythrin 등을 함유한다.

　오줌의 색깔로 보는 건강 상태는 다음과 같다.

　무색 : 수분을 많이 섭취, 당뇨병, 위축신장 등

　황갈색 : 담즙색소

　적갈색 : 우로빌린(urobilin)체(열성질환, 간질환)

　적색 : 혈뇨, 혈색소뇨, 페노발린(phenovalin), 산토닌(santonin), 설

포날(sulfonal), 트리올(triole) 중독 등 약품에 의한 중독

암적갈색, 녹적갈색 : 황달, 간염

흑갈색 : 페놀(phenol), 멜라닌(melanin), 알캅톤뇨증(alkaptonuria)

유백색 : 지방구, 고름, 요로화농질환

황록색 형광 : 리보플라빈(riboflavin, 비타민 B2), 아크리플라빈(acriflavin)

05
요진법

오줌으로 건강 상태를 판단하는 것을 요진법(尿診法)이라고 한다. 이것은 티베트에서 오래전부터 행해지고 있으며, 환자의 오줌 상태를 보고 처방을 내는 것이다. 오줌을 받는 시간은 아침 해 뜨는 시각이 좋다. 이때가 오줌의 상태를 관찰하는 데 가장 조명 상태가 좋기 때문이다. 빛이 너무 밝거나 어두우면 판별하는 데 어려움이 있다.

관찰 방법
① 금방 받은 오줌으로 1차 관찰하고
② 잠시 놓아둔 후에 온도가 내려갔을 때 다시 관찰하고
③ 완전히 식은 후에 또 관찰해 시간의 경과에 따른 오줌의 상태 변화를 관찰한다. 관찰 항목은 오줌의 상태, 증기, 냄새, 맛, 거품, 부유물, 식은 다음의 색소 변화 등이다.

채뇨 용기
오줌을 받는 용기는 백색의 넓은 사기그릇이 좋다.

정상 오줌

정상적인 오줌은 담황색으로 투명하고 깨끗하다. 특별한 맛이 없고 약간 지린내가 있으며, 오줌 표면에는 수증기가 있지만 금방 사라진다. 부유물도 없다. 거품은 소량이며 크기도 고르고 작은 편이다. 거품에 이상이 있으면 병적인 증거다. 이러한 정상적인 오줌에 이상이 생기면 모두 병적인 의미를 지닌다.

색의 변화에 의한 진단

홍색, 혼탁, 부유물이 침전한 경우 : 신장병

홍색과 녹색, 투명, 부유물이 중간에 있는 경우 : 비장질환

흑색과 담홍색, 부유물이 고르게 분포한 경우 : 간장병

06
오줌 치료의 학술적 근거

　　요료에 대한 세계적 권위자 나카오 의사는 각국에서 연구된 결과를 종합해 다음과 같이 이론을 정리했다. 즉 오줌을 마시는 것은 인류의 본능이다. 그것은 첫째 종족 보존을 위한 생식 행위였으며, 둘째 생명의 탄생과 동시에 그것을 유지하기 위한 영양분의 섭취 행위였고, 셋째 생명체의 잘못된 부분을 개선하기 위한 행위였다. 4,000년간의 요료 관습이 이러한 이론을 뒷받침하고 있다. 태아는 모체의 태내에서 자신이 배설한 양수를 마심으로써 결국은 자기 오줌을 순환적으로 재섭취하고 있는 것이다.

　　오줌에는 각종 영양성분이 많이 함유되어 있어 영양분으로서의 이용 가치는 인정되지만 질병을 치유하는 약으로서의 물질은 되지 못하며 질병의 치유 효과는 새로운 메커니즘에 의해 나타난다는 것이 여러 연구 결과 밝혀지고 있다. 결론적으로 말하면 오줌이 약으로서의 기능을 하는 것이 아니라 몸의 건강 상태와 관련된 어떤 정보가 오줌 속에 존재한다는 것이다. 그 정보가 뇌에 전달되어 병변에 대응하는 치료 물질이 생성되고 또 면역 기능이 활성화되어 신체의 자연 치유력이 강화되면서 질병이 치유되는 원리인 것이다. 이것을 뒷받침하는 증거로서 다음과 같은 실험 결과에 주목할 필요가 있다.

① 오줌을 카테터로 1개월간 위에 직접 주입해도 효과가 없다.

② 방광, 수뇨관, 신장에 암이 발생한다는 사실은 체내의 오줌에는 항암 효과가 전혀 없다는 뜻이지만, 오줌을 경구 투여함으로써 암세포의 억제와 소멸이 인정된다.

③ 오줌으로 가글링만 해도 마시는 것과 같은 효과가 있다.

④ 음뇨 후에 즉시 물로 입을 헹구면 효과가 없다.

⑤ 1,000만 단위의 인터페론을 주사하는 대신에 그것의 10만분의 1에 해당하는 100 단위의 오줌을 경구 투여함으로써 동등한 효과를 얻는다.

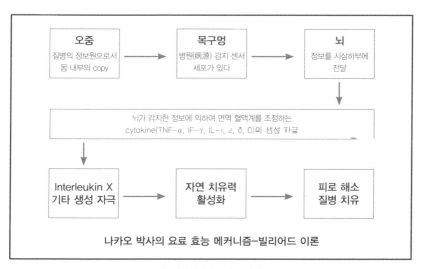

요료법의 효능 메커니즘

우리의 생체는 외부의 이물질이 침입하면 그것을 죽이거나 무독화시키는 방어체제를 갖추고 있다. 이 방어체제가 약화되면 질병이 발생한다. 오줌이 몸에 들어가면 인터류킨이나 프로스타글란딘, 인터페론, SPU(수면 조절 호르몬, 병원균 면역 증강), 엔도르핀, 엔케팔린 등의 물질 생성이 활성화될 것이다. 이러한 물질의 작용으로 암세포를 파괴하는 임파구

(림프구) 생성이 촉진되고, T세포가 많이 생성되면 면역 능력이 강화되어 자연 치유가 되는 것이다. 에이즈 바이러스가 침입하면 이것을 죽이는 킬러세포(killercell)가 만들어지겠지만 그 수가 적으면 에이즈균을 완전히 제압하지 못해 에이즈가 양성화된다. 그러나 오줌의 성분이 킬러세포의 생성을 자극해 활성화시키면 에이즈 퇴치가 가능할 것이다.

다른 사람의 오줌보다 자신의 것이 가장 좋다. 얼마를 먹든지 부작용은 없어 일본에서 가장 많이 마시는 사람은 하루 3리터의 오줌을 마신다고 한다. 일반적으로 사람의 오줌 배설량이 평균 1.5리터임을 고려할 때 적당량을 자기 스스로 결정하면 된다. 오줌을 많이 마시면 식사량을 줄여야 한다. 오줌의 영양소가 많기 때문에 식사를 평상시처럼 하면서 오줌을 마시면 과식하는 것이다.

입에서 나오는 침의 배설량도 약 1.5리터이며 오줌의 배설량과 비슷하다. 얼마를 마셔야 한다는 강박관념에 사로잡힐 필요가 없으며 소변 볼 때마다 한 컵씩 혹은 반 컵씩 마시거나 적당히 마시면 된다. 오줌은 몸에 가장 적합한 활성물질을 많이 함유하고 있는 생약이다.

인도에서 건강한 사람45명을 선발하여 오줌을 하루에 200ml씩 혈관에 주사하면서 3개월간 혈액 성분을 조사하였는데 아무런 변화가 없다고 하였다. 즉, 오줌을 혈관에 주입하여도 아무런 문제가 없다는 것을 입증한 것이다.

혈액	크레아티닌(mg/dℓ)	요산(mg/100mℓ)	요소(mg/100mℓ)
주사 전	0.88	5.5	33
주사 후	0.91	5.7	34.5
정상 범위	0.5~1.3	6~7	20~40

미국 메릴랜드 대학 인체 바이러스 연구소의 로버트 갈로 박사팀은 카포시 육종을 연구하는 과정에서 초기 임산부의 오줌에서 뽑아낸 HAF 단백질이 에이즈와 암 치료에 효과가 뛰어난 것으로 확인되었다고 발표했다. 이 단백질을 실험 쥐에 투여한 결과 에이즈 바이러스의 증식 억제, 카

포시 육종 억제 효과가 뛰어나고 면역세포 T세포의 증식과 골수의 조혈 능력도 향상된다는 것이 영국의 의학전문지 『Nature Medicine』에 실렸다고 소개되었다(1998. 4. 1 〈조선일보〉). 이와 같이 오줌에는 탁월한 생체 기능성 물질이 함유되어 있다.

또 암에 탁월한 효과가 있는 것으로 1994년에 보고된 안지오스타틴 (angiostatin)도 암에 걸린 쥐의 오줌에서 분리한 것인데 이것은 암 조직으로 들어가는 혈액 공급을 차단함으로써 암세포에 영양 공급을 중단시켜 암이 저절로 치유되는 것이다. 즉 혈관이 새로 만들어지는 것(angiogenesis)을 억제하여 암세포의 전이가 억제되는 것이다. 이것을 엔도스타틴(endostatin)과 함께 투여하면 더욱 효과적이다. 안지오스타틴은 플라스미노겐(plasminogen)의 일부분으로서 분자량 약 3만 8,000의 펩티드 물질이다.

체중조절 문제에 대한 요료의 논리도 가능하다. 체내에 지방이 쌓이면 혈액 중의 호르몬 렙틴(leptin) 농도가 높아지고 이 호르몬이 뇌에 신호를 보내 더 이상의 칼로리를 섭취하지 못하도록 기능을 하는데, 렙틴의 신호를 뇌에 전달해주는 MC4 수용체가 제 기능을 못하면 렙틴의 식욕조절 지시가 뇌에 전달되지 않아서 식욕이 계속 강하게 작용해 비만을 유발하게 된다. 따라서 오줌 성분의 어떤 물질이 MC4 수용체를 활성화시켜준다면 체내 지방의 신진대사가 촉진되어 체중조절이 자동적으로 가능해진다. 체열 생성을 조절하는 단백질의 생성 유전자 UCP2의 활성도 사람에 따라서 다른데, 이 유전자의 기능이 약화되면 체지방의 소모가 줄어들어 체중이 증가하고, 반대로 이 유전자의 기능이 강하면 열 생성 단백질을 많이 만들어내어 에너지 소모가 낮아지므로 체내 지방을 많이 연소시켜 체열로 발산하며 결국에는 지방의 체내 축적을 방지하게 되어 체중조절이 가능해진다. 이와 같이 식욕과 체중조절에 관여하는 유전자 MC4와 UCP2의 기능을 강화시켜주는 물질이 오줌에 함유되어 있다면 요료의 체중조절에 대한 학리적 논리가 성립되는 것이다.

오줌의 항산화물질도 중요한 기능을 할 것으로 추측된다. 일반적으로 항산화물질은 지용성과 수용성으로 구분되며, 수용성 항산화제의 대표적인 것이 비타민 C와 요산이다(近藤, 1992). 이것들은 수용액에서 생성되는 라디칼을 포착하여 제거한다. 오줌의 요산은 푸린체의 최종 대사산물로 통풍의 원인이 된다고 해서 요산 함량이 높으면 좋지 않은 것으로 평가되었다. 그러나 최근에 와서 요산의 항산화작용이 수용액에서 라디칼을 포착해 제거하는 작용을 하는 것으로 재평가되고 있다. 비타민 C와 글루타티온(glutathione)은 금속이온의 존재하에서 오히려 산화 촉진 작용을 하지만, 요산은 금속이온을 불활성화해 안정된 복합체를 형성하므로 항산화작용을 지속적으로 나타낸다. 지용성 항산화제에는 비타민 E, 유비퀴논, 카로티노이드 등이 있는데 지질막에서 생성되는 과산화지질을 포착해 라디칼의 연쇄반응을 정지시키는 작용을 한다. 생체 내에서는 수용성 항산화제와 지용성 항산화제의 공동 작용으로 라디칼의 공격에 대처하는 것으로 생각된다.

생체 물질에 대한 해석도 과학의 진보에 따라서 의미가 다르게 나타나는 경우가 흔히 있다. 빌리루빈의 경우도 Heme의 최종 대사산물인데 불용성 물질이며 간 기능과 담즙대사에 이상이 있어서 오줌으로 배설된다. 따라서 이것이 많아지면 황달이 오고 피부에 색소가 침착하는 것으로 알고 있으나 최근에는 이 단백질의 항산화작용의 긍정적인 측면에 관심이 쏠리고 있다. 대부분의 빌리루빈은 알부민과 결합하고 있으며 알부민도 항산화작용을 가지고 있으므로 빌리루빈과 알부민의 이러한 기능에 대한 연구가 더 진행되어야 할 것이다. 1998년 독일에서는 어린이(신생아에서 18세까지) 657명을 대상으로 오줌을 분석한 결과, 면역물질 알부민과 IgG, 레티놀 결합 단백질 등을 분리했다(Lehrnbecher 등, 1998).

오줌과 똥을 구분하지 못하는 사람들도 많다. 똥이 더러우니까 오줌도 더럽다고 생각한다. 똥은 음식이 입으로 들어가서 몸을 관통하는 터널을 지나서 나온 것이고, 오줌은 혈액이 몸의 세포와 조직을 통과해 아주 정교하게 만들어진 여과장치를 거쳐서 나온 것이므로 피보다 더 깨끗한 것이다.

1) 신장의 구조

콩팥(신장)은 체중의 0.5퍼센트 정도에 해당하는 작은 기관(길이 11센티미터, 폭 6센티미터, 무게 150그램)이며, 허리 뒤쪽에 2개가 짝을 지어 나란히 위치하고, 우측 것이 좌측 것에 비해 약간 낮게 위치하고 있다. 신장은 30여 종 이상의 세포로 구성되어 있으며, 체액 및 전해질 조절 기능, 혈압 조절 기능, 산염기 평형 유지 기능, 내분비 장기의 기능 등을 갖추고 있다. 또한 대사 과정에서 생성되는 요소, 요산, 크레아티닌(creatinine) 등의 배설과 체액의 Na^+, K^+, Cl^-의 농도를 조절하며, HCO_3^-와 NH_3의 배설, pH 조절 등의 항상성을 유지하고 있다.

콩팥의 기능적 구성 단위는 네프론(사구체, 보먼주머니, 세뇨관의 집합체로 구성)이며, 각각의 신장 1개는 100~150만 개의 네프론(nephron)으로 구성되어 있다. 네프론의 80퍼센트가 망가지면 투석을 해야 한다. 하나의 네프론에 1개의 사구체가 있는 셈이다.

전신을 순환하던 혈액은 끊임없이 신장으로 보내져 여과되며 오줌을 만드는 곳은 신장 내의 네프론이다. 이것은 사구체와 세뇨관으로 구성되어 있다. 이 사구체에서 혈액이 여과되어 원뇨(原尿)가 만들어지는데 하루에 180~200리터 정도 된다. 만약 이 원뇨가 그대로 배설되면 몸에 필요한 영양소의 손실이 너무 커서 영양실조가 될 것이다. 따라서 원요의 영양성분은 사구체에 이어지는 세뇨관에서 재흡수되고 나머지는 오줌으로 배설되는데 배설량은 원뇨의 약 1퍼센트로서 하루에 맥주병으로 약 세 병 정도 된다.

오줌에는 단백질도 많이 배출된다. 상피세포를 비롯해 각종 단백질이 분비되어 나온다. 신장은 레닌(renin, 단백질 분해효소), 칼리크레인(kallikrein, 단백질 분해효소), 에리트로포이에틴(erythropoietin, 분자량 4만의 당단백질, 골수에 작용해 적혈구 생성 조절), 프로스타글란딘(신장의 혈관 내피세포, 사구체, 집합관, 수질의 간질세포 등에서 합성 분비, 혈관 이완 기능), 메둘리핀(medullipin, 혈압 강하 기능), 비타민 D(회장에서 칼슘 흡수 촉진, 골조직에 칼슘 축적 조절) 등의 내분비 물질을 분비한다.

사구체의 여과막 구멍의 크기는 약 3~4나노미터(㎚)이며 분자량 7만~8만 이상의 것은 통과시키지 않는다. 헤모글로빈은 분자량 6만 4,000에 직경 3.25나노미터로서 약 3퍼센트 정도가 여과될 수 있고, 알부민(분자량 6만 5,000, 직경 3.55나노미터)은 1퍼센트 미만이 여과될 수 있다. 따라서 오줌 성분은 미세한 콩팥의 사구체라고 하는 나노 필터를 거쳐서 나온 것이므로 오줌을 바이오나노 생약(bionano medicine)이라고 부르는 것이 정확한 표현이다. 혈액에는 세균, 바이러스가 존재할 수 있지만 가장 작은 바이러스의 크기도 30나노미터이므로 사구체 구멍 3~4나노미터를 통과할 수 없다. 그래서 오줌을 피보다 더 깨끗하다고 말하는 것이다.

어떤 사람은 출생 시부터 콩팥이 하나뿐인 경우도 있다. 창원에 거주하는 41세의 한 남자는 선천적으로 콩팥이 하나뿐인데 항상 속이 아프고 몸이 피로했으며 혈압도 높아서 약을 먹었다. 그러다 오줌을 먹기 시작하면서 몸이 아주 가벼워지고 배 속이 편해짐을 느꼈는데 신장 기능 검사의 수치는 1.9(정상 수치는 1.3)였다. 혈압이 높더라도 꾸준히 요료를 실천했더니 몸의 컨디션이 매우 좋아졌다고 한다.

2) 신장의 기능 검사

당뇨병 검사를 위해 오줌의 당 함량을 검사하는 것과 같이 신장의 기능 검사에서는 요단백을 검사하게 된다. 혈액의 일부 단백질은 사구체에서 원뇨로 배출되지만 세뇨관에서 재흡수된다. 따라서 신장의 기능이 정상이면 요단백은 5~10밀리그램 정도 포함된다. 그러나 사구체에 염증이 있거나 네프로제 증후군 등의 신장병이 있으면 신장의 여과 눈금이 엉성해져서 다량의 단백실이 오줌으로 배설된다. 또 신장에는 아무런 이상이 없더라도 요결석이나 방광염 등이 있으면 오줌 통로에 이상이 생겨서 요단백이 나올 수 있다. 과격한 운동을 하거나 뜨거운 물에서 목욕을 하거나 단백질이 많은 식사를 했을 때, 월경 전, 임신중독, 스트레스 상태에서도 요단백이 나올 수 있다. 따라서 한 번 검사해보고 요단백이 양성이라고 해서 신장병으로 생각할 필요는 없다.

신장 기능이 저하되면 몸에 필요한 물질을 오줌으로 흘려버릴 수도 있고 한편으로는 배설되어야 할 물질이 혈액에 많이 남아 있게 되므로 건강에 문제가 생길 수 있다. 신장의 작업 능력을 구체적으로 조사하기 위해서는 요단백을 비롯해 혈액 중의 요소질소, 크레아티닌, 요산 등의 양을 측정하는 혈액검사가 필요하다. 요소질소(정상치 8~17mg/dℓ)는 주로 단백질이 에너지로 변할 때 나오는 연소 가스이며 물에 용해성이 좋아서 보통은 오줌으로 쉽게 배설되어버리지만 신장염이나 네프로제 증후군 등이 있으면 혈액 중에 축적되어 25mg/dℓ 이상으로 증가한다. 악성 고혈압이나 동맥경화로부터 오는 신경화증, 당뇨병에 의한 사구체 비대로 결절이 생기는 당뇨병성 신장염일 때에도 요소질소가 높은 수치를 나타낸다. 40mg/dℓ 이상이면 신부전증이 되며, 100mg/dℓ 이상이면 요독증일 가능성이 높아지고 위험한 상태가 된다. 요소질소의 수치가 높은 경우에는 신염, 네프로제 증후군, 신경화증, 당뇨병성 신증(腎症), 악성 고혈압, 통풍, 간경변, 탈수 등과 관련된다.

그리고 요단백 검사에서 양성 판정이 나왔을 때 신장이나 요도관, 방광 등에 이상이 있는가 없는가를 조사하는 경우, 반드시 오줌을 현미경으로 검사하는 요침사 시험이 있다. 오줌을 시험관에 취해 5분간 원심 분리하면 바닥에 침전물이 생기는데 이것을 슬라이드 글라스에 올려놓고 400배로 관찰해 고형물의 종류와 수를 관찰한다. 10회 시야를 이동시키면 1~2개 정도의 적혈구나 백혈구가 정상 오줌에도 나타난다. 그 외에도 요도관의 상피세포가 떨어져 나온 것도 있고 신장에서 오줌 성분이 응고해 젤리 상태의 원주형, 요산염의 결정 등이 약간 관찰되기도 한다. 이러한 고형물을 조사해 장애 부위가 어디이며 어느 정도의 상태인지 추측하게 된다. 적혈구가 증가했으면 신장, 방광, 요도 등에 염증이나 출혈이 예상되고, 백혈구가 증가했으면 방광염, 요도염이 예상된다. 또 상피세포가 많으면 방광염, 요도염 등이고, 원주형이 보이면 만성 신염과 네프로제 증후군이며, 요산염이 보이면 통풍이 우려된다.

3) 요료에 의한 분변의 색

우리의 장내에는 세균이 1그램 중에 1,000억 마리 서식하며, 그 중에는 유익한 세균도 있고 해로운 세균도 있다. 오줌을 마시면 변의 색이 황색으로 변하는 것을 관찰할 수 있는데 이것은 변의 물리화학적 조건이 변화된 것을 의미한다. 이러한 사실은 매우 중요한 의미를 갖는다. 오줌을 마시면 흔히 암모니아 생성으로 인한 독성을 우려하는 사람들이 있는데 만약 암모니아가 생성되면 분변이 알칼리로 변해 흑갈색으로 될 것이다.

그러나 요료에 의해 분변색이 황색으로 된다는 것은 분변이 산성으로 변해 장내 부패가 억제되고 유산균이나 비피더스균의 증식이 왕성하다는 것을 말해준다. 따라서 여기에 대한 검증이 필요하다. 오줌에 함유된 여러 가지 무기질, 아미노산, 펩티드, 비타민 등은 장내에 유익한 유산균, 비피더스균 등의 생육 촉진에 관여할 것으로 추측된다.

4) 요료의 암모니아 중독 문제

암모니아는 가스 상태나 혹은 액체 상태(암모니아수)로 활용되는데 농도가 높으면 강한 자극성을 나타내며, 직접 피부에 닿으면 빨갛게 되고 따갑기도 하다. 가스를 흡입하면 중추신경이 흥분되어 혈압이 상승하고 호흡 항진을 일으킨다. 암모니아수는 무색 투명하고 국소 자극 기능을 이용해 기도 분비를 자극해서 기관지 점막의 탄산염을 분비시켜 거담 작용을 촉진한다. 많이 복용하면 구토, 위장염, 허탈 증세를 보이고, 눈에 들어가면 결막염 등을 일으킨다.

이러한 이유 때문에 어느 정도의 전문 지식이 있는 사람이면 요료 반대의 첫 번째 이유로 제시하는 것이 암모니아 독성 문제다. 필자도 이 문제를 가장 비중 있게 검토했다. 전문가들과 수많은 토의를 거치면서 객관적인 평가를 하기 위해 노력했다. 결론적으로 자문에 응했던 모든 전문가들은 그 정도의 암모니아는 아무런 문제가 없다고 했다. 앞에서도 설명한 것처럼 물과 공기에도 대장균, 바이러스, 중금속 등의 유해물질이 있지만 그 양이 보잘것없는 미량이기 때문에 무시해도 좋으며 그러한 것이 무서워서 물과 공기를 먹지 않을 수 없는 것과 같은 이치라고 생각하면 된다. 우리의 생체는 그것을 충분히 극복할 수 있는 자체 조절 능력을 갖추고 있다. 오줌에도 암모니아, 페놀 등 약간의 유해물질이 함유되어 있지만 대부분은 아미노산, 단백질, 미네랄, 비타민, 당, 유기산, 기타 생리활성물질로서 우리 몸에 유익한 것들이다.

체내에서 암모니아의 생성 과정은 요소 분해에 의한 것과 각종 아미노산 분해에 의한 것이 있다. 생성된 암모니아는 ①간에서 요소 사이클에 이용되어 오줌으로 배설되고, ②조직에서는 주로 글루탐산에 대한 아미드화의 작용으로 글루타민을 생성해 푸린체 생합성 시에 질소원으로 공급되거나 오줌으로 배설되고, ③간에서 케토산(α-ketoglutaric acid)과 아미노산(주로 글루타민산)을 생성하며, ④신장과 간에서는 크레아틴을 생성하고, ⑤신장에서 탈아미드화 반응으로 생성된 암모니아는 오줌으로 배설되는 등 여러 경로를 통해 이용되거나 배설된다. 오줌 암모니아의 40퍼센트는 신장에서 탈아미드화 반응에 의해 생성된 것이고, 60퍼센트는 글루타민의 탈아미드화 반응에 의해 생성된 것이다.

만약 암모니아가 요소로 배설되지 않으면 혈액을 타고 뇌하수체를 자극해 성호르몬 분비 장애를 일으켜서 불임을 초래한다. 그러나 암모니아는 반드시 독성물질로서만 작용하는 것이 아니라 아미노산의 합성에 이용되기도 한다. 장(腸) 내용물 중에 암모니아가 생성되면 장벽이 두터워져 영양소의 흡수 장애를 초래한다. 가축의 사료에 비흡수성 항생물질을 첨가하는 것은 유해 미생물의 증식을 억제해 암모니아 생성을 줄이고 그 결과 장벽이 얇아져서 영양소의 흡수가 촉진되도록 하는 것이다. 이와 같이 오줌의 요소(urea)는 극히 소량으로 장에서 분해 흡수되어 간에서 비독성의 요소로 합성된 다음에 오줌으로 다시 배설되거나, 분해되지 않는 것이 있으면 변으로 배설될 것이므로 문제 될 것이 없다.

만약 200밀리리터의 오줌을 마시는 경우, 이것의 100퍼센트가 암모니아로 되는 것을 계산해본다면 200밀리리터 중의 요소는 4그램이고 여기서 2.7그램(2,700밀리그램)의 암모니아를 생성하게 된다. 이것이 혈액(체중의 5퍼센트) 약 3,000밀리리터에 희석된다면 혈액 100밀리리터 중에는 90밀리그램의 농도가 되어서 암모니아 중독 기준 25밀리그램의 수준을 훨씬 초과하는 것으로 오해할 수 있으나, 공급된 요소가 한꺼번에 암모니아로 생성되어 혈액으로 전량 이행되는 것이 아니고 시간적인 소요를 고려할 때 간으로 이행되는 즉시 요소로 합성되기 때문에 혈액에 농축될 우려는 없으며, 또 생성된 암모니아가 장내 미생물의 질소원으로 이용되기도 하고 장내 상피세포 증식에 필요한 아미노산의 원료로 이용되기도 하기 때문에 실제로 혈액으로 이행되는 양은 그렇게 많지 않다고 학자들은 주장한다.

간문맥 중 암모니아 함량을 측정한 경우 $5mg/100m\ell$이며 정맥의 경우에는 $0.5mg/100m\ell$ 수준에 지나지 않는다고 한다. 따라서 음뇨에 의한 암모니아의 독성 문제는 전혀 염려할 필요가 없다. 그러나 간에서 암모니아를 요소로 합성하는 효소계가 결여된 유전질환이 있는 사람에게는 해로울 수 있다고 본다. 만약 이러한 유전질환자가 있다면 요료를 하지 않더라도 단 하루도 살아갈 수 없을 것이다. 위에서 설명한 암모니아 생성량은 오줌의 요소가 100퍼센트 암모니아로 변한다는 것을 전제로 계산한 것이다. 그러나 실제로는 오줌에 함유된 암모니아의 하루 배설량은 겨우 0.49그램에 불과하다. 거담약으로 사용하는 암모니아수는 하루에도 여러 차례 마시며, 거담을 위한 음용으로는 1회에 0.15~0.5그램 정도이므로 요료로 마시는 암모니아의 양(약 0.07그램)은 극히 적어서 문제 될 것이 없다. 이러한 제반 내용을 고려할 때, 요료의 타당성에 대해 건국대학교 맹원재 박사(영양학)는 필자의 주장을 적극 지지한다고 말했다.

08
오줌의 독성 시험

1) 인공방광 시험

　난치병 치료를 목적으로 오줌을 마신 효과에 대한 임상적 경험은 의사들의 기록을 통해 많이 소개되어 있으나 그 독성이나 부작용에 대해 과학적인 실험 방법으로 연구 보고된 것은 없다. 다만 해부학적 연구를 통해 방광이 절제된 환자에게 회장과 대장의 일부를 방광으로 묶어서 방광 기능을 하도록 한 시험의 결과가 보고되어 있는데 여기서 간접적이지만 장기간에 걸쳐서 장 점막이 오줌과 접촉하는 사이에 어떻게 변하는지 알 수 있다.

　스웨덴 의과대학의 비뇨기과 의사 필립슨(Philipson) 등(1986)은 10명의 환자(여자 7명, 남자 3명, 나이 범위 20~63세, 평균 연령 40세)에게 시험한 결과, 회장(回腸)으로 만든 오줌 주머니로서의 해부학적 변화는 점액층 섬모의 길이가 오줌과 접촉하는 사이에 점차 짧아져서 2~3년 후에는 평평하게 되고 방광으로서의 기능을 대신할 수 있게 되었다고 했으며, 괴사나 염증은 나타나지 않았다고 보고했다. 즉 회장과 대장의 점막이 수년간에 걸쳐 오줌과 접촉했음에도 불구하고 아무런 독성이 없음을 말해주는 것이다. 이것은 요료의 효능을 검증할 목적으로 연구한 것은 아니지만 창자가 수년 동안 오줌과 접촉해도 부작용이 없다는 사실은 요료의 이해에 간접적으로 좋은 정보를 제공해주는 것이다.

2) 의사 자신에 대한 독성 시험

일본에서 여러 명의 요료 의사들이 스스로 요료를 실천하면서 한 달에 한 번씩 혈액검사를 해본 결과, 아무런 변화가 나타나지 않았다고 하면서 요료의 무해함을 인정하고 있다. 이분들뿐만 아니라 수많은 요료 시행자들—일본, 한국, 인도, 중국, 독일, 네덜란드, 영국 등—의 요료 체험 기록을 보더라도 오줌이 무독하다는 것을 알 수 있다.

3) 오줌 혈관 주사

인도에서는 건강한 사람 45명을 선발해 오줌을 하루에 200밀리리터씩 혈관에 주사하면서 3개월간 혈액 성분의 변화를 조사했는데 아무런 변화도 없었다고 보고했다. 즉 오줌을 혈관에 주입해도 아무런 문제도 없다는 사실을 입증한 것이다. 하물며 한두 잔 마시는 정도는 전혀 걱정할 필요가 없다. 크레아티닌은 병원에서 환자들의 신장 기능을 검사하는 지표인데 오줌을 먹은 후의 수치가 정상 범위에 들었다는 것은 오줌 섭취가 그만큼 안전하다는 뜻이다.

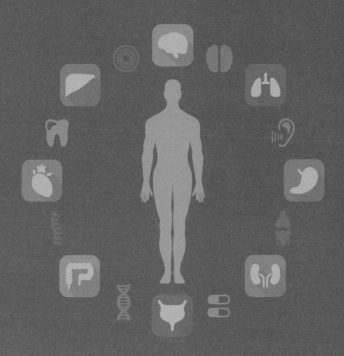

제7장

요료의 미래

요료는 장구한 세월을 통해 인도의 수도자들에 의해 민간요법으로 이용되어오다가 한국을 비롯한 영국, 독일, 일본, 미국 등에 알려지게 되면서 많은 사람들의 관심을 모으고 있다. 여러 명의 전문의사와 수많은 경험자들의 기록에 의해 그 효능이 알려지고 있지만 학술적으로 충분한 해설이 부족한 실정이다. 따라서 요료는 결과가 먼저 있고 이론이 뒤따르는 것이 현실이다.

요료의 효능이 놀라울 만큼 알려지고 있으면서도 여기에 대한 과학적인 연구가 이루어지고 있지 않은 이유는 이것을 상품화하는 데 어려움이 있기 때문이다. 자신의 오줌을 먹으라는 것이므로 약값을 받을 수도 없고 그래서 기업화와 상업화가 어렵다. 물론 오줌에서 우로키나아제, 항암제, 기타 효소를 분리해 임상용으로 활용하는 것은 상업화되어 있지만 오줌 그 자체를 통째로 제품화하는 것은 어려운 일이다. 이것이 요료의 특징이며 구태여 상품화할 필요도 없다고 생각한다. 사람들의 의식만 바뀌면 언제든지 신선한 황금의 생명수를 먹을 수 있기 때문이다. 자기 몸에 부작용이 많은 여러 가지 약은 아무렇지도 않게 먹으면서 부작용이 전혀 없는 황금의 생명수를 먹지 못한다는 것은 모순이다.

요료는 국가에서 공인한 것이 아니므로 어디까지나 개인이 선택할 문제다. 인간이 건강해지고 싶은 욕망과 권리는 인간으로서의 기본권이므로 이것을 법과 제도로 막을 수는 없다. 그래서 민간요법이 맥을 이어오고 있는 것이다. 그 중에서도 요료는 최고의 민간요법이라고 생각한다. 왜냐하면 의사들이 수많은 환자들을 직접 치료한 임상경험을 가지고 있고 의사 자신들이 스스로 확인 시험했기 때문이다. 앞으로도 현대의학이 발전해가는 정도에 따라서 요료의 번영과 쇠퇴는 결정될 것이다.

최근 오줌에 있는 줄기세포에 관한 연구논문이 2012년, 2013년, 2014년, 2015년, 2016년 매년 발표되고 있어서 관심을 끌고 있다. 줄기세포를 이용하여 미용, 통증 완화, 무릎연골 환자, 대장 누공, 심근경색 등의 치료 및 건강에 활용하는 연구가 활발하게 진행되고 있는데 오줌의 줄기세포를 이용하면 다른 줄기세포(배아줄기세포, 성체줄기세포, 역분화줄기세포, 유도만능줄기세포, 지방유래줄기세포, 모발여포줄기세포, 양막줄기세포)에 비해 시료 채취가 용이하고 비용이 저렴하며 비침습적 절차로 채집하기 때문에 유리한 점이 많다. 개인의 나이, 성별, 건강 상태와 무관하고 효소 처리를 하지 않고도 순수 줄기세포의 분리가 가능하며 텔로머라아제(telomerase) 활성을 가지고 있어서 기형이나 종양세포가 아닌 정상세포를 쉽게 형성한다는 장점을 가지고 있다. 오줌의 줄기세포는 주로 신장내생줄기세포, 사구체 모세혈관의 작은 돌기(podocyte), 평활근, 내피세포, 요로상피세포로부터 분리되어 나온다.

이러한 오줌의 줄기세포에 관심이 높아지자 요료인들은 새로운 자부심을 느끼게 되었다. 오줌을 마시고 기적 같은 치유 효과를 무엇으로 설명할 수 없었는데 역시 줄기세포의 어떤 기능이 작용하는 것 아닌가 추측하고 있다. 오줌 줄기세포의 이용이 매스컴에 오르내리자 국내 젊은 사업가는 오줌 줄기세포 은행을 2017년에 설립하고 앞으로의 줄기세포 수요에 대비한다고 하였다.

01
현대의료의 빛과 그림자

현대의학은 놀라울 정도로 발전했다. 특히 생화학, 분자생물학, 면역학, 미생물학 등의 발전에 힘입어 질병의 검사와 진단은 옛날에 비하면 매우 신속하고 종합적이며 상당히 정확하다. 유전자 치료, 장기 이식, 암과 에이즈의 극복도 곧 가능한 단계에 와 있다. 이러한 기술은 앞으로도 계속 발전해야 한다. 뿐만 아니라 대형 사고나 전염병 혹은 각종 질병으로 인한 수많은 환자의 치료는 병원에서만 가능하다. 한의학도 발전했다고 하지만 위급한 환자가 한방병원으로 가는 예는 없다.

서양의학이 이처럼 발전했음에도 불구하고 문제가 없는 것은 아니다. 과잉 진료, 과잉 투약 등으로 환자의 피해의식이 많이 남아 있을 뿐만 아니라 우리나라 전체 의료비 부담의 증가로 인해 경제에 그만큼 타격이 가는 것이 사실이다. 일본의 연간 의료비는 18조 엔이라고 하는데 요료의 확신으로 의료비가 감소하고 있다는 것이다.

약값이 비싸면 약효가 더 좋은 것으로 생각하는 사람들이 많으나 그것은 잘못된 판단이다. 물론 약의 종류에 따라서 비쌀 수밖에 없는 경우도 있지만 그런 것 외에 난치병에 무엇이 좋다며 터무니없이 비싸게 파는 돌팔이 약장사들이 있고, 또 그것에 현혹되는 사람들이 있다. 그리고 병원의 크기에 따라서 환자들의 신뢰도가 달라지는 것이 오늘의 실상이지만 그 것도 잘못된 의식 중 하나다. 너무 조급하게 결과를 기대하는 것도 문제이 며, 병원에 입원해 당장 좋은 결과를 얻지 못했다고 해서 다른 병원으로 옮 기면 그곳에서 다시 처음부터 모든 검사를 해야 하니 환자는 그만큼 검사 에 지치고 의료 비용의 부담도 늘어나는 것이다.

질병의 상태에 따라서는 전문의를 잘 만나야 양질의 치료를 받고 회 복할 수 있다. 자기 발로 걸어서 병원에 들어가 영구차로 퇴원하는 사람들도 수없이 많다. 종합병원에 대한 지나친 맹신이 오히려 자신의 생명을 박탈해 갈 수 있다는 것을 한 번쯤은 생각해보아야 한다고 의사 나카오는 말했다.

02
마지막 생명수

　필자가 요료를 처음으로 보급하기 시작한 1998년경에는 대부분의 사람들이 노폐물을 어떻게 먹을 수 있느냐고 반문했다. 몸에서 이용하고 필요 없는 것은 버리도록 창조된 것인데 그 노폐물을 다시 먹는다는 것은 신의 뜻에 위배된다고 주장하는 사람도 있었다. 죽을병에 걸리면 먹을지 몰라도 그렇지 않은 상태에서는 절대로 못 먹겠다는 사람들이 대부분이었다. 그러나 최근에는 오줌에 대한 일반 대중의 인식이 엄청나게 달라졌다. 사실 죽을 수밖에 없는 병에 걸렸으면 죽는 것이지 요료를 한다고 쉽게 살아날 수는 없다. 요료가 죽을 사람을 살리는 것은 아니다. 다만 살아 있는 동안에 아프지 않고 난치병을 부작용 없이 쉽게 치료하는 하나의 방법으로서 매우 유력한 수단이 된다는 것을 말하고 싶다.

　우리 몸의 자체 치유 능력이라는 것도 건강 상태가 어느 정도 지속될 때에나 가능한 것이지 자체 치유 능력이 완전히 소멸된 상태에서는 아무리 신기한 생명수를 사용해도 생명을 연장할 수 없다. 생명이 다한 시체에 아무리 특효약을 주사해도 살아날 수 없는 것은 당연한 이치다. 따라서 요료의 효능이라는 것도 몸의 전반적인 컨디션에 따라서 달라지며 너무 때를 놓친 후에는 아무 소용이 없다. 말기 암 환자가 요료를 실천하다가 죽는 경우도 있다. 이런 사람들은 때가 너무 늦었던 것이다. 병원에서 모든 치료와 수술을 다 해보고 더 이상 손을 써볼 방법이 없어졌을 때 요료를 찾는 사람들 중에는 다행스럽게도 생명을 구하는 경우도 있지만 요료가 죽어가는 생명을 모두 살리는 것은 아니다.

한양대학교 손대현 교수(관광학과)는 1991년부터 요료를 시작해 아침과 저녁에 두 번씩 마시고 있으며 일주일에 하루는 마시지 않고 쉰다. 오줌을 마시게 된 동기는 특별히 몸에 이상이 있어서 시작한 것이 아니고 '어두워지기 전에 등불을 준비하는 마음'으로 예방의학 차원에서 시작했다. 효과로는 자연 치유력(spontaneous healing)이 증가한 것으로 믿고 있다. 학생들에게도 요료에 대해 이야기해주고 있다.

요즈음 오줌에 대한 이야기를 하다 보면 다음과 같은 흥미로운 대화가 이어진다.

A : 그 더러운 것을 어떻게 먹냐!

B : 당신 오줌이 더러우냐! 그렇다면 생식기에 문제가 있으니 빨리 병원에 가서 검사해봐. 내 오줌은 맑고 깨끗하다.

……더 이상 입을 열지 못하고 침묵의 시간이 흐른다.

03
인공요의 개발

　미국에서는 인공요를 개발하고 있다는 이야기를 들었다. 필자가 잘 아는 치과의사 한 분이 미국에서 연구하던 병원에서 중국인 연구원 한 사람이 인공요를 만들기 위해 성분을 배합해서 실험에 사용하는 연구에 참여한 적이 있다고 당시의 상황을 설명했다. 필자의 생각으로는 100퍼센트 완벽한 인공요의 개발은 불가능하다고 본다. 중요한 성분 몇 가지는 신선요의 수준으로 배합 가능할 것이다. 예를 들면 요소, 아미노산, 비타민, 무기질 등의 배합은 어느 정도 가능할 것이다. 그러나 오줌에 미량 함유되어 있는 여러 가지 생리활성물질의 조성까지 맞출 수 없을 것으로 생각한다. 노력하면 몇십 퍼센트까지는 인공요의 성분 배합을 맞출 수 있을 것이다.

　인공요의 개발로 유명한 미국 의사 버진스키 박사는 오줌을 모아서 항암제를 개발한 것으로 잘 알려져 있다. 마침 제6회 세계요료대회가 미국 샌디에이고에서 2013년 11월 14일부터 16일까지 열리고 있어 11월 15일자 신문 〈USA Today〉의 특집 제1면과 제2면까지 버진스키 박사(휴스턴 클리닉 원장) 관련 기사로 꽉 채워져 있었다.

　미국인 참가자는 버진스키 박사를 종종 만난다고 하면서 암 치료 결과를 높이 평가하였다.

2013. 11. 15 USA Today www.usatoday.com

Health law shakes presidency

Special Report: Science or snake oil

오줌을 모아서 항암제를 개발한 버진스키 박사. 그는 미국 휴스턴에서 개인병원을 운영하면서 36년간 자기가 개발한 항암제를 사용하여 8,000여 명의 환자를 고치고 치료하는 과정에서 치료 환자들로부터 칭송을 받으면서도 한편으로는 일부 치료 실패 환자들과 FDA 및 전국의사협회와 불협화음을 일으키면서 진료를 계속하고 있다.

이런 사태에 대하여 미국 〈USA Today〉는 2003년 11월 15일 특집을 만들었다. 제목부터가 매우 풍자적이다. '과학인가 아니면 뱀 장수의 속임수인가'로 표현했다.

04

요료 실천자들의 보급 활동

　　어떤 약이 몸에 좋다고 하면 신문, TV, 잡지사, 그리고 경험자들이 적극적으로 그것을 선전하고 광고해 쉽게 전파되는 데 반해 요료는 지금까지 수도자 중심의 은밀한 모임에서 전해오다가 용기 있는 몇몇 사람들의 체험기가 소개되면서 점차 알려지기 시작했다. 그런 점에서 1977년 인도의 국무총리였던 데사이(Desai) 씨가 자신의 건강법을 〈뉴욕 타임스〉 기자에게 설명하면서 요료를 소개한 것을 보면 인도 사람들의 대국적이고 당당한 기개를 엿볼 수 있다. 우리나라의 국무총리라면 과연 그렇게 당당하게 공개할 수 있었을까. 체면이나 명분을 지나치게 생각하는 우리나라 사람들에 비해 인도 사람들의 솔직한 인간미가 돋보였다.

　　지금도 개인적으로 요료를 하고 있으면서도 처음 만나거나 여러 사람이 모인 장소에서는 부인하는 사람들이 있다. 필자가 어느 날 친구들이 모인 자리에서 요료에 대해 설명하고 있는데, 성당에 다닌다는 40세 정도의 어떤 여성이 자기도 신부님에게서 이야기를 들었지만 남편은 좀처럼 실천하지 못하고 있다면서 필자의 이야기를 듣고는 자신도 한번 시도해보겠다며 결의를 보였다. 그 신부에게 전화를 걸어서 요료에 대한 경험담을 듣고 싶다고 하니 어디서 그런 소리를 들었느냐고 따지면서 자기는 직접 요료를 하는 것이 아니라 교인들의 이야기를 듣고 전한 것뿐이라고 했다. 그래서 필자의 경험을 한참 동안 이야기해주니까 그제야 비로소 자기도 요료를 하고 있다면서 다른 사람에게 이야기하지 말아달라는 주문을 달았다. 만약 신부가 오줌을 먹는다고 소문이 나면 여러 군데에서 전화가 오고 괜히 귀찮게 시달린다는 것이다. 그래서 요료가 실제로 몸에 좋고 체력도 강건해지면서 많은 효험을 보고 있지만 공개적으로 자기를 나타내는 것은 곤란하다고 했다. 이것이 바로 우리 사회의 참모습이다.

그러나 최근에 와서 요료에 대한 개개인의 효험이 놀라울 정도로 나타나고 그러한 사람들이 모임을 결성해 매월 상호 경험담을 발표하며 요단식, 요마사지 등의 수련회를 공동으로 개최하면서 활동하고 있다. 또 전문의사가 직접 자신의 요료 경험을 책으로 출판해 일반인들에게 좋은 정보를 제공하고 있다. 건강해지고 싶은 인간의 강한 열망에 무엇이 보답할 것인가는 개개인들의 판단에 맡겨진 문제다.

05
교과서 개정

    우리 국민들이 요료에 대한 부정적인 생각을 가지게 된 것은 교과서의 영향이 크다. 초·중·고등학교 교과서에는 오줌을 다음과 같이 기술하고 있다.

    다음 내용은 초등학교 6학년 1학기 과학 교과서에 실린 오줌에 대한 설명이다.

---

3. 우리 몸의 생김새 – 배설기관의 위치와 생김새

배설이란?
세포에서 영양분과 산소가 반응하여 에너지를 낼 때 생기는 찌꺼기를 몸 밖으로 내보내는 일(오줌, 땀).

이 부분과 관련된 내용으로 교사들이 많이 보는 참고자료나 indischool.com(초등교사 커뮤니티)을 살펴보아도 알 수 있다.
즉 과학과 자료실 6학년 우리 몸 OX 퀴즈 문제를 다음과 같이 전개하면서 오줌을 똥이나 땀과 똑같은 차원에서 설명함으로써 부정적인 이미지를 가지도록 하고 있다.
  ① 배설이란 우리 몸의 대사작용을 통해 만들어진 노폐물을 몸 밖으로 내보내는 것을 말한다.
  ② 배설은 소화작용의 결과 생긴 노폐물이 항문을 통해 배출되는 것과 같다.
  ③ 우리 몸의 배설기관에는 신장과 땀샘이 있다.
  ④ 방광은 혈액 속에 포함되어 있는 노폐물을 걸러서 오줌으로 만들어주는 역할을 한다.
  ⑤ 신장은 우리 생활에서의 하수처리장과 같은 역할을 한다.

중학교 과학 1(김찬종 외 11명, 도서출판 디딤돌) 200쪽에서는 오줌을 다음과 같이 설명하고 있다.

"하수구가 막히거나 며칠 동안 쓰레기를 치우지 않으면 하수구나 쓰레기에서 나는 냄새 때문에 고생을 하게 된다. 우리 몸에서도 생명 활동의 결과로 땀, 오줌, 이산화탄소, 대변과 같은 노폐물이 만들어지는데 이러한 노폐물을 몸 밖으로 잘 내보내지 못하면 어떻게 될까?"

"우리 몸에서 세포의 호흡 결과로 생기는 노폐물을 오줌과 같은 형태로 만들어 몸 밖으로 내보내는 작용을 배설이라고 한다."

고등학교 생물 1(이상인 외 3인 지음, 지학사) 105쪽에서는 배설과 건강에 대해 다음과 같이 설명하고 있다.

"혈액검사와 함께 오줌을 검사해 건강 상태를 알 수 있다. 오줌의 포도당 함량, 혈뇨, 단백질, pH 등의 검사를 통해 무엇을 알 수 있는가에 대해 공부하는 내용이다."

또 다른 고등학교 생물 1(손희도, 배미정, 두산동아, 7차 교육과정 기본서) 159쪽에서는 분비에 대한 개념 설명에서 "분비는 가능하면 노폐물을 보다 많이 오줌으로 배설하기 위해 일어나는 과정이다"라고 했고, 오줌에 대한 설명에서는 "오줌은 집합관, 신우, 수뇨관을 거쳐 방광에 모였다가 요도를 통해 몸 밖으로 배설된다"고 하였다.

이와 같이 교과서는 오줌에 대해 배설물, 노폐물, 더러운 것이라는 인식을 가지도록 기술하고 있다. 앞에서도 소개했지만 오줌에 대한 긍정적인 내용, 건강에 좋다는 의사들의 임상 보고, 세계요료학술대회에서 나오는 임상 발표 내용, 수많은 체험 사례 등은 전혀 반영되어 있지 않다. 오줌이 더럽다는 과학적인 근거는 전혀 없음에도 불구하고 왜 이렇게 기술되어 있는지 알 수 없다. 이러한 교과서는 시급히 개정되어야 한다.

06
동물 오줌으로 바이오나노 생약 제조

　　오줌이 감기에서 암까지 탁월한 효과를 나타내며, 부작용도 없고 돈도 들지 않는다는 특징을 고려할 때 이것을 산업화할 수 있는 방법이 없을까 생각해보자. 사람의 오줌을 상품화하기에는 여러 가지 제약 조건이 따르지만 가축의 오줌을 이용해 생약으로 개발하는 것은 용이하다. 가축은 독풀을 먹지 않고, 초식동물이므로 사람의 오줌보다 더 좋을 수 있다. 제약회사에서 미생물 발효에 의해 약품을 생산 제조하려면 공장 건축, 보

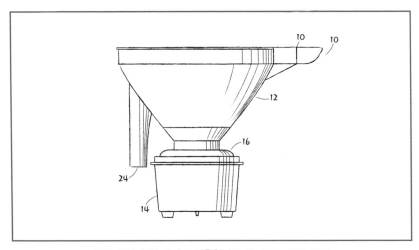

오줌 표본 수집 장치 특허출원번호 10-1979-0004329

일러 시설, 배양 탱크, 여과장치, 동결 건조 시설, 연료 탱크, 폐수 처리 시설, 원자재 혼합 시설, 굴뚝 등등 많은 자본과 시설이 필요하다.

그러나 소, 말, 낙타 등등의 가축 오줌을 원료로 해 바이오 생약을 제조한다면 가축 한 마리가 굴뚝 없는 생약공장에 해당된다. 최고의 영양식품으로 알고 있는 우유의 경우에도 착유, 냉각, 여과, 살균, 균질, 포장의 과정을 거쳐서 식탁에 오른다. 마찬가지로 만약 소의 오줌을 생약으로 제품화한다면 오줌을 받아서 냉각, 여과, 살균, 포장의 과정을 거쳐 용도에 맞게 이용하면 된다. 오줌은 혈액이 콩팥의 사구체(나노 사이즈의 정밀한 여과기)에서 여과되어 방광에 모였다가 나오는 것이므로 바이오나노 생약이라고 생각하면 된다. 이것을 위해서는 국가적 차원에서 오줌의 임상연구 시험을 지원 장려하고 사료 성분에 특정 질병의 치료 효과가 있는 소재를 첨가해 새로운 사양 방법을 개발하는 것도 필요하다.

이러한 사업은 축산 농가의 소득 증대를 위해 권장할 필요가 있다. 가축의 오줌을 효과적으로 받을 수 있는 장치 개발도 필요하다. 즉 채뇨기가 그것이다. 돌아다니는 소나 말의 오줌을 어떻게 받을 것인가 하는 것이 연구 과제다. 이러한 산업이 시작된다면 이 소는 암 치료용, 저 소는 당뇨 치료용, 이 말은 정력 강화용, 저 말은 아토피 치료용 등등으로 활용할 수 있을 것이다.

가축을 이용한 바이오나노 제품 개발
특정 약리활성을 목표로 하는 단일 및 유도체 전환 바이오 제품

• 체내 흡수율 증가
• 나노 기술을 접목한 고기능성 바이오생약 개발 및 차별화
• 약리활성이 강화된 바이오생약 개발

바이오 생약

↓

살균, 여과, 탈취

↓

포장

임상시험 – 식품, 생활용품, 의약품
제2회 세계요료대회 보고서(독일, 1999)

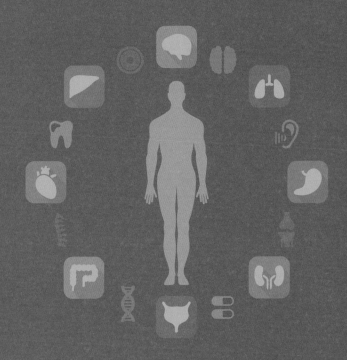

제8장

궁금한 요료 문답

요료를 하는 분들이 궁금해하는 여러 가지 문제에 대해 일본의 의사 나카오(中尾良一) 선생에게 문답식으로 답변을 구해 정리했다. 나카오 선생은 요료에서 세계 최고의 권위자이며 일본의 요료를 개척한 분이고 세계 각국으로 다니면서 요료 강연을 하셨다. 필자가 이 책을 쓰기 위해 1998년 전화를 걸었을 때 나카오 박사는 87세였는데 고령임에도 불구하고 감기에 전혀 걸리지 않는다고 말씀하셨다. 자료를 제공해주신 나카오 선생에게 거듭 감사드린다.

질문 1 아토피성 피부염이 있어서 요료를 시행했으나 별로 효과가 없는데 마시는 양을 늘려야 할까요? 현재는 맥주 컵으로 반 정도 마시고 있습니다.

답변 아토피성 피부염은 선천성이고 만성이므로 체질 개선부터 해야 하는데 이런 경우에는 요료의 효과가 나오기까지 시간이 걸립니다. 요료는 한 번에 많은 양을 마신다고 단번에 효과가 나타나는 것이 아니고, 조금씩 오랫동안 계속하는 것이 중요합니다. 확신을 가지고 현재의 양을 계속해주십시오.

질문 2 요료가 여러 가지 질병에 효과가 있다고 하는데 지금까지 효과가 없었던 질병은 어떤 것입니까?

답변 요료를 시작하는 이들은 대개 병원에서 모든 방법을 다 써봤는데도 병이 낫지 않고 점점 심해졌을 때 마지막 수단으로 요료를 받아들이는 사람들입니다. 따라서 요료를 시행하려는 사람들의 체력이 너무 허약해진 상태이고 자체 치유 능력도 이미 상실했으므로 이러한 상태에서는 요료를 시행하더라도 효과를 보지 못하고 죽는 경우도 적지 않습니다. 좀 더 일찍부터 체력이 어느 정도 있을 때 요료를 시작하면 골절, 장기, 조직의 파괴와 같은 형태적 장애를 제외하고 모든 질병에 100퍼센트 효과가 나타납니다.

질문 3 다섯 살 된 제 아이가 아토피성 피부염인데 어린아이에게도 문제가 없을까요?

답변 무방합니다. 아이의 오줌을 받기 어려우면 엄마의 오줌을 먹여도 좋습니다. 소주잔으로 한 잔 정도를 매일 마시도록 해주십시오. 물을 섞어서 먹이거나 주스 혹은 된장국에 섞어서 먹여도 좋습니다.

질문 4 우울증에도 효과가 있다고 하는데 정신병(노이로제)에는 어떻습니까?

답변 "이 병에 효과가 있을까 저 병에는 어떨까"라는 식의 질문이 많은데 그렇게 생각하는 것은 오줌을 약으로 생각하고 병이 있을 때 먹으려고 하기 때문입니다. 오줌은 그러한 약물이 아니라 완전한 생리활성물질입니다. 따라서 질병이 생겼을 경우에는 몸의 자연 치유력을 강화시켜 질병을 낫게 하고, 건강한 때에는 몸의 상태를 조절해 질병을 예방하며 동시에 건강을 증진시키는 것입니다. 물론 정신병이나 노이로제에도 잘 듣습니다. 그러한 질병에 오줌을 먹고 극적으로 치유되었다는 사례가 많이 있습니다.

질문 5 피부에 직접 바르면 무좀이 낫는다고 하는데 상처 부위에 발라도 부작용이 없을까요?

답변 무좀에는 오줌을 바르고 마른 후에 다시 바르고 건조시킨 다음에 양말을 신으면 됩니다. 이것을 하루에 한 번씩 일주일 동안 계속하면 무좀이 쉽게 없어집니다. 음낭 습진에도 효과적이고 백선에도 좋습니다. 상처 부위에 바르는 것은 오래전부터 민간요법으로 활용하던 것입니다. 의사의 아버지로 불리는 히포크라테스도 오줌을 활용했다고 하니 아무런 염려 없이 사용하십시오.

질문 6 어머니가 치매 증세를 보이고 있는데 마셔도 좋을까요?

답변 치매에 오줌을 마셨더니 약간 좋아졌다는 보고를 받은 적이 있으나 직접 확인해보지는 못했습니다. 치매가 치유될지 어떨지 모르겠으나 치매 예방에는 확실히 효과가 있습니다. 따라서 치매에 걸리기 전에 요료를 실천하는 것이 중요합니다.

질문 7 근육의 무력증을 앓고 있는데 요료가 효과 있을까요?

답변 앞에서도 설명했지만 오줌은 특정 질병을 치료하는 약이 아니므로 근무력증의 치료 자료는 없습니다. 따라서 모든 근육무력증에 효과가 있다고 말할 수는 없습니다. 다만 몸이 본래부터 가지고 있던 자연 치유력이나 항상성 등의 신체 균형 상태를 강화해 정상화시켜주는 효과는 확실히 있습니다. 따라서 요료를 계속하는 동안에 몸 전체의 건강 상태가 개선되어 근육무력증뿐만 아니라 다른 질병도 치유될 것입니다. 경우에 따라서는 요료로 치유되는 질병도 있을 것이고 약간 좋아지는 경우도 있을 것입니다.

질문 8 에이즈 환자의 치유 사례가 있습니까? 암 말기인데도 효과가 있을까요?

답변 이론적으로 보면 에이즈도 치유될 것으로 믿는데 아직까지 치유 사례를 보고받지 못했습니다. 암의 경우에는 요료의 효과가 나타날 때까지 2~3개월의 시간이 필요합니다. 따라서 그 이상의 생명이 보장되어 있지 않으면 효과가 나타나기 전에 죽을 수밖에 없을 것입니다. 말기 암 환자의 수명이 6개월 정도 있으면 희망이 있습니다. 이런 경우에는 현대의학에 의존하면서 요료를 병행합니다.

질문 9 요료가 많은 질병에 효과 있다고 하는데 특별히 잘 듣는 질병은 어떤 것입니까?

답변 특히 잘 듣는 질병이 있다기보다 무슨 질병이든지 빨리 시작하면 효과가 있습니다. 현대의학으로 치유되지 않는 만성질병의 경우에 요료는 효과를 발휘합니다.

질문 10 암 치료에 항암제를 사용하고 있는데 이러한 자신의 오줌을 마셔도 좋을까요?

답변 아무 상관 없습니다. 병원의 치료를 받으면서 항암제도 병용하고 요료를 계속해주십시오.

질문 11 요료를 매일 실천하고 싶은데 생리 중일 때 피가 섞여 있는 오줌을 마셔도 괜찮은가요?

답변 물론 무방합니다. 옛날에는 생리 중인 피오줌이 좋다고 해서 그것을 구해서 마신 사람도 있습니다. 혈뇨를 마셔도 아무런 문제가 없습니다.

질문 12 요료로 혈압이 내려간다고 들었는데 저는 오히려 혈압이 높아졌습니다. 계속해야 합니까? 아니면 저에게는 요료가 맞지 않는 것일까요?

답변 혈압은 상당히 변동이 크게 나타나는 수치입니다. 간혹 높아진 상태에서 측정한 것을 보고 이것이 요료 때문이 아닐까 추측하는 것으로 생각됩니다. 아니면 오줌을 먹어야지 하는 결심으로 인한 정신적 흥분 상태 때문 아닐는지요. 요료가 혈압에 나쁜 영향을 주는 것은 아니므로 요료가 사람에 따라서 맞지 않거나 하는 일은 있을 수 없습니다. 고혈압 환자의 경우에는 혈압강하제를 함께 복용하면 좋을 것입니다.

질문 13 수면제를 먹고 있는데 약 성분이 함유되어 있는 오줌을 다시 마시면 약의 과용이 되지 않을까요?

답변 수면 효과를 나타낸 다음의 약 성분이 오줌에 나오는 것은 미량이므로 그것을 다시 마셔도 그대로 배설되니 걱정할 것 없습니다.

질문 14 고혈압으로 염분을 줄이고 있는데 짠 오줌을 다시 먹으면 염분을 과잉 섭취하는 것 아닐까요?

답변 오줌에 함유된 염분의 양은 미량이므로 걱정할 정도가 아닙니다. 오줌의 짠맛은 염화칼륨과 염화나트륨에 의한 것인데 염화칼륨은 혈압을 강하시키는 기능을 합니다. 오줌에는 염화칼륨이 더 많이 들어 있으므로 오히려 혈압강하 작용을 할 것입니다.

질문 15 방광염으로 고생하고 있는데 세균을 함유하고 있는 제 오줌을 마셔도 문제가 없을까요?

답변 상관없습니다. 세균이나 그 세균과 싸우기 위해 생성된 항체가 함유된 오줌을 마시면 방광염의 치유에 좋습니다. 세균은 소화관에 들어가면 강력한 산에 의해 사멸됩니다.

질문 16 당뇨병이나 신장염 환자의 경우에는 당이나 단백질이 오줌에 함유되는데 그러한 오줌을 마셔도 괜찮은가요?

답변 아무 문제 없습니다. 오줌에 나오는 당이나 단백질은 식품에 비해 극히 적은 양이며 먹으면 다시 소화됩니다.

질문 17 신장염으로 인공투석 중인데 신장에서 잘 처리되지 않은 자신의 오줌을 마셔도 좋을까요?

답변 처음 일주일 동안은 소주잔으로 한 잔 정도 받아서 물로 희석시켜 마셔보고 아무런 부작용이 없는지 확인한 후에 차츰 양을 늘려가십시오.

질문 18 현재 혈압강하제를 먹고 있는데 약 성분이 함유되어 있는 오줌을 마시면 약의 과잉 섭취가 아닌가요?

답변 오줌에 나오는 것은 이미 약으로서의 유효 성분이 아니고 체내에서 소비되고 남은 것이므로 약 성분이 아닙니다. 그것이 함유된 오줌을 마셔도 아무 문제가 없습니다.

질문 19 임신 3개월인데 요료를 해도 태아 혹은 엄마에게 나쁜 영향이 없을까요?

답변 전혀 걱정 없습니다. 태아 자신도 엄마의 자궁에서 배설한 자신의 오줌을 마시면서 자라고 있으며, 분만 직전의 태아는 하루에 약 500밀리리터의 양수를 마시면서 그만큼의 오줌을 배설합니다(인터넷 카페 '강박사 건강교실' cafe.daum.net/KAUT에서 임산부 참조).

질문 20 요료를 하면 오줌의 냄새 때문에 입에서 냄새가 나지 않을까 걱정됩니다. 어떤가요?

답변 그렇지 않습니다. 오히려 구강염이나 치주염이 치유되고 입안이 청결해져서 냄새가 없어지게 됩니다.

질문 21 어느 정도의 오줌을 마시면 좋은지 기준이 있습니까? 질병의 정도에 따라서 다른가요?

답변 질병에 따라서 음뇨량이 다른 게 아니라 사람에 따라서 다릅니다. 마셔서 기분 좋은 상태의 양이 자신의 적정량이므로 자신이 판단하면 됩니다. 반드시 얼마라고 결정된 것은 아니며 일반적으로 예방을 위해 50밀리리터 정도, 치료를 위해 150~200밀리리터 정도로 생각하면 됩니다.

질문 22 오줌의 색과 맛이 매일 다르게 나타나는데 마시는 양을 동일하게 해도 무방합니까?

답변 상관없습니다. 오줌의 색과 맛은 그때그때의 몸 상태에 따라서 달라지며 성분도 달라지므로 그러한 오줌을 마시는 것이 좋은 것입니다.

질문 23 왜 아침 오줌이 좋다고 하는 것입니까?

답변 뇌가 휴식할 동안에는 SPU라고 하는 수면조절 물질을 함유한 호르몬이 분비되는데 이것은 체내의 병원균에 대항해 싸우는 면역물질의 생성을 증강시킵니다. 아침 오줌에는 이 SPU가 함유되어 있어서 좋은 것입니다. 낮 혹은 밤의 오줌에도 큰 변화는 없으므로 언제든지 마시는 습관이 필요합니다.

질문 24 요료에서 호전반응이라는 것이 무엇인가요? 그것이 증상의 악화인지 치유 과정인지 의학적으로 인정되고 있습니까? 그리고 요료를 시작한 지 어느 정도 지나면 나타납니까?

답변 호전반응이라는 것은 요료로 효과가 나타나기 전에 일시적으로 병의 증상이 악화되는 것처럼 보이는 현상인데, 호전반응이 너무 심하게 나타나면 양을 줄여서 마셔도 괜찮습니다. 그러나 호전반응은 질병이 치유되기 전에 나타나는 징후이므로 가능하면 참고 견디면서 극복하는 것이 좋습니다. 구체적으로 가려움, 습진, 수포, 신경통, 미열, 설사, 권태감, 졸음 등의 현상을 경험하게 됩니다. 요료에 의해 병의 상태가 악화될 염려는 전혀 없습니다. 호전반응은 질병을 극복하기 위한 생체의 자연 치유력을 강화시키는 물질이 생성될 때의 생체 반응입니다. 의학적으로도 인정되고 있으며 약을 먹으면 그 효과 때문에 현기증이 나는 것과 비슷한 현상입니다. 1주 혹은 2주 만에 나타나는 사람도 있고, 2~3일 만에 간단히 끝나는 사람도 있으며, 몇 주일 혹은 한 달간 계속되는 경우도 있습니다.

질문 25 오줌이 눈에 좋다고 하는데 사실입니까?

답변 건강한 오줌은 눈병 치료에 효과적입니다. 그러나 방광염이나 요도염을 앓고 있는 환자의 오줌에는 세균이 있으므로 눈에 넣지 않는 것이 좋습니다. 마시는 경우는 무방합니다.

질문 26 텔레비전에서 요료 소개 프로그램을 보았는데 현대의학을 공부한 의사가 요료를 부정적으로 말하는 것에 대해 어떻게 생각하십니까? 정말로 효과가 있는 것입니까?

답변 정말로 효과가 있습니다. 실제로 요료를 해보지도 않은 의사가 선입견을 가지고 부정적으로 말하는 것은 전문가답지 못합니다. 오줌이 몸에 좋다는 것은 이제 하나의 상식이지만 겸허한 마음으로 공부하지 않은 의사는 그것을 모릅니다. 요료를 권장하는 의사들도 현대의학을 공부한 사람들이며, 실제로 수많은 환자들을 치료한 임상경험을 가지고 있고 의사 면허도 가지고 있는 전문의들입니다. 누구의 말을 믿느냐 하는 것은 여러분의 선택입니다.

제4회 세계요료대회 선언문

(2006년 9월 17일 대한민국 청아 캠프에서)

한일 공동으로 한국에서 개최된 '제4회 자연 치유력 증진 요료 국제회의'는 17개국 300여 명(의료인 22명)이 참가해 3일간에 걸쳐서 상호 간에 따뜻한 마음의 교류와 열정적인 토론이 있었다. 그 중에서 참가자들이 공통적으로 느낀 의지와 성과를 다음의 선언문으로 정리해 전 세계인에게 구체적인 실천을 제안한다.

1. 자기 몸에서 생성된 생명수 오줌을 마신다는 행위를 요료라고 하며 이 것은 생명 활동의 근본을 이루는 것으로서 흔히 일시적인 붐을 탔다가 끝나는 건강법이나 자연요법과는 다르다. 요료가 생명 유지와 건강 증

진에 얼마나 효용이 있는가에 대한 것은 고대로부터 인류의 역사 속에서 무수한 경험과 실적으로 증명되어왔기 때문에 이러한 지혜를 현대사회에 활용해 나가는 것은 대단히 유익하고 중요하다.

2. 요료는 자기 스스로 몸 안에 있는 자연 치유력과 면역력을 활성화하는 것이다. 자연 치유력이나 면역력은 자기 몸 안에 잠재되어 있는 것인데 현대인은 그것을 발휘할 수 있는 환경으로부터 점차 멀어져 삶의 자신감을 상실하고 사회생활에서 불안과 공포에 휩싸이고 있다. 요료는 이러한 현대사회에 대해 '함께 평화스럽게 살자'는 생명의 근본으로 돌아가자는 구체적인 하나의 제안이다.

3. 대부분의 현대인은 자기 몸에 나타나는 바람직하지 않은 증상에 불안해하고 고민하고 있다. 요료를 실천하는 사람들도 예외는 아니다. 현대사회에서 요료의 효용성을 실증적으로 보여주고 사람들의 불안과 고민을 해소하기 위해서는 반드시 모든 요법에서 공통적으로 요구되는 '부작용과 호전반응'에 대한 역학적 조사가 불가피하다. 각각의 지역 실정에 따라서 전문가 혹은 전문기관이 협동해 역학조사를 실시할 필요가 있다.

4. 구체적인 실천의 제안은 각 지역 주민이 주체적 입장에서 자기 스스로 공동체 재생을 실현하지 않으면 안 된다. 주민 스스로가 자기 마음과 몸을 다시 돌아보고 자기 몸속에 있는 생명의 완전함을 사랑하고 믿으며 자연 치유력과 면역력을 증진시킬 수 있는 인간관계, 사회관계를 복원하지 않고서는 지역 주민의 보건예방 시스템을 효과적으로 움직일 수 없는 것이다. 따라서 이러한 시스템을 만들어 나가면서 불합리한 기존의 의료 문제, 의료행정의 문제를 개혁해 나가는 노력이 필요하다.

5. 이러한 실천을 구체화하기 위해 요료와 관련 있는 사람들의 네트워크 시스템을 확립하고 데이터베이스의 공유화를 구축해 나간다.

6. 다음 대회는 2009년 멕시코에서 개최하기로 결정하고 위의 제안들이 구체적인 실천으로 이어지기를 바란다.

참고문헌

1. 近藤元治, 1992 『Free Radical 體內動態와 生體傷害기작』 pp. 156~162

2. 김소림 편역. 1998 『요료법의 기적』 책과 벗

3. 金信旭.1996 『21世紀の 黙示錄』 光言社

4. 김우권 외 7명. 『가축생리학』 아카데미서적

5. 김정희, 1990 『기적을 일으키는 요료법』 명문각.

6. 김정희. 1992 『요료법의 실제』 명문각

7. 김종대. 범진필. 성기월. 이옥경 1997 『인체생리학』 pp. 332~333. 정문각

8. 中尾良一. 1997 『자연건강, 여름호』 7(24): 12~14. 한국자연건강학회

9. 中尾良一. 1993 『奇蹟が 起こる尿療法』

10. 中尾良一. 1997 『(續)奇蹟が 起こる尿療法』

11. 남기용. 김철. 신동훈, 1970 『생리학』 pp. 142~149. 서울대학교 출판부

12. 남원우. 1997 『물, 생명과 건강의 과학』 지식산업사

13. 대한나관리협회. 1995 『한센병 임상학』

14. 류상채. 1995 『기적의 요료법』 국일미디어사

15. 〈문화일보〉 1998. 9. 14 제19면 크레아틴, 스포츠 영양제로 각광

16. 박선섭. 유일준. 이원유. 조원순. 1998 『약리학』 p. 33. 정문각

17. 백경현. 1997 『양돈진흥』 7: 69~75 「원수 15,000ppm에서 20ppm으로 낮춘 그 현장을 찾아서」

18. 백태홍. 강국희. 김창한. 1984 『생화학요론』 p. 175. 유한문화사

19. 佐野鎌太郎. 1993 『醫者がすすめる尿療法』

20. 佐野鎌太郎. 1997 『尿療法でガンを消せ』

21. 安田和人. 1997 『新.檢査結果. なんでも 早わかり』

22. 이영미. 1995 『의사가 권하는 요료법』 책과 벗

23. 〈조선일보〉 1998. 4. 1 에이즈, 암 치료 물질, 임산부 오줌에서 추출

24. 中尾良一. 1990 『기적이 일어나는 요료법(マキノ出版~日本語版)』 JICC出版局

25. 최필선. 1998 최필선 한의원(전화 02~566~3782)의 개인 서신

26. Åkerlund, S., R. Jagenburg, N. G. Kock and B. M Philipson. 1988 *Absorption of L phenylalanine in human ireal reservoirs exposed to urine.* Urology Research 16: 321~323

27. 이규태. 1995 『한국인의 성과 미신』 pp. 57~65. 기린원

28. 허정. 1997 『아시아 전통의학을 찾아서』 pp. 134~142. 한울.

29. 허정. 1996 『世界傳統醫學紀行』 p. 128. 保健新聞社

30. Armstrong. 1945 *Water of Life*(생명의 물) (1994. 김찬수 역. 한줄기 출판사), Health Science Press

31. Bernard. L. Oser. 1965 *Hawk's Physiological Chemistry 14th*. pp. 1206~1208

32. Davidsson, T., B. Crlen, E. Bak~Jensen, R. Willen and W. Mansson. 1996 *Morphologic changes in intestinal mucosa with urinary contact-effects of urine or disuse*, The Journal of Urology 156: 226~232

33. Elliott, J. A. M. D. Collins, N. E. Pigot, abd R. R. Facklam. 1991 *Differentiation of Lacto-coccus lactis and Lactococcus garvieae from humans by comparison of whole~cell protein patterns*. Journal of Clinical Microbiology 29(12): 2731~2734

34. Hall, M. C., M. O. Koch, S. A. Halter and S. M. Dahlstedt. 1993 *Morphologic and functional alterations of intestinal segments following urinary diversion*. Journal of Urology 149: 664~

35. Johnson, L. R. 1988 *Regulation of gastrointestinal mucosal growth*. Physiol. Res. 68(2): 456~502

36. Leninger. Nelson. Cox. 1998 *Principle of Biochemistry*, p. 928. (주)서울외국서적

37. Lehrnbecher T, Greissinger S, Navid F, Pfluller H, Jeschke R. 1998 *Albumin, IgG, reti-nol-binding protein and alpha 1-microglobulin extraction in childhood*. Nephrol 12(4): 290~292

38. O'Quinn John F. 1980 *Urine theraphy*, Life Science Institute

39. O'Reilly MS, Holmgren L, Sing Y, Chen C, Rosenthal RA, Moses M, Lane WS, Cao Y, Sage EH, Folkman J. 1994 *Angiostatin: a novel angiogenesis inhibitor that mediates the supression of metastases by a Lewis lung carcinoma*, Cell 79(2): 315~328

40, Philipson, B. M., N. G. Kock, T. Höckenstronm, L. G. Norléin, C. Ahren and H. A. Hansson. 1986 Ultrastructural and histochemical changes in ileal reservoir mucosa after long-term exposure to urine. A study in patients with continent urostomy (Kock pouch). Scand. J. Gastroenterol. 21: 1235~1244

41. Reiter B. 1983 『유즙의 항균계통』. 축산진흥 12: 144~152

42. 강국희 2003 『오줌을 마시자』

43. 강국희 2004 『철학이 있는 요료법』

44. 강국희 2004 『요료법 국민건강정책특별강연집(국회의사당)』

45. 강국희 2005 『요료법 건강백과』

46. 강국희 2005 『신비의 생명수』

47. 강국희 2005 『요료법의 초과학성 및 호전반응』

48. 강국희 2005 *Algoboni The Water of Life*

49. 강국희 2006 『생명수 건강법(소책자)』, 2006, 2017(개정판)

50. 양동춘 2006 『오줌 동종요법의 실용 가능성에 대한 고찰(제4회 세계요료학술대회 강연집)』

51. 김상문(동아출판사 창업주) 『100살 자신있다』 제5장 요료법에 숨어 있는 신비, 2004

책을 마치며

이 책을 통해 이제는 요료에 대한 거부감이나 오해가 풀렸을 것으로 믿습니다. 오줌건강법은 우리의 권리이며 후손들에게 물려주어야 할 귀중한 유산입니다. 우리 스스로 실천해보고 느낀 소감을 필자에게 전화나 팩스로 보내주시면 고맙겠습니다. 선배 조상들이 요료 체험 기록을 남겨놓았기에 우리가 활용할 수 있게 되었으므로 우리도 이웃과 후손들을 위해 진실된 체험기를 남겨둡시다.

원고를 보내주실 때에는 〈본인의 이름, 주소, 전화번호, 나이, 성별, 먹기 전의 건강 상태, 먹은 후 며칠부터 어떤 효과가 있었으며 또는 호전반응이나 부작용이 있었는지〉 구체적으로 기록해 알려주시면 감사하겠습니다. 외부에 신분 공개를 원하지 않을 경우에는 익명이나 가명으로 처리하겠습니다. 우리의 체험기는 매우 중요한 임상시험에 해당합니다. 오줌의 임상시험이나 과학자들에 의한 학문적 연구가 쉽지 않은 것은 연구비를 지원하는 자금줄이 없기 때문입니다. 따라서 우리 한사람 한사람이 스스로 연구하고 체험하면서 기록으로 남기면 그것이 훌륭한 정보자료로 남을 것입니다.

인터넷 카페 및 유투브의 많은 자료를 활용하시기 바랍니다.

강박사 건강교실 cafe.daum.net/KAUT

강박사의 건강교실 - YouTube

알고 보니 생명수

전정판 1쇄 발행 2018년 2월 28일
전정판 2쇄 발행 2021년 7월 16일

지은이 강국희
펴낸이 신동렬
펴낸곳 성균관대학교 출판부
책임편집 신철호
편　집 현상철·구남희
외주디자인 주홍디자인
마케팅 박정수·김지현

등록 1975년 5월 21일 제1975-9호
주소 03063 서울특별시 종로구 성균관로 25-2
대표전화 02)760-1253~4
팩스밀리 02)762-7452
홈페이지 press.skku.edu

ISBN 979-11-5550-273-0 03000

잘못된 책은 구입한 곳에서 교환해 드립니다.